철학실천

철학실천의 개념과 심리치료와의 관계

다니엘 브란트는 철학실천과 심리치료의 개념과 함께 두 입장의 상호적 관계를 근본적으로 해명하려고 시도한다. 여기에서 그는 심리치료와 심리학, 철학실천과 철학이 맺는 학문 내적인 연관, 두 입장의 요구 및 관점, 그리고 이들이 다루는 중심 주제(질병, 건강, 좋은 삶, 행복 등)에 대해 논의하고 있다. 심리학의 "신경과학으로의 전환"과 함께 보건 체계가 점차적으로 경제적 문제로 대두되고 있는 상황에서 심리치료는 근본적인 변화의 국면에 놓여 있다. 이로 인해 자기 인식, 인격 형성, 행복의 능력과 같은 목적을 가진 진료적 계기가 상실될 수 있는 것처럼 보인다.

그럼에도 불구하고 심리치유의 실천이라는 실제적인 형태에서뿐만 아니라, 사람들이 그로부터 성공적 삶의 수행을 위한 지침을 기대하고 있는 한에서 심리치료는 체계적이고 구조적으로 계속해서 더 많이 요구되고 있는 실정이다. 바로 여기에서 철학실천이 성립하게 된 배경이 이해될 수 있다. 철학실천은 한편으로는 현대철학이 삶과 거리를 두고 있는 상황을 극복하고, 다른 한편으로는 치료적 담론에서 철학적 계기가 끼치는 효과가 사실상 뛰어나다는 것을 명백히 보여 주며 — "순전히 심리학적인 것"이 아니라 철학적 능력에 대한 고려를 통해 — 상담을 원하는 사람들과의 대화에 그것을 알맞게 적용시키기 위해 등장하였다.

Philosophische Praxis
Ihr Begriff und
ihre Stellung zu den Psychotherapien

철학실천

철학실천의 개념과 심리치료와의 관계

다니엘 브란트 지음
김재철 옮김

경북대학교출판부

일러두기

1. 이 책은 독일의 칼 알버 출판사(Verlag Karl Alber)에서 "영혼, 실존, 삶"(Seele, Existenz und Leben)이라는 제목으로 발간하는 시리즈 중 열네 번째 저작인 다니엘 브란트(Daniel Brandt)의 『철학실천 — 철학실천의 개념과 심리치료와의 관계』(원제목: *Philosophische Praxis. Ihr Begriff und ihre Stellung zu den Psychotheraphien*(Freiburg: Karl Alber 2010)를 번역한 것이다.
   이 시리즈 저작들은 〈실존분석과 삶의 현상학을 위한 베를린 연구소〉(Institut für Existenzanalyse und Lebensphänomenologie Berlin)와 〈삶의 현상학을 위한 프라이부르크 연구소〉(Forschungskreis Lebensphänomenologie Freiburg)가 공동으로 기획한 것으로, 실존분석가이며 로고테라피 치료사인 귄터 풍케(Günter Funke)와 현상학과 심리학의 권위자인 롤프 퀸(Rolf Kühn) 교수의 편집으로 출판되고 있다.
2. 철저하게 독일의 연구 논문 형식을 따라 쓰여 있는 이 책에는 우리말 어법과 다르게 사용된 부호나 익숙하지 않은 단어의 조합으로 이루어진 낱말들이 더러 사용되었다. 이러한 부호나 낱말들이 특별한 의미를 담고 있지 않은 한 번역 과정에서는 독자들의 이해를 돕기 위해 자연스럽게 풀어서 번역하였다.
3. 원서에서 강조를 위해 다양한 방식으로 강조된 글씨체들 — 기울여 쓰기, 굵게 쓰기, 자간 넓히기 등 — 은 역서에서는 굵은 글씨체로 통일하였다.
4. [ ] 안의 내용은 독자의 이해를 돕기 위해 저자 또는 역자에 의해 보충된 것이다. 그중에서도 원문 인용에서 사용된 [ ]는 주로 저자가 삽입한 것이다.

서문

"때를 잘 맞춰" 나오는 책들이 있다. 그런 책들 중의 하나가 바로 철학실천에 대해 쓴 다니엘 브란트의 연구서라고 할 수 있다. 그렇다고 해서 세간의 많은 사람들이 이 책을 애타게 기다렸다는 뜻은 아니다. 다시 말해 햇수로 30년 전 내가 창립해 진행시켜 온 철학실천의 새로움이 무엇인지, 그 개념과 심리치료에 대한 입장이 어떤 것인지에 대해 사람들이 이제 와서 깊은 관심을 가지게 되었다는 것이 아니다. 철학실천이 그 정도로 대중화되었다는 것도 아니며, 결코 그렇게 되어서도 안 될 것이다. 철학실천의 모태인 철학 자체가 본래 그렇지 않은가? 오랜 세월이 지났음에도 불구하고 수수께끼처럼 특이하게 닫혀 있어 모든 사람이 접근할 수 없는 정신세계의 현상으로 여전히 존재하는 것이 바로 철학이 아니겠는가?

이 책의 첫 번째 공로로 인정할 만한 것은 다니엘 브란트가 바로 그러한 점을 중시하고 있다는 점이다. 그는 철학을 쉽게 포장하여 시장에 내어놓으려는 모든 유혹을 끝까지 거부한다. 오히려 그가 용감하게 견지하고 있는 입장은 실천적으로 유의미한 대화에서 철학적 사고는 어떤 욕구를 충족시켜 주기 위한 것이 아니라는 것이다. 다시 말해 철학적 사고는 어떤 서비스 행사로 선전될 수 있는 것도 아니며, 건강 마케팅의 한 코너를 차지하는 소위 감동을 주는 선물처럼 시장에 팔려고 내놓을 수 있는 것도 아니라는 것이다. 그렇다! 철학함은 그런 것이 아니다. 먼저 철학함이란 기존에 우리가 알고 있던 것보다 삶을 한층 더 무겁게 만드는 것을 의미한다. 이런 일은 깊이 사고하는 자에게 소위 "당연하게 알고 있는 것"이 의문시됨을 통해서만 일어나거나 — 브란트가 헤겔을 인용하고 있듯이 — **잘 알고 있던 것이** 결코 명확하게 **인식된 것이** 아니라는 것을 파악할 수 있을 때 가능하다. 그러나 그렇다고 해서 굽은 것이 펴지고 흔들리던 것이 굳건해진다는 것은 아니다. 물론이다! 철학은 그런 것을 하지 않는다. 오히려 철학은 초조하거나 불안하게 만들고 "알고 있다고 여기는 자"의 잠을 방해한다.

사람들은 이러한 철학적 노력과 이와 연관된 상담실천을 사소한 것으로 여기고 그 공로를 인정하지 않으려 한다. 조금 깊이 사고하는 것이 결코 "해롭지" 않다는 식으로 유혹하여 우리를 부유하게 만들 수 있는 모든 것을 가치 없게 만드는 나쁜 철학도 있다. 그래서는 안 된다! 이 책의 저자는 철학을 그런 식으로 "대중화"시키려는 전략에 대해 반대한다. 그는 철학을 싼 값으로 속여 팔려고 하지도 않으며, 사람들에게 맛보기로 주는 빵 조각처럼 철학을 선사하지도 않는다. 오히려 그는 가장 난해한 인물들을 통해 철학적 사고를 제시하려고 노력한다. 이를 위해 자주 거론되는 이름이 헤겔, 쇼펜하우어, 아도르노, 하이데거이다.

이 책과 저자의 주된 공로는 바로 이것이다. 저자는 철학실천이 중요한 철학의 문제들을 철저하게 승화시킨 연구의 결과로 생겨났다는 것을 분명하게 보여 주려 한다. 그 이유는 철학실천을 "철학의 부업" 정도로 여기는 사람들이 있기 때문이다. 이들은 철학실천이 철학을 평범하게 즐길 수 있게 해주는 대중적인 "가벼운" 버전Version이라고 생각한다. 또한 사람들은 철학실천이 철학을 통해 작은 충고를 주는 창구 또는 단순하게 "좋은 일"을 하기 위한 것으로 생각한다. 이러한 생각은 철학실천의 중요성을 근본적으로 오해하고 있는 것이다. 이 책에서 저자는 그와 같은 오해를 명확하게 지적해 주고 있다. 이 책이 다루고 있는 철학실천은 **철학이 절실하게 요청되는 상황**과 연관되어 있다. 인간은 자기 자신과 자신이 살고 있는 세계를 이해하고 또 타인들에게 이해받기를 원한다. 인간은 최선의 가능성을 알고 싶어 하며, 또한 자기 자신만이 아니라 본래적이고 궁극적인 것을 파악하기를 원한다. 그리고 인간은 무엇이 문제가 되는지, 무엇이 중요하고 중요하지 않은지, 의미를 가진 것과 우리가 확실하게 알 수 것이 무엇인지, 무엇을 주목하거나 주의하고, 무엇을 존경하거나 경멸해야 할 것인지를 묻는다. 이러한 인간들과의 대화에서, 그리고 이러한 대화가 진행되는 철학실천에서 철학은 시험대에 놓인다. 다시 말해 이 대화에서 철학은 중요한 시험을 통과해야 하고, 자신을 증명해야 한다. 그렇게 하지 못할 경우 철학은 실패할 수밖에 없다. 그것으로 끝나서는 안 된다. 철학은 바로 거기서 **배워야** 한다.

이런 방식으로 철학실천은 철학에 막중한 과제를 부여한다. 이 과제가 제대로 수행될지는 아직 아무도 모른다. 우선 이 과제가 제대로 한번 **인식되고**, 소명을 가진 사람들이 이 과제를 철학이 직면한 도전으로 **파악하고** 있다는 사실, 이것이 다니엘 브란트가 바로 이 책을 통해 설득력 있게 보여 주려는 것이다.

그러므로 여기에서는 이 책의 제목이 기대하게 만드는 것처럼, 심리치료에 대한 철학실천의 입장과 관계가 논의되고 있을 뿐만 아니라 또한 그것이 설득력 있게 수행되고 있다. 그러나 무엇보다도 여기에서는 더 근본적인 요구와 함께 철학에 대한 철학실천의 입장이 숙고된다. 이것이 바로 이 책과 이 책의 저자가 보여 주는 특별한 공로이며, 사람들이 저자로부터 듣기를 원하는 것이다.

2009년 9월 베르기슈 글라트바흐에서

게르트 B. 아헨바흐

목
차

"자네들은 내가 피리보다
다루기 쉽다고 생각하는 거지?"

— 햄릿, 3막 2장

Ⅰ. 서론

"용감한 사상가? 그것은 중요하지 않다.
사고는 용기가 아니라 조화에 속하는 것이다."
— 보토 슈트라우스(Botho Strauß, 2004, 100쪽)

어쩔 수 없는 인간의 경험, 즉 인간으로 존재하기 위해 모든 사람들이 겪어야 하는 경험을 표현하는 말, 그것은 "나는 고통스럽다"라는 말일 것이다. 이 말은 우리가 모두 병들어 치료를 필요로 한다는 뜻인가? 아마도 그럴지 모른다. 그렇다면 이와 달리 인간으로서 경험하는 기쁨은 어떤 것인가? 기쁨도 고통만큼이나 근본적인 것이 아닌가? 그렇다. 기쁨과 고통은 아주 가깝게 있는 것처럼 보인다. 기쁨이 끝나거나 사라지면 그것은 이미 고통을 의미할 수도 있다.

심리치료는 객관적인 고통, 즉 겪었던 고통 또는 겪을 고통이 아니라 특별히 주관적인 고통, 즉 고통에 대한 체험 및 경험의 측면, 그리고 그와 연결되어 고통을 겪고 있는 [남]자 의 행동에 집중되는 그런 형태의

1 문체론적인 이유로 이 책 전체에서는 양성에 대해 통상적인 표현 방식으로 남성형이 사용된다.
역주: 성별에 대한 구별이 강하게 드러나지 않는 우리말에서는 이러한 언급이 굳이 적용될 필요는 없다. 그러나 다른 책과 달리 저자가 철학적 생활상담과 관련된 저서에서 이러한 언급을 하고 있다는 점은 유의할 필요가 있다고 여겨진다.

치료이다. 심리치료는 심리학적 치유의 실천이며, 마음[2], 내적 주관, 그리고 의식적 체험과 무의식적인 심리 과정 및 양자의 결과로 인한 행동에 관한 학문으로서 심리학을 치유에 적용하는 것이다. 치료적 심리연구로서 여기에서는 고통의 내적 구조가 중시되며, 나아가 심리적 상태에 대한 해명과 정리가 중요하다.

그러나 고통은 항상 고통을 겪고 있다는 것을 의미한다. 내적 체험에는 체험된 것, "외적 상황들"이 연관되어 있다. 마음은 정신[3]에서 고통을 겪는다. 정신은 마음을 지배한다. 마음은 정신의 힘 안에 놓여 있다. 정신은 심적 또는 정신적 형식으로 제시된다. 마음이 고통을 겪는다면 그것은 마음이 정신 또는 정신들과의 관계에서 무엇인가 '조화롭지 않다'는 것을 의미한다. 고통은 마음과 정신, 안과 밖, 주체와 객체의 관계가 조화롭지 않음을 나타낸다. 그러나 주체와 객체의 연관에 대한 물음, 즉 진리에 대한 물음은 철학적인 물음이다. 따라서 심리치료는 심리치료 이상이어야 한다. 심리치료는 심리학적 실천 대신에 철학적 실천으

---

2 역주: 이 책에서 사용된 독일어 'Seele'는 문맥에 따라 마음, 영혼, 심리로 번역될 것이다.

3 정신 또는 문화 대신에 여기에서는 자연이라는 낱말이 들어갈 수 있다(마음은 자연으로 인해 고통을 겪는다. 마음은 자연의 힘 안에 놓여 있다. 자연은 마음을 지배하고, 마음에 형식을 부여한다. 마음이 고통을 겪는다면 그것은 마음이 자연과의 관계에서 무엇인가 '조화롭지 않다'는 것을 의미한다. 고통은 마음과 자연, 내부와 외부, 주체와 객체의 관계가 조화롭지 않음을 나타낸다). 그러나 한편으로 자연은 무감각하기 때문에, 다시 말해 "잠자는 정신"(Hegel, [1821] 5판 1996, 403쪽)이기 때문에 그 자체로 자신에 대해 아무것도 드러내지 않는다. 다른 한편으로 인간의 자연[본성]은 이미 광범위하게 정신적인 것으로 파악되기 — 문화적으로 형성되고 학문적으로 설명되기 — 때문에 정신의 특징에 대한 해석학적 관점이 제시되어야 한다.

로 파악되어야 한다.[4] **심리치료의 진리는 철학실천이다.**[5] 바로 이 논제가 얼마나 정당한지를 본 연구에서 검토할 것이다.

노발리스는 철학을 "도처에서 안정을 찾으려는 충동"으로 생각했다.[6] 여기에서 "도처에서"라는 말은 세계, 즉 인간이 만나고 접할 수 있는 모든 것을 의미한다. 그런 점에서 세계를 철저하게 의미 있고 조화로운 전체로서 파악하려는 철학적 기획은, 현실적인 모든 것을 이성[7]을 통해 파악하려는 헤겔을 통해 절정에 도달하였다. 이 기획이 실패로 돌아갔다고 할지라도 19세기 말에 생겨난 '비이성의 이론'으로서 정신분석은, 한편으로 계몽을 포기한다는 조건 아래 철학적 이해의 경향을 계속 이어가고 있음을 보여 준다. 그뿐만 아니라 다른 한편으로 실천적 관점에서 세계의 불가해성과 그런 세계에 인간이 체류하면서 겪는 고통에 대해 새로운 치료적 접근을 시작한 것으로 파악될 수 있다. 정신분석으로 출발한 20세기가 경과하면서 심리치료의 이론과 치료 방식

---

4 역주: 저자는 여기에서 마음 또는 심리와 정신을 뚜렷하게 구별하고 전자가 후자와의 관계에서 올바로 파악될 수 있다는 것을 강조한다. 특히 고통이 마음과 정신의 부조화에서 발생하기 때문에 이에 대한 치료는 심리학적 치료로서는 부족하다는 것을 밝히고 정신을 다루는 철학적 치료가 요청된다는 것을 주장하면서 기존의 심리치료에 대한 입장을 제시하고 있다. 이를 통해 저자는 본래적 의미의 심리치료가 철학치료와 밀접한 연관을 맺어야 한다는 것을 보여 주려고 한다.

5 게르트 B. 아헨바흐로 소급되는 철학적 실천에 대한 개념이 나올 때마다 사용되는 형용사는 여기에서 대문자(Philosophische Praxis)로 표기될 것이다.
역주: 대문자로 표기된 아헨바흐의 개념은 이 책에서 일반적으로 사용되는 '철학적 실천'과 구별하여 '철학실천'으로 번역될 것이다.

6 단편 21, 하이데거를 재인용함, Heidegger([1929/30] 2판 1992) 7쪽.

7 "이성적인 것은 현실적이며, 현실적인 것은 이성적이다."(Hegel [1821] 5판 1996, 24쪽)

은 급속도로 발전하고 세분화되었다. 병리학적으로 판정된 마음 상태의 치유 및 고통의 경감에 초점이 맞추어진 정신의학의 중요성과 더불어 아주 다양한 제안들이 심리치료라는 이름으로 등장하였다. 이 제안들은 넓은 의미에서 내담자가 자신의 잠재성을 최대한 발전시킬 수 있도록 더 많은 삶의 대처 능력과 삶의 충족 능력을 배양하도록 도움을 주려고 한다. 1980년대 초 정신병의 문제에 대한 사회적 관심이 절정에 다다랐을 때, 게르트 B. 아헨바흐는 전문적인 '삶의 성숙을 위한 도움' Lebensmeisterungshilfe이라는 새로운 형태의 철학실천을 창안하였다. 이 치료법은 기존에 성립된 치료 방식과 경계를 두려고 시도하면서, 인간에게 닥쳐올 수 있는 위기와 보호가 필요한 상황의 관점에서 심리학적 치료의 선입견을 피하고 성공적인 삶을 위한 조건을 반성할 것을 요구한다. 이때 철학의 풍부한 전통이 근대 후기 인간의 실제적인 문제를 해결하기 위한 적극적 방법으로 활용된다.

19세기 철학의 바탕에서 성립된 정신분석[8]은 근대 심리치료의 '원형'으로 여겨진다. 이후의 모든 치료학파들은 그것과 연계점을 형성하고 있다. 그런 점에서 하나의 특정한 철학이 정신분석과 심리치료로 변화한 이후에 어떻게 **철학실천**이라는 이름의 연구소가 생겨나게 되었는지에 대한 물음이 제기된다. 철학실천의 등장은 '회귀' 또는 퇴행인가? 필연적인 지속적 발전인가? 아니면 철학실천은 아직 적합한 평가가 이루어지지 않았으며, 그것에 대해서 기존에 성립된 치료와 상담 연구소

8　이 책의 Ⅲ장, "철학 — 정신분석 — 철학실천", 152쪽 참조.

가 비로소 그것과 관계를 맺어야 하는 완전히 새로운 것'인가?

이러한 주도적인 물음을 해명하기 위해서 우선 —Ⅱ장과 Ⅲ장에서 — 심리치료와 철학실천의 개념이 해명되고, 철학실천이 맺고 있는 심리학 및 학술적 철학과의 '분야 내적인' 관계가 연구될 것이다. 여기에서는 심리치료와 철학실천의 이론적 토대와 실천적 목적을 달성하기 위해 결정적으로 중요하게 여겨지는 핵심적인 범주(건강, 병, 고통, 행복, 좋은 삶)에 대한 물음이 비판적으로 다시 제기된다. 이러한 개념 분석에서 출발하여 다음에는 — Ⅳ장에서 — 앞서 분리시켜 연구한 것을 다시 상호 연관 속에서 파악하는 작업이 시도된다. 이를 통해 심리치료의 실천과 철학실천 사이에 놓인 연관이 어떤 형태인지가 드러난다.

영적 상담 연구소 및 그와 연관된 심리치료와 철학실천의 관계는 이 책이 연구하는 범위에서는 고찰될 수 없다.

탐구 방법의 관점에서 적용되는 관초는 현상학적이며 변증법적인 것이다. 이는 탐구의 진행이 본질적으로 대상에 의해 규정되며, 탐구의 발전이 고찰 과정에서 결정된다는 것을 의미한다. 심리학적 치료법 및 철학상담의 근거가 되는 개념 체계와 사고방식이 논의됨으로써 어떻게 양자가 서로 연관되는지가 제시되며, 양자가 각각 반대편에서 반성될 때 거기에서 어떤 변화가 필요한지를 알 수 있다. 여기에서 심리치료와 철학실천은 특정한 시대정신의 표현 형태, 즉 탁월한 방식으로 개인의 차원에서 토대를 가지는 유적 인간의 문화적 형성에 속하는 표현 형태로서 고찰될 수 있다.

II. 심리치료란 무엇인가?

“우리의 말을 과학적 언어에 제한하는 것은 더 큰 침묵을 초래한다.
‘명확하게 언명될 수 없는 것’은 … 가공되지 않은 채로 남겨진다.”
— 도로테 죌레(Dorothee Sölle, 2판 1973, 14쪽)

심리치료는 19세기 말부터 통용된 새로운 개념이다.[9] 이 개념은 두 낱말의 고어古語, ‘프쉬케’ή ψυχη, 마음, 생명와 ‘테라페이아’ή θεραπεία, 봉사, 돌봄로 구성된 것이다. 따라서 사람들은 심리치료를 **마음과 생명에 대한 봉사** 또는 **심리적 돌봄** 및 **심리적 삶의 돌봄**으로 번역해야 할 것이다.

의료적 진료라는 치료의 근대적 — 의학적 — 의미는 마음의 치유

---

9 심리-치료(“psycho-therapeutics”)라는 낱말을 처음 사용한 사람은 영국의 정신의학자 다니엘 해크 투커(Daniel Hack Tuke 1872)이다. 소위 동물자기이론(메스머리즘)이 1784년 프랑스 학계로부터 효과가 없는 것, 즉 “상상 및 모방과 상당한 관련이 있는 것”으로 해명되었음에도 불구하고 그것의 의학적 적용이 치유 효과를 보여 주었다는 사실로부터 출발한 투커는 의사들에게 오랫동안 잘 알려진 상상력의 치유력을 ‘**신학문**(원문에서 강조됨)의 토대 — 물리학을 넘어선 도덕의 토대 — 를 마련하는 합리적 기초”로 삼으려고 애썼다(Tuke 1872, 405쪽). 심리치료의 개념은 이후의 출판에서 투커에 의해 더 이상 사용되지 않았다. 오히려 이 개념이 독일어권에서 등장하기 전까지는 프랑스와 네덜란드 의사들(이폴리트 베른하임, 프레데릭 폰 에덴)에 의해 주로 사용되었다(개념의 역사에 대해서는 Shamdasani 2005를 참조할 것). 흥미로운 것은 심리치료사라는 개념은 30년이 훨씬 지난 후에 등장했다는 사실이다. 그 이유는 심리치료가 의사들에 의해 수행되는 것이 처음에는 당연해 보였기 때문이다(Shamdasani 2005, 5쪽). 처음에 장 카뮈(Jean Camus)와 필리페 파그니즈(Philippe Pagniez, 1904)가 심리치료 종사자라는 표현을 사용하고, 그와 동시에 “심리치료”(psychothérapeute) 및 “의학적 심리치료”(médecin psychothérapeute)라는 개념을 만들었다.

를 위한 진료로서의 심리치료를 시사하고 있다. 지그문트 프로이트는 1890년 다음과 같이 기술하였다.

> '프쉬케'는 그리스어이며 독일어로는 '**젤레**'Seele로 번역된다. 이에 따라 심리적 진료는 **마음의 진료**를 의미한다. 사람들은 이 개념에서 심리적 삶의 병적 현상에 대한 진료가 이해되고 있다고 생각할 수 있다. 그러나 이것은 낱말의 의미가 아니다. 오히려 심리적 진료는 마음으로부터의 진료, 우선 직접적으로 인간의 마음에 영향을 주는 수단을 가진 — 마음 또는 신체의 장애를 위한 — 진료를 의미한다.[10]

그러므로 치유를 위한 진료로서의 심리치료 활동은 '마음의 치유'와 '마음에 의한 치유'라는 두 측면을 가진다. 이로부터 심리치료에 대한 보다 자세한 규정이 해명될 수 있는 다음의 물음이 제시된다. 마음이란 무엇인가? 치유란 무엇인가? 나는 어떻게 그리고 어떤 방식으로 마음에 도달하거나 마음에 머물 수 있는가? 치유의 목적으로 향하는 올바른 길 — 올바른 방법 — 은 무엇인가? 치료의 실천을 위한 이론적 기초를 나타내는 이러한 물음들에 대한 대답은 아주 다르게 전개될 수 있다. 이는 부분적으로 완전히 대립되는 심리학적, 병인학적, 건강관리의 단초를 지지하는 심리치료의 방향이 다양하다는 것을 증명한다. 그렇다고 한다면 심리치료는 마음의 치유라는 형식적 목적만을 공통적으로 가진

10 Freud(1890[2000] 17쪽, 원문에서 강조됨).

것처럼 보인다.

그러나 심리치료의 목적에 대한 관점에서도 다양한 이해가 등장하고 있다. 한편에는 근대 의학의 모범을 이어받은 것으로, **증후와 장애의 제거**를 추구하는 방향이 있다. 여기에는 누군가에 의해 해명되어야 할 '병에 대한 평가'가 주어진다. 그러한 스펙트럼의 다른 끝에는 자기 인식, 인격 성숙, 삶의 충족 능력과 같은 **마음의 성숙**이 목적으로 제시된다. 따라서 여기에는 원하지 않는 것을 제거하는 것보다 바람직한 주체의 질적 향상이 강조되고 있다. 이로부터 계속해서 다음과 같은 물음이 제기된다. 심리치료에서 중요한 것은 건강한 삶인가? 아니면 좋은 삶인가? 인간의 삶의 질을 위해 건강과 병, 그리고 이 둘의 관계는 마음의 관점에서 무엇인가?

다양한 심리치료의 방식, 그리고 병의 이론, 인성 이론, 발전 이론, 이것들에 기초해 있는 인간학적 전제, 가치 체계, 나아가 거기에서 도출된 목적 설정, 이 모든 것에 대한 적합한 해명은 여기에서 다뤄질 수 없고 본 연구가 의도하는 바도 아니다.[11] 오히려 여기에서 시도되어야 할 일은 심리치료에 관한 각각의 이론들을 결합시키고 있는 일반적인 것을 찾아내는 작업이다. 이와 연결되어 그러한 일반적인 것을 철학실천의 이념과 비교하고 연관시키는 것이 가능해진다. 이때 다루어지는 심리치료의 실천과 철학적 실천의 의미, 장소, 필요성, 가능성, 한계에 대

11 이에 대해서는 폭넓게 문헌을 제시할 필요가 없을 것이다. 일반적인 개관을 위해서는 다음의 책을 참조할 수 있다(Kritz(5판 2001)). 구체적인 방향의 치료 목적은 다음의 책에서 논의되고 있다(Ambühl/Strauß(1999)).

한 논의를 통해 양자의 관계에 대한 이해에 도달할 수 있다. 그러나 이러한 이해는 본질적인 것에 초점을 맞추고 있음에도 불구하고 약간 단순화되고 축소된 형태로 제시될 수밖에 없다.

모든 치료의 방향에 공통적인 것, 즉 심리치료 일반의 '본질'을 추구하는 과정에서 사람들은 다양한 어려움에 부딪힐 수밖에 없다. "모든 심리치료의 방향에서 최소공약수라고 말할 수 있는 것"[12]이 도대체 존재할 수 있는지에 대한 물음에 대해서는 이미 서로 다른 견해가 팽배해 있다. 이에 대해 알리스 홀츠하이-쿤츠Alice Holzhey-Kunz는 다음과 같이 주장한다. "지금까지 심리치료에 대해서는 다수의 견해로 표현될 수밖에 없었다. 단수적 의미의 심리치료는 기껏해야 집합 개념일 뿐 종적 개념으로는 아직 적용될 수 없다."[13]

그러나 "집합 개념"을 적용하기 위해서는 그 개념이 어떤 요소를 포함하고 있으며, 그 개념에 어떤 요소가 속하지 않는지를 규정하는 기준이 제시될 수 있어야 한다. 심리치료가 존재하는 한, 그것의 이념에 대해 묻는다는 것은 당연하다. 그 이념이 심리치료를 하는 사람들을 주도하고, 사람들은 그 이념과 연관하여 심리치료에 대해 말하기 때문이다. 물론 사람들은 지금까지 '진정한' 심리치료사는 한 명도 없었고, 오히려 정신분석가, 현존재분석가, 실존분석가, 대화치료사, 게슈탈트치료사, 행동치료사 등이 있었다고 말할 수도 있다. 이에 대해 디터 초일린Dieter Tscheulin

---

12 Holzhey-Kunz(2002) 21쪽.

13 같은 곳.

은 다음과 같이 주장한다. 서로 다른 치료의 방향을 가진 개별적인 이론들이 형성되면서 "[일반적인 것을 다루는] 추상적인 단계로 나아가지 않을 수 없음에도 불구하고 치료학파와 연관된 개념들이 적용됨"으로써, "마치 심리치료가 항상 정신분석으로, 행동치료 또는 대화치료로만 가능하다는 인상이 생겨나고 있다."[14] 그러나 서로 다른 방향을 가진 치료학파들이 모두 순수하게 형식적으로 표방하는 목적과 내용적인 의무와 관련된 공통적인 면을 가지고 있다는 생각은 낯선 것이 아니다. 그리고 어떤 경우에서든 특수한 규정과 일반적인 규정 사이의 긴장은 있기 마련이다. 모든 심리치료사는 이러한 긴장을 감수해야 한다. 왜냐하면 심리치료사는 한편으로 특정한 방향을 가진 학파의 대표자이며 그로 인해 다른 방향에 대해 다소 대립적인 태도를 취하면서도, 다른 한편으로 그러한 태도가 점점 희석되면서 그의 개념적 대척자들까지도 추종하는 심리치료의 포괄적인 이념에 결속되어 있다고 느끼기 때문이다.

심리치료에 대한 **탐구**라는 측면에서는 — 다시 말해 심리치료를 사회적 현실에 대한 현상으로서 탐구하고, 그것의 유용성 및 진리성과 관련하여 판단할 객관적 척도를 찾는 과학의 관점에서 — 오래전부터 치료학파들을 봉쇄하고 그들의 학설들 중에 과학적으로 확실하게 여겨지는 부분들, 즉 경험적으로 검토된 부분들만을 "일반 심리치료"[15]에 포함시키는 것이 요구되었다.

---

14 Tcheulin(1993) 2쪽. 그러나 초일린은 동시에 다음과 같이 말한다. "과학적 관점에서 이것은 만족스럽지 않다."(같은 곳)

15 Grawe(1995).

이미 클라우스 그라베Klaus Grawe는 1994년에 이것을 지적하면서 다음과 같이 주장하였다.

> 치료학파들이 인간 역사에서 … 많은 공적을 쌓은 첫 번째 기관Institution이었다고 할 수는 없다. 그들은 언제 자신들의 시대가 끝나고 다른 시대가 올지를 스스로 통찰할 수 없었다. 이제 바로 그런 시점이 도래했다. 이는 모든 치료학파와 치료학파의 형태로 운영된 심리치료에도 해당된다. 현존하는 어떤 치료학파도 그들의 이론적 개념만을 가지고서는 오늘날 심리치료의 영역에서 확보된 사실 전체를 밀도 있고 온전하게 해명할 수 없다. 모든 치료학파는 심리적 장애와 문제를 가진 사람들을 효과적으로 돕기에 적합하다고 검증될 수 있는 가능성의 일부를 알고 있을 뿐이다. 진리성과 유용성의 관점에서 치료학파는 결국 궁지에 몰릴 수밖에 없다. … 장차 심리치료는 치료학파들을 넘어서 지금까지 연구된 인식을 사용해야 한다. 치료학파들을 넘어서는 일반 심리치료는 어린 사제들에 의해 운영될 수 없다. 이들은 심리치료의 대제사장이 그들에게 지시하는 것을 따라 기도할 뿐이다. 심리치료는 대제사장의 맹점을 보고 물음을 제기하며, 진정으로 좋은 심리치료사가 되기 위해 필요한 능력을 획득하기 위한 책임을 스스로 떠맡는 성숙한 치료사를 요구한다.[16]

16 Grawe(1994). 흥미로운 것은 독일 심리치료의 노선과 함께 — 모든 치료학파들을 국가적으로 검증된 일반 심리치료에 따라 이론과 방법의 측면에서 통합하고 하나의 기관으로 융합시키려는 그라베의 요구와는 대조적으로 — 특정한 학파들의 방법적 정화 운동에 대한 법적 지침이 의료보험에 의해 경제적으로 지원되는 치료 효과의 확실성을 위해서 내려졌

그러나 진정으로 좋은 심리치료사란 어떤 사람인가? 다음의 고찰을 위해서는 이 물음에 주목해야 한다. 왜냐하면 좋은 심리치료사의 자격을 제시할 수 있기 위해서는 심리치료가 그 본질에 따라 본래 무엇인지를 올바로 파악해야 하기 때문이다.

그라베의 해명에 따르면, 좋은 치료사는 치료학파의 지도자에 얽매임으로써 빠질 수 있는 자기로 인한 미성숙을 극복하기 위하여 자신에게 고유한 지성을 사용할 수 있는 용기를 가진 자이다. 이런 관점에서 보면 심리치료는 탈마술화에 저항했던 근대 이전의 정신 안에서 피난처를 찾는 사이비 종교의 잔당처럼 보인다. 근대 이전의 정신은 건강을 촉진시킨다는 구실로 과학적 이성에 대한 검사의 의무로부터 빠져나가 익명으로 사회적 존경을 받는 지위와 품위를 누려 왔다. 이러한 그라베의 표현은 심리치유를 합리화하려는 노력을 통해 근대 인간의 심리적 삶에서 모든 것은 '정당한 방법'으르 이루어진다는 사실을 확보하려는 후기 계몽주의자들의 표현과 비슷하다. 그는 어떤 경우든 간에 심리치료학파가 지향하는 방향의 다수성이 (좋은) 심리치료의 이념에 위배된다는 것을 확신하고 있다. 이러한 확신은 무엇보다도 그가 학파의 방

다는 사실이다. "정신분석으로 확증된 방식과 행동치료는 결합될 수 없다. 왜냐하면 정신분석적 방식과의 결합은 자신의 고유한 방법과 연관되어 있는 치료 과정의 원칙과 이질화를 초래할 수 있기 때문이다. … 심층심리학적으로 정초되거나 분석적인 심리치료를 하는 동안 실행하는 암시적 개입은 … 근본적으로 적용되어서는 안 된다."(2009년 2월 19일자 판에 제시된 심리치료의 수행에 대한 연방위원회의 공통적인 지침) 디터 초일린은 1992년 "다양한 심리치료의 방향에서 적용이 가능한 공통적인 근본 요소를 찾는" 과정 중에 "현재 여전히 **하나의** 보편타당한 모델을 위한 어떤 구조도 가능하지 않다"는 결론에 도달하였다(Tcheulin 1992, 18쪽, 원문에서 강조됨).

향을 따르는 연수 체계가 "심리치료의 영역에서 나타나는 폐해를 존속시키고 있는 가장 중요한 요인"[17]이라는 것을 주장할 때 분명하게 드러난다. 대부분의 사립 연수 기관들은 "각기 특정한 치료학파 및 그 창시자와 동일시되며, 이에 따라 가능한 한 자신들의 치료학파와 매우 동질적인 후계자들을 양성하려고 한다."[18] 이는 치료학파 자신들의 존립 확보의 문제와 직결되어 있다. 결과적으로 제안된 연수 과정은 무엇보다도 "치료학파의 재생산을 위한 수단"[19]일 수 있으며, 각각의 인식 단계에 적합한 어떤 지식의 전달도 수행하지 못한다. 그러므로 치료학파는 근대적 진보에 대한 열망과 함께 과학적 관점을 통해 제공되는 변화의 개방성을 상실하거나, 심지어 한 번도 그것에 접해본 적이 없는 폐쇄된 체계에 머물러 있다. 심리치료 학파의 관건은 "환자의 복지를 급선무로 여기는 것"이 아니라 "자신의 진리를 유지하고, 이와 연관하여 자신의 정체성과 존립을 위한 토대를 고수하는 것"[20]이다. 그라베는 이러한 상황에서 벗어날 수 있는 돌파구를 "학파에 의존하지 않고 국가적으로 제재를 받는 심리치료사 직업 연수 과정의 설치"[21]에서 찾는다. 이 연수 과정은 심리치료의 탐구 및 근대 심리학에 대한 과학적 인식에 기초해 있어야 한다. 그러므로 좋은 심리치료는 과학적인, 즉 "경험에 정위定位

17 Grawe 외(5판 2001) 21쪽.

18 같은 책, 22쪽.

19 같은 곳.

20 같은 곳.

21 같은 책, 26쪽.

된 심리학의 인식 체계를 전제하는"[22] **심리학적 심리치료**이다.

그러나 심리치료의 과학적 정초도 본질의 한 측면일 뿐이다. 이에 대해 라이너 M. 홀름-하둘라Rainer M. Holm-Hadulla는 다음과 같이 상세하게 설명한다. 심리치료의 실천은 "과학적으로 확증된 이론의 적용 저편에서 항상 창조적 차원"을 담고 있으며, "항상 특별한 결과"를 낳고 "일회성, 반복 불가능성, 주체성을 통해" 탁월하게 드러나는 "형태화의 과정"[23]을 보여 준다. 그럼에도 불구하고 "과학성"은 전체적으로 모든 학파의 방향에서 — 특히 건강 정책에서 요구되는 공인증명서의 제출 과정에서 — 각각의 치료적 단초들이 가진 포기할 수 없는 핵심적인 요소로서 산출된다. 심리치료에 관한 독일 법률에는 그것이 다음과 같은 형식으로 명시되어 있다. "이 법의 의미에서 심리치료의 수행은 **과학적으로** 인정된 심리치료의 방식을 수단으로, 병이라고 여겨지는 장애의 확인, 치유 또는 경감을 위해 실행되는 모든 활동이다."[24]

과학적인 심리학적 정초가 치료 실천이 갖추어야 할 본질적인 기준으로 여겨짐으로써 사람들은 앞에서 인용한 "심리적 진료"에 대한 프로이트의 정의를 다르게 해명하기에 이른다. 이 정의는 클라우스 그라베가 언급했던 다음의 내용과 같다. "심리치료는 심리적 수단에 의한 치유를 의미한다. 심리학적 치료는 심리학적으로 확증된 수단에 의한

22 Grawe 외(5판 2001) 19쪽.

23 Holm-Hadulla(2004) 69쪽.

24 PsychThG, § 1 Abs. 3(저자의 강조).

치유를 의미한다."[25] 올바른 혹은 좋은 심리치료는 "사람들이 그것이 효력이 있다는 사실뿐만 아니라, 그것이 어떻게 효력이 있는지를 알 때"에만 수행되는 **심리학적 치료**이다. 왜냐하면 사람들은 심지어 "그것의 작용 방식을 이해하지 못하고도 심리치료를 할 수 있기" 때문이다. 그러나 "심리학적으로 치료한다는 것은 심리학적으로 확증된 작용 방식과의 관계에서 나온 수단을 투입한다는 것을 의미한다."[26]

그러므로 심리치료의 풍부한 개념을 획득하기 위해서는 우선 심리학적 토대 및 그것에 근거해 있는 학문과의 관계에 대한 시각이 주어져야 한다. 다음 장에서는 이에 대해 다룰 것이다.

---

25 Grawe(1998) IX쪽.

26 같은 곳. 그라베가 주장하는 이념의 발전은 다음의 과정에서 잘 드러난다. 그는 "일반 심리치료"(Allgemeine Psychotheraphie 1994)에서 "심리학적 치료"(Psychologische Theraphie 1998)로, 그리고 마지막에 — 심리학의 '신경과학으로의 전환'이라는 영향으로부터 — "신경심리치료"(Neuropsychotheraphie 2004b)로 발전해 나갔다. 이 책, V장 참조.

심리치료와 심리학의 관계에 대해

심리치료가 이론적으로 정초된 실천이며, 무엇보다도 심리학적 지식에서 도출된 기술이라는 형식으로 적용되는 한, 심리학과 심리치료는 서로 다른 관심 — 전자는 인식에 대한 관심, 후자는 치유에 대한 관심 — 을 가지고 있지만 동일한 대상을 향하고 있다. 그 대상은 주체로서의 인간 또는 인간 존재의 주관적인 측면, 즉 감정적이고 동기적인 측면과 인식적이고 의지적인 측면으로, 단적으로 말해서 **심리적인** 것이다. 심리적인 것은 심리학에 의해 일반적인 것으로 그 요소와 현상의 형식에 따라 분석된다. 반면 각기 특별한 개인의 심리적 삶은 치료를 통해 고통으로 체험되는 상태로부터 자유로워지거나, 또는 바람직한 성숙과 발전을 도모해야 한다. 심리적인 것에 대한 과학적 탐구는 탐구 대상을 적합한 방식에서 있는 그대로 드러내기 위해 특정한 방법으로 적용된다. 이에 상응하여 치료 실천에서는 상황을 개선시키고 발전을 막는 장애물의 제거를 목적으로 하는 특정한 진료 방식이 적용된다.

심리학 이론과 치료 실천의 상호적 관계에 근거하여 이론의 진리성이 치료의 실효성을 본질적으로 규정하는 것처럼 보인다. 그와 마찬가지로 다른 한편으로 치료 성과가 기초적인 이론을 위한 보증의 기준으로 여겨질 수 있다.[27] 심리학은 심리치료에서 활발한 검증의 분야로서

27 그러나 한편으로 여기에서는 심리학 이론을 치료 실천으로 적합하게 전환시키는 문제가 단순화되어 주목을 끌지 못할 수 있다. 다른 한편으로 실천적 성과와 이론적 진리성의 상관관계는 엄밀하며 명백한 것이 아니다. 왜냐하면 치료 활동은 결코 이론적 지식의 단순한 적

진지하게 받아들여진다. 그렇다면 실천적으로 변화된 이론의 치료 성과는 어떻게 평가될 수 있는가라는 물음이 제기된다. 심리학적 탐구의 대상은 치유되어야 할 심리치료의 주체와 동일하다. 그 때문에 치료 성과와 — 그와 연관하여 치료에서 확증된 — 이론적 내용의 진리성에 대한 평가를 위해서는 이론 형성에서 이미 적용되었던 동일한 수단만이 다루어질 수 있다. 심리학적 심리치료의 탐구, 이론 형성, 실천적 적용과 그에 대한 과학적인 경험적 검토라는 방법적 순환의 문제가 집중적으로 주목되면 **올바른 방법**에 대한 물음, 즉 대상에 적합한 심리적인 것에 대한 탐구의 물음이 아주 중요하다는 것을 알 수 있다. 이는 참된 인식에 대한 학문적 관심의 측면에서뿐만 아니라 좋은 심리치료에 대한 물음과 연관해서도 중요하다.

그러므로 다음 논의에서는 심리학적 방법론이 대상의 적합성이라는 관점에서 비판적으로 반성되어야 할 것이다. 이를 위해서는 심리학의 대상이 도대체 무엇이며, 그 대상이 어떤 본질적 속성을 가지고 있는지에 대한 물음을 앞서 논의할 필요가 있다. 왜냐하면 어떤 학문이 그 대상을 얼마나 적합하게 포착하고 있는지를 평가하기[28] 위해서는 우선 인식

용이 아니며, 구체적 실천은 항상 이론에 의해 해결되지 않는 사건의 일회성, 즉 연관된 주체의 개별성이 가진 계기를 포함하기 때문이다. 그때마다 실천의 성공에 끼치는 주체의 영향은 평가되기 어렵다. 다시 말해 일반적이고 이론적인 형식에서 반복될 수 없다. 이러한 문제 상황은 탐구 과정에서 훨씬 더 분명하게 드러난다(71쪽 이하 참조).

28 그러나 적합한 대상의 포착이 언제 언급될 수 있는지가 문제이다. '건드리지' 않고, 변화시키지 않고 대상을 인식하기 위해 그것을 있는바 그대로 드러낼 수 있는 탐구 방법은 성취할 수 없는 이상일 것이다. 그런 것은 가능하지 않기 때문에 탐구에서 일어나는 위조의 가능성, 인공물의 구성 가능성, 방법에 내재하는 변형의 위험을 계산에 넣고, 대상에 적합하게

적 관심과 연관된 대상이 본래 어떤 것인지를 해명해야 하기 때문이다.

그렇다면 이제 탐구되어야 할 대상이 무엇인지에 대한 물음에서부터 출발해야 한다. 그리고 이 물음에 대답하기 위해서는 학문적 방법론이 고려되어야 한다. 이러한 순환을 사람들은 어떻게 벗어날 수 있는가? 어디에선가부터 시작되어야 할 것이다. 이러한 시작을 가능하게 하는 것은 모든 대상에 대해 사람들이 가지고 있는 선이해이다. 대체로 탐구 대상이 보다 더 정확한 분석의 필요성을 일깨울 수 있고, 탐구를 진행하는 중에 그 대상에 대한 선이해가 믿을 만한 것인지가 검토된다. 그러면서 선이해는 변화되고, 확장되고, 발전된다. 이것이 바로 그 유명한 해석학적 순환이다. 이해함은 우선적으로 이해되지 않은 것으로 향해 있다. 이때 이해되지 않은 것은 이해해야 할 것을 그때마다 현존하는 **선이해**로 소급시켜 이미 이해된 것의 지평으로 편입시킨다. 이를 통해 사태에 대한 **새로운 이해**가 생겨나게 된다. 새로운 이해는 그 사태를 다시금 다른 빛 속에서 드러나게 하며, 동일한 사태에서 이해되지 않은 새로운 것, 새롭게 이해되기를 원하는 것을 가져온다. 그러므로 가다머는 "**사람들이 정말로 이해한다면** 그것은 **다르게** 이해하는 것"이라고 말한다.[29]

여기에서 보듯이 발전하는 이해는 확증된 교정의 단계를 계속해서 반성해야 한다. 왜냐하면 그때마다 (새롭게) 획득된 (선-)이해는 다음 단계의 이해를 위한 출발점을 형성하는 동시에 항상 상대적인 평가의 척도를

'사용할 수 있는' 인식이 그럼에도 불구하고 획득될 수 있는지를 반성하는 것이 중요하다.

29 Gadamer(6판 1990) 302쪽.

제시하기 때문이다. 이 척도에 따라 탐구가 얼마만큼 그 대상과 멀리 떨어져 있는지, 또는 얼마나 그 대상을 변경시키는지, 그리고 변형시켜 얼마나 대상에 대한 '잘못된-긍정적' 인식을 제공하는지가 드러난다. 탐구자는 계속해서 자신의 탐구가 지향하고 있는 현실적 대상의 주위를 여전히 맴돌고 있는지, 아니면 그렇게 주위를 맴돌다가 벌써 그 대상을 떠나 사실상 가상을 뒤쫓고 있는 것은 아닌지 자신에게 물음을 제기해야 한다.

앞에서 이미 주장한 것처럼 심리적인 것, 마음 또는 주관적 관점에서 파악된 인간은 심리학의 대상으로 여겨진다. 인간이 어떤 존재인지 또는 어떻게 존재하는지에 대한 다양한 견해들이 일상심리학의 논의에서 확인될 수 있다. 인간은 자기 자신을 "의지하고 느끼며 표상하는 존재"[30]로 경험하고 있으며, 이러한 견해를 타인과 공유하고 있다. 내성적 자기 탐구로서 또는 타자와의 '피드백'을 통한 자기반성은 반성하는 자를 변화시킬 수 있다. 심리치료의 작용은 바로 이러한 사실에 기인한다. 그리고 자기반성은 사려 깊은 인간에게 **자명한** 통찰을 제공한다. 이처럼 일상심리학적 경험은 심리학이 과학으로서 출발점을 삼아야 하는 그러한 경험이며, 인식적 함의를 가진 것으로서 모든 학문의 근본 문제와 연관된 고찰과 변화, 관찰과 구성이라는 변증법을 제시한다.

심리학적 탐구를 위해 게르트 위터만Gerd Jüttermann은 이 주제를 심리학의 "기초 문제"로서 집중적으로 연구하였다. 여기에서는 "대상보다 방법론에 더 이상 우위를 부여하지 말고" 그와 동시에 "내적 체계를

30 Dilthey(1983) 32쪽.

확증하기 위한 방식으로 … 대상을 앞서 규정하는 것”을 피하라는 요구가 제시된다.[31] 더 정확하게 말해서 아래 “두 진술의 양립 불가능성”과 연관된 딜레마가 문제되고 있다.

1. 전도원칙의 적용은 근본적으로 피해야 한다.[32] 전도원칙은 모든 탐구가 시작되기 전에 수행해야 할 대상에 대한 기술과 거기에서 도출되는 방법적 접근의 규정을 전제한다.

2. 내적 체계의 산출은 근본적으로 피해야 한다.[33] 내적 체계의 산출은 사변적[이론적]으로 획득된 상호 개인적 일반화, 즉 인간학적 특성을 확정함으로써 성립된 대상에 대한 기술의 정식화를 포기하도록 요구한다.[34]

두 진술이 의미하는 것을 이해하기 위해서는 위터만이 끌어들인 두

---

31 Jüttermann(1992) 94쪽.

32 역주: 전도원칙(Inversionsprinzip)의 적용은 어떤 대상을 탐구하기 위해 대상 그 자체에서 적합한 방법을 찾기보다는 대상과 무관한 외적인 개념과 범주를 통해 대상을 파악하려는 태도를 의미한다. 이처럼 전도원칙은 탐구 대상과 탐구 방법 사이에서 무엇을 우선시하는가에 대한 문제와 연관되어 있다. 자연과학은 대부분 이러한 전도원칙을 적용하고 있다고 볼 수 있다.

33 역주: 내적 체계(Systemimmanenz)의 산출은 대상 자체로부터 이론의 체계를 형성하는 태도를 의미한다. 그러나 대상에 대한 역사적이고 해석학적인 선이해가 무시될 수 있다. 특히 인간을 중심 대상으로 하는 심리학이 하나의 인간상에 대한 정의에 고착되어 있을 경우 역사적이고 상황적인 변화를 고려하지 못하는 이론 체계가 될 수 있다.

34 같은 책, 92쪽.

개념, 즉 전도원칙과 내적 체계가 해명되어야 한다. 결과적으로 기초 문제는 전자와 마찬가지로 후자를 피하라는 — 과학적으로 여겨지는 탐구에 의해 충족되어야 하는 — 요구의 불일치에서 발생한다.

이론적 심리학의 문제로서 내적 체계[35]

내적 체계의 산출은 과학을 하나의 사고 모델 및 탐구 모델에 고착시키고 그러한 모델에서 도출된 개념을 폐쇄된 이론의 형식으로 형성하는 것이다. 구체적으로 말해 내적 체계는 특정한 탐구 대상에 대한 정의(예를 들어, 인간상) 또는 특정한 방법을 고착시킴으로써 산출된다. 이때 그 방법이 사실상 대상에 적합한지에 대해서는 더 이상 반성하거나 캐묻지 않는다. 결과적으로 "상대적으로 일치하는 것을 '축소시켜' 경직된 상태로 나열해 놓은 체계"가 구축된다. "변화의 개방성"을 희생시키는 "이러한 체계에서 출발할 경우 '축소시키지 않고' 대상에 적합하게 형성된 학문적 체계의 구조가 (더 이상) 불가능하게" 된다.[36]

---

35 여기에서 '사변적'(spekulativ)이란 말은 일상용어처럼 '순수하게 이론적'이라는 의미로 사용된다. 대립되는 사태의 — 최종적으로 현실성 자체의 — 규정들을 개념의 통일성 속에 종합하는 헤겔적 의미에서 사변적 사고라는 용어가 사용된 것이 아니다(예로서 다음을 참조할 것, Hegel[1833-36] 1985).
역주: 저자의 의도에 따라 철학에서 '사변적'으로 번역되는 이 용어를, 이 책에서는 문맥에 따라 '이론적'으로 번역하였다.

36 Jüttermann(1991) 340쪽. 흥미로운 것은 심리학자 위터만 — 20세기의 한 학자 — 이 하나의 유일한 학문 체계에 대한 열망 — 사람들이 헤겔과 함께 묻혔다고 생각할 수 있는 하나의 이념 — 의 표현을 스스로 인정하고 있다는 사실이다. 그럼에도 불구하고 근대 심리학과 이와 관련된 이론적 단편들을 — 왜곡된? — 철학적 체계를 위한 사고의 회귀로 해석하고 싶은 유혹이 여기에서는 거부되어야 한다.

위터만에 따르면 심리학적 체계의 폐쇄성은 "체계가 정의하는 인간상의 고착화로 인해 산출된다."[37] 여기에서 주의해야 할 것은 그렇게 내적으로 산출된 인간상이 명백한 인간학적 기획의 형태처럼 여겨질 뿐만 아니라, 자주 "방법론적 일원론을 위한 체계를 확증하는 결정에서 간접적으로만 개방된다"는 사실이다.[38]

이에 상응하여 위터만은 심리학의 내적 체계가 근본적으로 성립되는 두 방식을 구별하고, 이것을 각기 "직접적인 모델화 전략"과 "간접적인 모델화 전략"[39]이라고 부른다. 직접적인 모델화의 경우에는 인성이론으로 변형된 일반적인 인간상이 기획된다. 다시 말해 "인성의 대상모델"[40]로서 개념화되고, 그에 대한 발전적 탐구를 위한 척도로서 고착된 인간상이 기획된다.

직접적인 모델화는 특정한 심리치료 학파의 이론적 기초를 나타내기도 한다. 직접적인 모델화를 통해 심리학의 내적 체계를 성립시킨 가장 잘 알려진 예 중의 하나가 프로이트의 정신분석이다. 정신분석은 욕망의 경제학에 따라 기능하는 "**인간본성**"homo natura[41]의 이념에 기초하고 있다. 또 다른 한 예는 행동주의이다. 행동주의는 인간을 마치 "비어 있는 유기체"로 파악하고 결정론적인 자극-반작용-도식주의를 전개한

---

37 같은 책, 342쪽.

38 같은 곳.

39 Jüttermann(1992) 55쪽.

40 같은 곳.

41 Binswanger(1947) 166쪽.

다. C. 로저스C. Rogers의 인문주의적 심리학이 바로 그런 것이다. 로저스 심리학의 인간상은 본질적으로 "풍부하게 기능하는 인격"[42]의 이상에 의해 각인된다. 이러한 이상에 따르면 인간은 자기에게 내재된 자기실현의 경향에 근거하여 발전한다.

위에서 언급한 심리학적 체계들은 임의적으로 확대될 수 있다. 인성 이론들의 구조가 근본적으로 무한한 가능성을 가지고 폭넓은 체계를 형성할 수 있기 때문이다. 이렇게 다양하게 산출된 심리학적 체계들은 상호 대립적인 모순을 드러내고 있으며, 이에 따라 토대를 제공하는 학문적 방식으로 통합될 수가 없다. 이에 대해 H. 드뤼에H. Drüe는 이미 1963년에 다음과 같이 주장하였다. "심리학에서는 … 거의 모든 탐구자의 이름이 하나의 새로운 체계, 즉 다른 모든 체계와 통약불가능한 체계를 의미한다. … 심리학의 역사에서는 단일성을 향해 고양되는 발전적 형태의 심리학 — 대립적인 정초로 인해 공리, 이론, 특수한 방법이 분열된 상태로 고착된 분야를 자체 안으로 종합하는 심리학 — 과 같은 통합적 이론을 가진 적이 없다."[43]

위터만은 현재 심리학에서 나타나고 있는 결핍된 통합 능력의 원인을 "사태에서부터 필요한 것으로 여겨지고 세심한 탐구에 근거하여 준비된 정밀 작업과 기존 모델에 대한 개선 작업이 이루어지기보다는, 다소 이론적으로 획득된 새로운 인성 개념이 담론의 지평에 갑작스럽게

---

42 Rogers(3판 1991) 60쪽.

43 Drüe(1963) 7쪽 이하.

등장하고 있다는 사실"에서 찾고 있다.[44]

이에 따라 직접적인 모델화를 통해 성립된 새로운 이론의 증명은 학문적 비판의 영역이 아니라 "지지자에 의한 정당화"를 수단으로 하는 정치적 방식으로 이루어진다. "한 체계의 타당성이 학문적 수단을 통해 증명될 수 없기 때문에 눈길을 끌 만한 체계마다의 구성을 중시한다. 다시 말해 그럴 듯한 활용 가능성 — 예를 들어, 치료사로서 또는 그 반대의 환자로서 — 을 필요로 하는 잠재적 지지자로 구성된 상당히 큰 집단에서 반향을 얻는 것이 중요하다."[45]

심리학의 이론 형성에 드러나는 결핍된 학문성은 위에서 언급한 그라베의 비판, 즉 통합과 발전에 무능한 심리치료학에 대한 비판과 직접 연결될 수 있다. 여기에서 두 분야, 즉 심리학적 기초 학문과 심리치료의 실천은 각각 이론적으로 획득되고 교조적으로 고착된 대상 모델에 정초하고 있는 폐쇄적이며 상호 모순적인 체계의 구조로만 여겨진다.

이러한 평가에 따라 그라베가 미래의 심리치료는 학문적으로 정초되어야 한다고 할 때, 다시 말해 **심리학적** 심리치료여야 한다고 요구할 때 그는 어떤 학문을 이끌어 내려고 하는가?

고착된 인간상에서 출발하여 그 대상을 앞서 직접적으로 모델화하고, 경직된 이론 체계로 고착시킨 이론적 심리학들과 나란히 자연과학의 모범에 정위되어, 선행하는 대상에 대한 고찰을 포기하고 당장 무전

---

44 Jüttermann(1992) 58쪽.

45 같은 책, 59쪽.

제성의 이상을 따르려고 하는 심리학의 전통이 있다. 이러한 전통의 노선에는 심리치료 탐구자인 그라베 자신도 속해 있다. 897개의 경험적 연구를 철저하게 평가하고, 다양한 심리치료 학파가 추구하는 방향의 효력에 대한 연구로 선풍적인 관심을 불러일으킨 그의 메타-연구는 전적으로 실험적-양적 방법론에 따르는 의학적이고 자연과학적인 패러다임에 빚지고 있는 것이다.[46]

그럼에도 불구하고 위터만은 무전제성을 추구하는 자연과학적 이상은 "결코 현실화될 수 없다"고 지적한다. "왜냐하면 일반적인 방법의 적용을 위해 대상과 독립하여 내린 모든 결정은 드러나지 않을 뿐, 피할 수 없는 방식으로 규정된 인간상의 확정과 연결되어 있기 때문이다."[47] 가능한 한 무전제적으로 탐구 대상에 접근하기 위해서 이론과 거리를 두려는 자연과학의 방법론적 일원론의 선택도 앞서 고착된 대상 모델을 고수하는 것과 마찬가지로 교조주의로 증명된다. 왜냐하면 겉으로는 비이론적 방법을 선택하는 것처럼 보이지만 거기에도 선행적인 이론의 선택이 포함되기 때문이다. 선행하는 이론적인 고찰을 포기하려는 결정은 모두 그 자체에 이론적 성격을 가지고 있으며, 또한 이론적으로만 확증될 수 있다. 이는 양적이고 변수심리학적 방법을 교조적으로 고수함으로써 간접적으로 하나의 인간상을 모델화하는 결과를 빚어낸

46 예를 들어, "적어도 그 변수가 … 실험적으로 통제되고, 집단 통계적 비교가 통제의 조건 아래 또는 적어도 진료의 조건에서 앞서 제공되었던" 그러한 치료 연구만이 철저하게 평가될 수 있었다(Grawe 외[5판 2001] 57쪽). 이것은 질적 연구 방법을 적용한 연구가 원칙적으로 배제되었음을 의미한다.

47 같은 책, 55쪽.

다. 이때 그 인간상은 그 자체로서 드러나지 않지만 연관의 틀로서 획득되어야 할 가능적 인식 공간을 확정한다. 그리고 결국에는 그러한 단초가 내적 체계로 연결된다. 위터만이 "간접적 모델화 전략"[48]이라고 불렀던 심리학적 개념화의 두 번째 형태가 바로 이것이다. 간접적 모델화는 "특정한 학문적 연구 방법에의 집중으로부터 우회하는 과정에서" 성립한다.[49] 이러한 과정을 보여 주기 위해 위터만이 만든 핵심 개념 — 전도원칙 — 을 계속 논의할 필요가 있다.

계량적 심리학의 문제로서 전도원칙

위터만은 전도원칙의 개념을 "대상과 방법의 관계에서 허용될 수 없는 뒤바뀜"[50]이라고 특징짓는다. 더 정확하게 이는 "방법의 선택이 대상의 고유한 형식으로 향해 있기 때문에 전도원칙이 적용될 수 없다는 사실"을 말한다고 할 수 있다.[51]

위터만은 자연과학의 경우에는 전도원칙의 배제를 통해 기초 문제를 해결할 수 있다고 생각한다. 왜냐하면 탐구 대상을 위해서는 "탐구가 시작되는 관찰 가능한 현상들을 드러낼 수 있는 확고한 법칙성이 주어져야 하기" 때문이다.[52] 위터만에 따르면 이는 분석되어야 할 자연의 구조가 내재적으로 그것을 구성하고 있는 "확고한 법칙성"에 근거하고 있는

48 같은 곳.

49 같은 곳.

50 Jüttermann(1983) 36쪽.

51 Jüttermann(1992) 82쪽.

52 같은 책, 18쪽

한 분석을 위해 투입된 방법을 통해 그것이 결코 변화될 수 없다는 것을 의미한다. 그로 인해 방법이 기술적으로 발전되고 정확하게 적용되더라도 잘못된 자연 인식이 생겨날 수 있다.[53] 자연법칙은 어떤 역사도 가지고 있지 않으며, 자연성에는 영원성이 속해 있다. 그런 점에서 "발견이라는 학문적 탐구를 실천하는" 자연과학자는 그가 "찾고 있는 구조를 아직 인식하지 못하고 있다고 할지라도 결국에는 구조의 성격, 즉 가능적인 '구성 요소들'에 대한 정확한 표상을 소유한다. … 이때 구조의 존재는 그러한 구성 요소들에 기인한다. 그런 점에서 찾고 있던 원리는 자연과학에서 이론이 아니라 사실로서 파악되어야 한다."[54]

이에 반해 심리학 및 모든 사회과학적 탐구는 다음의 사실로부터 출발해야 한다. "명백한 구조들은 사실상 존재하지도 않으며, 구조를 형성하는 조건의 성격도 알려져 있지 않다."[55] 우리는 "무엇이 인간, 사회 또는 심리적인 것을 궁극적으로 형성하는지, 도대체 어떤 형태의 구조로 되어 있는지"를 알지 못한다.[56]

---

53 이러한 평가가 어느 정도 적합할 뿐만 아니라 물리학적 탐구를 위해서도 타당하다는 것, 그리고 관찰이 관찰된 체계의 상태를 변화시키고, 그런 점에서 정확한 측정이 불가능하다는 것을 우리는 베르너 하이젠베르크가 1926년 그의 유명한 '불확정성의 원리'를 주장한 이후 알게 되었다. 그러나 위터만의 자연 개념과 거기에서 나온 자연과학의 이해에 대한 문제를 여기에서 논의할 수는 없다.

54 Jüttermann(1992) 19쪽.

55 같은 곳. 이를 위해서는 다음과 같은 이해도 있다. 울리히 외버만(Ulrich Oevermann)이 발전시킨 '객관적 해석학'은 바로 인간의 생활 세계를 철저하게 규정하는 **객관적 의미 구조와 지시적 의미 구조**의 현존에서 출발한다(예를 들어, Oevermann 2002). 그러므로 라이헤르츠(Reichertz)는 객관적 해석학을 구조의 형이상학이라고도 부른다(Reichertz 1988).

56 같은 책, 20쪽.

물리적 현실성과 심리적 현실성의 현상적 차이에 직면하여 심리적인 것, 그리고 그것과 변증법적 연관에 놓여 있는 사회문화적 실재성 — 타인의 심리가 객관화된 것으로도 파악될 수 있는 것 — 의 구조들과 발전 과정들은 사실상 자연법칙으로 구성된 자연과학의 대상과는 완전히 다른 원리에 순응한다. 그러나 이것을 밝히는 것으로만 끝나서는 안 된다. 오히려 제대로 물어야 할 것은 심리학이 무시간적이라 여길 만큼 지속적인 법칙성으로 이해될 만한 그런 형태의 **원리**들을 정식화할 수 있는가의 여부이다. 인간적 주체성의 원리는 즉각 자신의 원리들을 변화시킬 수 있다는 데에 있다.[57]

그렇지만 동시대의 심리학은 자연과학적 이상에 '매료'되어 신경과학으로 구축되기를 원하는 것처럼 보인다. 신경과학은 "세포생물학적 개념을 통해 정신적인 기능에 대한 모든 고전적인 철학과 심리학의 물음"[58]에 대해 대답하고, 신경세포의 활동을 통제하는 분자들이 어떻게 고도로 복잡한 정신적 과정과 연관되어 있는지, "우리 인간을 인간이게 하는 것이 무엇인지"에 대해 어떻게 설명해야 하는지를 보여 주길 원한다.[59] 신경과학의 목적은 "심리학을 … '뇌 연구'와 융합시키는 것"이

57 빌헬름 딜타이는 주체의 미학적이고 논리적인 범주 — 우리가 느끼고, 사고하고, 활동하는 방식 — 도 역사적 변화 아래 놓여 있다는 사실을 연구하였다. 변하지 않는 것으로 고찰된 선험적 자아, "칸트의 선천적 자아는 경직되고 죽어 있다." 따라서 딜타이는 다음과 같이 말한다. "역사의 삶은 우리가 그 아래에서 사고하는 겉보기에 경직되고 죽은 조건들도 포괄한다. … 이 조건들은 발전된다."(Dilthey 1983, 31쪽)

58 Kandel 외(1996) 325-326쪽(원문에서 강조됨).

59 같은 책, 3쪽.

다. 그것을 위한 뇌 연구는 "우리가 일반적으로 정신이라고 부르는 것이 뇌에 의해 작동되는 일련의 기능 이외에 다른 것이 아니라는 중심적인 원리"에서 출발한다.[60] 정신분석은 의미 없는 것 — 이해할 수 없는 병의 증후 — 에서 의미를 찾는다는 점에서 그것의 주장과 능력이 인정된다. 그렇지만 정신분석조차 공식적인 효과를 보여 주는 뇌 연구의 공헌을 받아들이려는 의심스런 유혹을 뿌리칠 수 없다. 뇌 연구는 뜻과 의미, 즉 주체의 의식적, 전의식적, 반의식적 또는 무의식적 동기를 의미 없는 사실, 즉 근거와 목적 없이 단순히 맹목적으로 움직이는 뇌의 대사작용으로 되돌리는 상반된 프로그램을 수행한다.[61] 이를 위해서는 신경이론에 흥미를 가졌던 젊은 프로이트를 보증인으로 세울 수 있다. 그러나 성숙한 프로이트가 뇌 연구를 심리적 고통에 대한 정신분석적 이해와는 전혀 관계가 없는 것으로 보았다는 것을 잊어서는 안 된다. 프로이트는 불안에 대한 강의에서 다음과 같이 말했다.

> 그것은 뇌의 연수Medulla oblangata가 자극을 받았다는 것을 의미한다. 환자는 그가 미주신경Nervus vagus으로 인한 노이로제에 걸려 고통을 당하고 있다고 전해 듣는다. 뇌의 연수는 아주 중요하며 훌륭한 대상이다. 나는 많은 시간과 노력을 기울여 몇 해 전에 이러한 연구에 몰두했었다는 것을 정확하게 기억한다. 그러나 오늘 나는 내가 그것에 대해 아무것도 모른다는 것을 말하지 않을 수 없다. 불안에 대한 심

60 같은 책, 6쪽.

61 예를 들어, Kaplan-Solms & Solms(2003), Solms & Turnball(2004), Stein(2006).

리학적 이해를 위해 자극이 통하는 신경 회로의 지식보다 나에게 더 무관한 것이 있을까![62]

심리학이 신경생물학적 관점에서 자연과학처럼 탐구된다면 아마도 '확고한' 사실을 드러낼 수는 있을 것이다. 그러나 그렇게 함으로써 심리학은 자기의 존재 이유가 될 뿐만 아니라, 그런 점에서 자신에게 가장 고유한 대상, 즉 주체성 및 본질적으로 의미의 차원을 통해 규정되고 경험에 직접 주어지는 심리적이고 정신적인 삶의 실재성이 드러나는 현실성의 영역을 요술처럼 감출 뿐이다. 그러나 뜻과 의미의 생성을 위해 자연과학적이고 신경생물학적인 탐구는 어떠한 기여도 하지 않는다.[63]

주체성을 객관적이고 자연법칙적인 기능의 연관으로 환원할 수 없음에도 불구하고 — 위터만은 "결과적으로 주체는 분석될 수 없다"[64]고 생각한다 — 학술적 심리학은 실험심리학으로서 계속해서 자연과학의 모범을 지향하며, 엄밀하게 계산된 전략을 통해 자연과학적 객관성과 정확성의 이상에 상응하기 위해 노력한다.[65] 결과적으로 "이러한 변수

62 Freud(1917[2000]) 381쪽.

63 Brandt(2006) 참조.

64 Jüttermann(1992) 122쪽.

65 여기에서 '자연과학적'이란 명칭을 가진 (특히 심리치료의 탐구에서) 심리학의 주류는 대개 사실상 낡은 자연과학의 이해보다도 뒤늦은 것임을 위르겐 크리츠(Jürgen Kriz)는 반복해서 보여 준다(예를 들어, 1977, 1999, 2000). 자연과학의 오래된 이상과 신화 — 예를 들어 객관성, 정확성 또는 동질성과 인과성과 같은 것(Kriz 1999) — 는 자연과학 내에 있는 양자이론, 카오스 이론, 체계이론의 발전을 통해서 극복되었다. 그러나 체계이론적 관점은 심리학에서(의학적이고 약학적인 탐구에서도 마찬가지로) 아직 새로운 패러다임으로 관철될 수 없었다.

심리학Variablenpsychologie은 … 현실 속에 존재하지 않는 … 인과적이고 기계적으로 기능하는 '객관적' 인간을" 탐구한다.[66]

결국 이러한 심리학은 한편으로 "허구적 대상을 불러냄으로써 결국 허구가 되어 버렸으며",[67] "마음 없는 마음의 이론"[68] 또는 "대상 없는 심리학"[69]이라 불리는 상황을 자초하였다. 그리고 다른 한편으로 탐구 대상을 방법에 적용시키고 이를 통해 겉보기에 풍부한 성과를 제공하는 '확고한' 학문적 ― 그러나 결국에는 가치가 없는 ― 인식을 산출했지만 대상 ― 여기에서는 인간 ― 을 기형적으로 만들 수도 있다. 이러한 심리학은 겉으로는 전제가 없는 것처럼 보이지만 종국에는 교조적으로 객관화하는 방법을 선택함으로써, 심지어 일반적인 경우 인간의 실재성을 완전히 왜곡시켜 재현하는, 과학적으로 정당화된 인간상을 간접적으로 산출하게 된다. "따라서 자주 비판받는 심리학적 탐구 결과의 진부함과 사소함은 … 잘못된 단초의 당연한 결과일 뿐이다."[70] 이처럼 법칙이론적이고 실험적으로 진행되는 변수심리학의 암묵적인 인간상은 "의도하는 탐구의 결과를 위해 … 미지의 **연관 모형**을 동시에 투입한다. 그로 인해 모델 형성 과정은 기본적인 차원에서부터 부차적으로 다양한 개별적 결과의 산출을 통해 보충되는데, 이때 그 산출은 대상

66 Jüttermann(1992) 77/67쪽.

67 같은 책, 67쪽.

68 Dilthey([1894] 4판 1964) 159쪽.

69 Herzog(1984) 1쪽.

70 Jüttermann(1992) 20쪽.

에 대한 **분석**이 아니라 대상을 **형성**하는 특성을 가진 것이다."[71]

중간정리

심리학의 대상은 심리적인 것, 마음 또는 인간적 주체성으로서 확인되었다. 심리학적 방법론은 인간의 주관적인 차원, 즉 심리적이고 정신적인 차원을 객관적으로 파악할 것을 요구한다. 이러한 방법론에 대한 고찰은 기초 문제의 관점에서 볼 때 관찰과 구성, 대상 고찰과 대상 변경이라는 피할 수 없는 변증법의 딜레마를 보여 주었다. 이 딜레마는 심리학에서 인간상의 직접적인 모델화와 간접적인 모델화라는 반정립적 전략의 형식으로 등장하였다. 두 형식의 모델화는 딜레마적 상황에 놓여 있는 심리학적 탐구의 부적합한 접근 양식을 드러내고 있으며 그러한 학문적 개념은 근본적으로 문제시될 수밖에 없다.

기초 문제를 고찰하지 않은 상태에서 직접적으로 또는 간접적으로 대상을 모델화하면서 발전된 부적합한 심리학의 개념화는 **내적 체계**로 나아간다. 자연과학에 정위되어 객관화하는 신경심리학, 실험심리학 또는 변수심리학은 현재에도 심리치료의 규정과 관련된 과학 정책과 건강 정책의 담론을 지배하고 있다. 이러한 심리학을 통한 간접적 모델화의 경우에는 심리학과 심리치료의 공통적 '대상', 즉 의지하고 느끼고 사고하는 인간이 자연으로서 파악되며, 그런 점에서 기형화되고, 그 때문에 본질적인 것 — 정신적, 문화적, 사회심리적 계기 — 이 박탈된다.

---

71 같은 책, 55쪽 이하(원문에서 강조됨).

이는 사실적 내용을 내적 체계로 산출하는 인식론적 문제보다 더 심각한 문제가 될 것으로 보인다. 위터만은 "토대를 제공하는 과학적 심리학이 대상에 적합하고 그런 점에서 가치가 있다는 것을 증명할 수 있으려면 그것은 **자연**에 대한 학문이어서는 안 되며, 오히려 **인간**에 대한 학문이어야 한다는 점"을 강조한다.[72] 그러나 인간과 자연을 뚜렷하게 대립시키는 것은 양자를 동일화하는 만큼이나 소박하고 교조적인 것이다. 오히려 인간적인 것은 자연을 — 무엇보다도 인간 자신을 — 문화화하면서 성립되는 것처럼 보인다. 인간을 인간으로 만드는 것, 다시 말해 의식, 정신, 문화로서 그리고 양심과 도덕으로서 주관적이고 개별적인 것의 영역과 객관적이고 일반적인 것의 영역에 미치는 자유로운 이념성의 요소는 **호모 사피엔스**Homo sapiens라는 종을 동물의 왕국에서 벗어나게 했다. **프쉬케**Psyché와 **퓌지스**Phýsis, 정신과 물질, 자율성과 결정성 — 문화와 자연, 자유와 운명 — 은 인간 전체의 계기들을 드러낸다. 예를 들어 신체 개념은 이러한 것들의 상호적인 침투를 통해 사유된다. 신체를 "우리 자신으로서의 자연"[73]이라 불렀던 게르노트 뵈메Gernot Böhme의 규정처럼 신체에 대한 이러한 규정은 인간적인 것으로서의 자연이 맹목적이고 인과법칙적인 물리학적 힘의 지배와는 다르다는 변증법을 보여 준다. 로버트 슈페만Robert Spaemann은 이것을 다음과 같이 간략하게 정식화한다. 사람들은 "인간을 자연에서부터 자연을 넘어서는

---

72 Jüttermann(1992) 124쪽(원문에서 강조됨).

73 Böhme(2003) 33쪽.

소질을 가진 본질로서 이해"해야 한다.[74]

그러므로 심리학의 관점에는 다음과 같은 견해가 견지되고 있다.

> 인간의 프쉬케는 그것이 지속적으로 '객관화된다'고 할지라도 어떤 객관적인 것도 나타내지 않는다. 중요한 것은 그것이 객관화되는 과정이다. 이 과정을 '자유로운 과정'에서, 그리고 개별적인 또는 보편적인 현상의 형식에서, 개별화된 또는 사회화된 현상 형식의 다양성에서 포착하는 것이 중요하다. 그러나 이러한 과정에 대한 포착은 모델화 작업이 아니라 대상에 적합한 주제화의 형식에서 가능하다. 이때 인간적 프쉬케라고 불리는 것에 접근할 수 있는 수많은 통로를 불필요한 것으로 제한시켜서는 안 되며, 오히려 관점적으로 접근할 수 있는 탐구를 위해 제한되지 않은 출발점의 기초를 형성해야 한다.[75]

이제 어떤 결론이 치료의 적용을 위한 학문으로서 심리학의 분석에서, 특히 심리치료의 본질에 대해 그 출발점에서부터 제기될 수 있는 물음의 관점에서 도출될 수 있는가?

한 학파와 방법이 "심리치료"라는 이름을 정당하게 얻고, 그 자체로서 사회적이며, 건강 정책과 관련하여 인정받을 수 있는 주장을 할 수

---

74 Spaemann([1973] 1994) 33쪽.

75 Jüttermann(1992) 192쪽.

있으려면 다음과 같은 요구에 따라야 한다. 첫째, 모든 단초의 학문성이 검증되어야 하며, 둘째, 진료를 비교하고 선택할 수 있어야 하며 그와 함께 비용과 효과의 관계가 고려되어야 한다. 이러한 요구는 다시 학문적 척도를 통해 입증되는 효력의 증명에 의해서만 판정될 수 있는 것이다. 그렇기 때문에 심리치료의 본질과 개념에 대한 물음은 즉각 심리학을 과학적 분과로 규정하는 학문 개념에 대한 물음과 연결된다. 그런 점에서 심리학은 여전히 구조적인 "지속의 위기"(위터만)에 처해 있다. 왜냐하면 토마스 S. 쿤Kuhn의 의미에서[76] "일반적으로 인정된 패러다임으로 인정받지 못하고"[77] 오히려 '대상 없는 학문'으로 여겨지며, 체계에서 근대적 학문성의 고유한 이념과 모순되기 때문이다. 이로 인해 학문적 정초와 심리치료의 합법성에 대한 요구는 많은 의심을 받고 있는 것으로 보인다. 현재 확인할 수 있는 것은 '종파Konfession와 직업Profession'(그라베) 사이 — 이것은 학파에 제한된 교조주의와 과학적 환원주의 사이를 의미한다 — 에서 논란이 되고 있는 심리치료의 상황이 심리학의 딜레마적 구조를 반영하고 있다는 사실일 뿐이다. 심리학은 내적 체계의 스킬라Szylla와 전도원칙의 카리브디스Charybdis 사이를 헤쳐 나갈 수 있는 적절한 탐구 실천의 방법을 아직 발견하지 못하고 있다. 그러므로 우리가 행하고 있는 심리치료는 — 위에서 제시한 의미에서 — 이미 **심리학적** 심리치료이기 때문에 치료를 연구하는 그라베의 요구를 실현

76 Scheerer(1989) 1644쪽.

77 Kuhn(2판 1976) 참조.

할 수 없다. 그로 인해 심리치료는 사실상 그라베가 원했던 ― 학문적 ― 의미에서 '좋은' 상태로 돌아가기보다는 오히려 심리학의 학문성으로 인해 그라베가 생각하지 못했던 의미에서 '나쁜' 상태로 귀결되었다. 빌헬름 빈델반트는 ― 그는 1894년 **법칙정립적** 인식과 **개성기술적** 인식이라는 중요한 대립을 도입하였다[78] ― 위의 상황과 관련된 강연에서 "심리학은 그 대상에서 보면 정신과학이지만 그 방법에서 보면 자연과학으로 여겨질 수 있다는 사실과 관련된 문제"[79]로부터 출발하였다. 이러한 딜레마 ― 위에서 기술한 심리학의 기초 문제 ― 는 **살아 있는 것**으로서 심리적 삶이 **삶**에 관한 학문으로, 다시 말해 삶의 자연성[본성]이라는 관점에서 고찰될 수 있다는 사실과 관련된다. 동일한 정당성을 가지고 심리적인 것을 **객관적**, **육체적**, **자연적**, **물질적으로**, 동시에 **주관적**, **정신적**, **문화적**, **비물질적으로** 파악할 수 있다는 것이 인정된다면, 마음에 가장 잘 도달할 수 있는 방법에 대한 물음이 제기된다. 이 방법은 그때마다의 주관적 사건을 드러내기 위해 객관적인 표현의 형태로 항상 시작할 수밖에 없다. 그러나 주관적인 것은 두 영역, 즉 자연과학적 기술의 영역과 정신과학적 기술의 영역에서 **결코 남김없이 개념적으로 투명하게 드러낼 수 없다**. 그로 인해 **학문적** 마음의 이론은 "'자기모순'으로 비난받는 … 학문"[80]으로 여겨지며, 그러한 이론을 위한 가능성은 전면적으로 의심을 받고 있다. 이러한 문제를 여기에서 더 이상

78 Windelband(9판 1924).

79 Mader(1999) 956쪽.

80 Jüttermann(1992) 101쪽.

논의할 수는 없다. 심리학이 존재한다는 사실은 자기 자신을 탐구하는 인간의 직접적인 — 주관적이고 일상심리학적인 — 경험에서 확증된다. 이러한 경험에서 심리학은 출발하며 그 존립의 정당성을 획득하지만, 심리학의 학문성에 대한 물음은 여전히 문제로 남아 있다.

심리치료의 과제를 좀 더 자세하게 규정하기 위해 심리치료와 심리학의 관계에 대한 연구가 많이 부족하다는 인상을 가질 수도 있을 것이다.[81] (그러나) 나는 그렇지 않다고 생각한다. 오히려 본질적인 것이 다음과 같은 사실을 통해 해명된 것처럼 보인다. 심리학은 인간에 대한 학문으로서, 실험과학적으로 양적으로 객관화하는 과학적 모델의 틀에 모든 것을 남김없이 맞추어 넣으려는 시도와 차단되어야 하는 내용적 근거를 가지고 있다. 다수의 학술적 심리학자들이 그러한 모델에 상응하려고 시도하고 있으며, 그런 점에서 심리학을 학문 이론적 문제의 사례로 보고 있다. 그러나 그들이 인간적인 체험과 행동, 느낌, 사고, 활동에서 **중요한 것**을 경험하려는 요구를 포기한 것은 아니다. 이는 현재 자연과학에 의해 지배되고 있는 학문의 이해를 따르는 '참된 심리학'이 항상 비학문적인 계기를 포함하고 있는 것처럼, 심리치료 역시 응용과학으로 규정될 수 없다는 사실에서도 나타난다. 심리적이고 주관적인 것이 과학적 객관화를 벗어나 있는 것과 마찬가지로, 심리적 고통도 직접적 접근을 통해 그것을 먼저 장애로 확정한 후 제거하려는 기술적 치

81 모든 상담실천을 위한 심리학의 의미와 기능에 대한 물음은 Ⅳ장(177쪽)에서 한 번 더 중요하게 다루어질 것이다.

료로부터 벗어나 있다. 심리적인 것에 대한 봉사, 병든 마음에 대한 치유적 돌봄은 과학적 심리요법 이상의 것이다.[82] "모든 심리치료가 '과학적'이어야 한다는 요구는 … 심리치료의 실천을 … 기술적 합리성 아래에 복종하게 만든다." 이는 "주체가 심리치료로부터 분리되는 상황"을 초래한다.[83] 심리학과 심리치료 사이의 또 다른 유사성은 다음에서도 나타난다. 위터만은 대상에 적합한 심리학적 탐구의 실천을 위하여 "이때 인간적 프쉬케라고 불리는 것에 접근할 수 있는 수많은 통로"가 소멸되어서는 안 되며, "관점적으로 접근할 수 있는 탐구를 위해 제한되지 않은 출발점의 기초를 형성해야 한다"는 요구를 했다. 이러한 요구와 유사하게 마음을 치유하는 학문도 법칙론적이고 실험적인 학문 이해의 관점, 그리고 거기에 담겨 있는 세계상과 인간상에서 경험적이고 양적으로 타당한 것으로 여겨지는 몇 가지 진료 방식의 선택으로 규정될 수 없다. 심리치료를 위해 분업적이고, 그런 점에서 다원적이고 관점

---

82 심리치료에 대한 이러한 기술적 규정은 널리 인용된 한스 스트로츠카(Hans Strotzka)의 정의와 관련하고 있다. 이 정의는 암뷜(Ambühl)과 슈트라우스(Strauß)의 견해에 따르면, "심리치료가 취하고 있는 방향에서 대부분의 대표자에 의해 인정되고"(Ambühl/Strauß 1999, 8쪽) 있지만 사실상 "가장 생생한 경험의 과정이 끝나고 남은 잿더미"(Achenbach 1984a, 82쪽)에 불과한 것이다. 독자는 스트로츠가의 목소리를 직접 듣고 스스로 이에 대해 판단할 수 있다. "심리치료는 합의(환자, 치료사, 관련 집단 사이의 합의)에 의해 진료가 필요하다고 여겨지는 행동장애와 고통의 상태에 영향을 주기 위한 의식적이고 계획적인 상호작용의 과정이다. 이 과정은 심리학적 수단을 가지고 (소통을 통해) 대개 드러나거나 또는 드러나지 않게, 가능성에 따라 공통적으로 추구하는 규정된 목적(증후의 감소 그리고/또는 인성의 구조 변화)의 방향을 가지며, 규범적이고 병리학적인 행동 이론에 기초하여 습득할 수 있는 기술로 수행된다."

83 Holzhey-Kunz(2002) 19쪽 이하.

적으로 조직된 과학적 탐구가 제시될 필요는 없다. 그러나 심리치료의 어려움은 **진정으로 좋은** 치료사가 되기 위해서는 다양한 치료적 관점들이 그때마다 **한 명의** 심리치료사 안에서, 즉 구체적인 개인 안에서 통일되어 있어야 한다는 데 있다. 이러한 치료사는 임의적인 다양한 치료를 이리저리 시험해 보지 않고 그의 환자들에게 개별적으로 적합한 방식을 적용할 수 있는 사람이다.

이와 함께 서로 모순되는 수많은 심리치료의 단초들과 다양한 이론적 관점들이 각각의 진리성을 상실하지 않고 어떻게 통일될 수 있는가 하는 물음이 제기된다.[84] 실재로 현존하는 심리학과 그것을 지배하는 과학의 모델이 어떤 적합한 토대도 제공하지 않는다면, 모든 치료학파에게 공통적인 이론적 기초란 무엇인가? 이에 대한 비판이 제기된다고 할지라도 특정한 "정신병과 관련된 장면"에서 등장하는 것처럼 신비한 대중 요법을 번성시키는 비합리성으로 되돌아가서는 안 된다. 모든 심리치료의 방향은 일반적이며 포괄적인 합리성에 기초해야 하며, 이 합리성을 임의성에 매몰시켜 쓸모없는 것으로 만들어서는 안 된다. 이런 점에서 치료학파를 포괄하는 심리치료의 이론에 대한 그라베의 요구는 전적으로 옳다.[85] 그렇다면 어떤 형태의 합리성이어야 하는가? 현대 심

84 이를 위해 다원적 관점과 방법을 포괄하는 심리치료의 형성에 대한 위르겐 크리츠의 이념을 참조할 것, Kriz(2005) 16쪽 이하.

85 방법의 통합이라는 슬로건을 가진 이러한 의도는 이미 많은 치료사들에 의해 의도되고 있었다. 이때 선두 주자로서 "통합적 치료"의 단초를 제시한 힐라리온 페졸트(Hilarion Petzold)가 자주 지목된다. 그러나 페졸트가 출판한 책 ― 3권으로 된 주저(Petzold, 2판 2003) ― 을 좀 더 정확하게 살펴본다면, 볼프강 센프(Wolfgang Senf)와 미카엘 브로다

리학의 과학적 사고가 너무 편협한 것으로 증명되고 있다면 여기에서 요구되는 합리성은 치료학파를 포괄하는 마음치료학의 연관 구조에 적용될 수 있는 것이어야 한다.

그러므로 치료적 이성의 심리학적 계기가 연구되고 난 후에는 다음으로 반드시 심리치료에 대한 충분한 규정을 위해 주목되어야 할 심리치료 실천의 목적론적 측면이 고찰되어야 한다. 여기에서는 심리치료의 기능과 목표 설정, 그리고 의미 및 목적과 관련된 계기들이 다루어질 것이다.

(Michael Broda)가 옳았다는 것을 사람들은 인정해야 할 것이다. 이들은 치료의 구성 부분들이 우연하게 뒤섞여 만들어진 "'요리'로" 제공되는 "**조야한 실용주의적 절충주의**"가 거기에서 문제되고 있다는 것을 지적하였다(Senf/Broda 3판 2005, VI쪽).

심리치료 실천의 목적과 요구

치유의 개념

심리치료가 마음의 치유를 위한 진료로서 규정된다면 — 나의 숙고를 시작하면서 시도한 것처럼 — 그 목적은 분명하게 제시된 것처럼 보인다. 그것은 다름 아닌 치유, 즉 병의 제거와 건강의 회복이다. 치유는 병을 함축하고 있으며, 병은 건강을 지시한다. 치유를 필요로 하는 사람은 병들어 있다. 왜냐하면 치유는 병든 사람이 건강하게 되는 — 반대로 발병이 건강한 사람이 병들기 시작하는 과정으로 기술되는 것처럼 — 과정이기 때문이다.[86] 그러므로 치유가 무엇인지 말할 수 있기 위해서는 병과 건강이 무엇인지 해명되어야 한다.

병은 증후Symtome의 형태로 나타난다. 환자는 이렇게 저렇게 '무겁게 짓누르는 것'Beschwerden — 콧물, 기침, 목이 쉼, 염증 또는 종창, 피부 발진, 신장결석 또는 담석증, 두통, 배통背痛 또는 위통 등 — 을 **가진다**.[87] 다른 한편으로 병의 증후군은 병증과 관련된 사람이 본래 무엇인가를 **가지고 있다**는 것이 아니라, 그에게 무엇인가 **빠져 있다**는 사실에서 성립한다. 어떤 특정한 능력이 상실됨으로써 평상시의 생활이 갑자기 더 이상 가능하지 않게 되고, 마땅히 되어야 할 어떤 것 — 예를 들어

86 Macho(1985) 참조.

87 역주: 저자는 의도적으로 'Beschwerden'이라는 독일어를 통해 무게 평형과 관련된 건강 개념 및 병 개념을 연결시키고 있다. 여기에서 'Beschwerden'은 맥락에 따라 낱말 그대로 무게와 연관시켜 '무겁게 짓누르는 것'으로 번역하고 다른 곳에서는 불편함 또는 장애로 번역할 것이다.

마비로 인해 걷는 행위, 장님이 되면서 보는 행위 등 — 이 더 이상 **기능하지** 않게 된다. 그렇다면 병은 과잉인가 아니면 결핍인가? 분명히 둘 다이다. 우리는 그 중심에 건강이 자리 잡고 있는 연장선상의 극단을 병으로 특징짓고 있는 것처럼 보인다 그러나 우리는 이러한 '건강한 중심' 자체를 확정할 수 없다. 오히려 그것을 벗어나 병들게 되었을 때에만 그것을 감지할 수 있다. 이것을 한스-게오르크 가다머Hans-Georg Gadamer는 **건강의 은닉성**이라고 불렀다.[88] 가다머가 강조하는 것처럼 건강은 가장 직관적으로 사고될 수 있는 무게의 평형상태이다. 무게가 상호 대립적으로 작용할 때 무게의 평형은 본래 무게의 부재 — **무겁게** 억누르는 것으로부터의 해방Be**schwer**defreiheit — 에서 성립된다. 삶의 리듬에서 스스로 지속적으로 균형을 잡아 평형을 유지하는 것으로 여겨지는 건강의 형상은 동시에 어떤 것이 개입하여 그것을 깰 수 있다는 위험을 내포하고 있다. "위험은 항상 사람들이 너무 많은 것을 하기 때문에 일어난다."[89]

심리치료 — **마음의 진료와 마음에 의한 진료** — 는 이제 특정한 병의 형태, 다시 말해 심리적 불편함 — 주로 심리적 증후군을 가진 질병들 — 또는 심리적으로 제한되거나 심리적으로 영향을 줄 수 있는 신체적 불편함에 대한 치유를 목적으로 한다.[90] 그러므로 심리치료를 규정

---

88 Gadamer(1993) 참조.

89 같은 책, 145쪽.

90 그러나 — 아주 중요한 — 정신신체 의학의 영역은 구체적으로 고찰하지 않고 다음의 예를 제시하는 것으로 만족할 것이다. 정신신체 의학자와 정형외과 의사는 "신체기관의 발견으로 … '요통'과 같이 자주 발병되는 대중적인 병을 [설명하지] 못하고", 많은 환자에 대한

하기 위해서는 심리적 병의 특수함이 어디에 있는지에 대한 물음을 해명해야 한다.

알리스 홀츠하이-쿤츠Alice Holzhey-Kunz는 병을 부정 또는 건강의 결여Privation — 건강의 박탈 — 로서, 특히 심리적 병을 "의미의 결여"로서 해명한다.[91] 홀츠하이-쿤츠에게는 "어떤 사람의 체험과 행동이 … 근본적으로 이해되고 공유될 수 있으며, 나아가 주어진 맥락에서 의미를 가진다면" 그 사람은 심리적으로 건강한 것으로 간주된다.[92] 반대로 "구체적인 상황과 적절하게 연관된 유의미한 반응과 행동의 능력이 상실됨으로 인해" 더 이상 이해할 수 없는 특정한 체험과 행동을 한다면 그 사람은 병든 것이다.[93] 이에 상응하는 심리치료의 목적은 "그러한 의

부적합한 — 신체적 — 진료로 인해 "의료 원인적 고통과 국가 경제에 많은 비용"을 가중시켰다는 점에서 서로 의견의 일치를 보였다(Hoffmann/Hochapfel 5판 1995, 4쪽 이하).

91 Holzhey-Kunz(2002) 56쪽 이하. 의미의 결여와 함께 홀츠하이-쿤츠는 자유, 즉 "**다르게 할 수 있는 능력**"(같은 책, 59쪽)의 결여도 심리적 병의 특징으로 여긴다. 나는 이러한 견해에 전적으로 동의하지는 않는다. 왜냐하면 한편으로 신체적 결함도 할 수 있는 능력과 행위의 자유를 제약하며, 다른 한편으로 정신병 환자도 '다르게 할 수' 있고, 무조건 병리학적 행동의 표본으로 확정되지 않기 때문이다.

92 같은 책, 57쪽.

93 같은 책, 58쪽. 심리적 질병을 의미의 결여로 파악하는 것은 사태의 참과 관련된다. 여기에서도 현실적으로 더 이상 전혀 이해가 되지 **않는 것**이 있을 수 있으며, 심리치료가 부조리하게 수행될 수 있다. 그러므로 심리치료는 무엇보다도 우선 환자와의 대화, 즉 고통스런 사건의 의미를 이해하려는 공동적인 시도에서 수행되어야 한다. 결여의 범주가 결핍과 부정의 논리에 속하는 한, 위에서 기술한 결핍과 과잉의 연속선상에서 — 그 중심이 건강으로 규정되는 — 긍정적인 점이 어떻게 주어지는가라는 물음이 제기된다. 예를 들어 광기(Wahn**sinn**)의 **생산적** 증후가 **의미의 과잉**으로 해석될 수 있는가? 광기에 빠진 사람은 즉시 정상적인 사람들의 세계에서, 즉 특정된 집단의 의미 공동체에서 배제된다. 또한 그 집단이 그를 단념했다고 말할 수도 있다. 그가 **의미 연관의 과잉**(Hypertrophie)을 통해 다른 세계로 옮겨진 것처럼 보일 수 있기 때문이다. 그러나 여기에서 이에 대한 물음을 계속 다룰 수는 없다.

미의 장애를 제거하는 것"이라고 할 수 있다.[94]

심리적 질병을 "의미의 장애"로 규정하는 것은 병과 고통 사이의 구별을 위해 중요하다. 그리고 이 구별은 — 나의 생각에 — 심리치료에서 병의 이해 및 건강의 이해 그리고 치유의 이해를 위해서도 아주 중요하다. 첫 번째 접근을 통해 사람들은 벌써 병이 질병의 객관적인 계기를 더 많이 나타내고, 반대로 고통은 질병의 주관적 계기를 더 많이 나타낸다는 것을 알 수 있다. 병은 사실이며, 고통은 그것에 대한 체험이다. 다시 말해 객관적인 사실의 뜻 — 즉 의미 — 은 주관적인 영역에 자리 잡고 있는 것이다. 그런 점에서 고통은 병의 뜻 또는 의미로서 파악될 수 있다. 의미의 물음은 '왜', '무엇을 위해', 근거, 의도에 대한 물음이다. 그러나 병 자체는 어떤 의미도 가지지 않는다. 오히려 병 자체는 건강한, 즉 유의미한 질서를 갖춘 나의 세계로 무의미한 것, 낯선 것, 무질서를 유발시키는 것이 침입하는 것 — 나 자신 안에서 또는 나 자신으로부터 발생하는 부조리 — 이다. 병은 근거라고도 목적이라고도 부를 수 없는 단순한 사실이 장애를 일으키면서 나의 현존재로 갑작스럽게 침입해 들어오는 것이다.[95] 그렇다면 고통은 병에 대한 특정한 태도, 즉 내가 나의 병적 존재를 대하는, 또는 그것에 대해 태도를 취하는 방식이다.

이러한 병과 고통, 다시 말해 질병의 객관적 계기와 주관적 계기의 구별이 적절하다면 치료에서 치유의 요구는 무엇과 관련되는가? 신체

---

94 같은 곳.

95 객관적인 의학적 언어에서 자주 질병이 아니라 장애에 대한 언급이 나올 때에만 이는 타당하다.

의학에서 이런 경우는 명확한 것처럼 보인다. 신체 의학에서는 무엇보다 우선적으로 병과 그 증후의 제거가 중시된다. 그러나 이것에는 그것을 감소시키기 위해 진통제가 주는 민감한 신체적 고통도 포함된다. 물론 여기에는 신체적 평안함이 — 당연히 그것이 심리적인 것에 영향을 준다고 할지라도 — 전면에 놓여 있다. 어떤 환자가 과도하게 — 다시 말해 병과 관련하여 설명할 수 있는 정도를 넘어서 — 자신의 병으로 인해 **고통을 겪는다**고 한다면 그에게 비로소 심리치료가 동반될 수 있다. 여기에서 이미 신체적 치료와 심리적 치료의 구별이 분명히 드러난다. 전자는 병에 대한 진료이며, 후자는 고통에 대한 진료이다. 물론 전체적으로 인간과 관련된 질병의 해악을 항상 병의 객관적 계기와 고통의 주관적 계기로 분리하는 것이 얼마나 사태에 부합하는 것인지에 대한 물음은 계속해서 제기될 수 있다. 그러나 여기에서 반영되고 있는 신체와 마음의 전통적인 구별은 여전히 설득력 있게 — 뇌 연구에 의해서도 — 반박되지 못하고 있다. **객관적, 사실적, 물질적인 것**과 **주관적, 심리적, 정신적, 비물질적인 것** 사이의 존재론적 구별은 논리적으로 폐기할 수 없다. 다시 말해 객관적인 것과 주관적인 것은 철저하게 각각 그 상대편에 의해 증명될 수 없다.[96] 우리가 알고 있는 모든 것을 동원한다 해도 주체가 벗어날 수 없는 각자의 고유한 신체성이 심리적인 것과 연결되고, 마찬가지로 심리적인 것이 신체에서 표현된다는 사실은 그러한 구별을 폐기할 수 없게 만든다. 신체 — 신체적 현존의 객관적 사실 — 는

96 Brandt(2006) 6쪽 이하.

마음 — 주관적인 **자기발견** — 과 마찬가지로 인간의 한 계기이다. 객관성은 주관성의 계기이며, 그 반대도 마찬가지이다. 그리고 "고통은 주체에게 부담으로 주어지는 객관성이다. 고통은 가장 주관적인 것으로 경험하는 것이지만 고통의 표현은 객관적으로 매개된다."[97]

고통의 근원이 병에 있는 것이 아니라 어떤 특정한 전환, 즉 고통스러운 삶으로의 전환에 있다고 한다면 구체적인 병이 없는 '순수한 심리적' 고통[98]은 어떤 모습을 하고 있는가? 마음의 치유를 위한 진료로서 심리치료가 의학적 치유의 범주에 의존하고, 후자가 의학적인 것으로서 심리적인 것과 연관되어 있는 한, 여기에는 앞에서 기술한 병과 고통의 관계가 전도된다. 더 이상 병으로 고통을 당하는 것이 아니라 고통이 병이 되는 것이다. 이로써 사람들은 **병에 대한 평가와 함께 진료가 필요한 고통의 상태**에 대해 말할 수 있게 된다.[99]

---

97 Adorno[1966] 1975, 29쪽.

98 고통과 질병의 구별에 대한 앞의 분석에 따라 '심리적 고통'이라는 표현에는 본래 동어반복의 문제가 있다는 것이 분명하게 드러났다. 왜냐하면 고통은 항상 갑자기 들이닥친 해로움의 심리적이고 주관적인 측면을 의미하기 때문이다. 그러나 오해를 막기 위해 아래에서는 일반적으로 통용되는 표현을 계속 사용할 것이다.

99 스트로츠카(각주 81번 참조) 및 센프와 브로다의 정의(3판 2005)를 참조할 것. "병에 대한 평가"의 본질적 측면이 센프와 브로다에게는 (정상적인 생활과 수행 능력의 침해 상황과 함께) "장애가 관련된 사람에게 현저한 고통을 야기하는" 상황이다(같은 곳). 이는 독특한 순환 논리이다. 고통이 "**현저한** 고통"을 야기한다면 그것은 "병으로 평가"되고 그와 함께 "진료가 필요한 것"으로 간주된다. 따라서 이것은 정도의 물음 — 다만 고통이 어떻게 측량될 수 있는가? — 인 것처럼 보인다. 이와 마찬가지로 의문스러운 것은 "병에 대한 평가"를 필수적인 기준으로 포함하는 "진료의 필요성"이란 개념이다. 진료가 필요한 상황을 위한 전제는 "아마도 장애의 개선 또는 장애의 치유가 가능하다고 과학적으로 증명되는 진료 방법의 현존"이다(같은 곳). 이에 대해 위터만과 함께 사람들은 간접적 모델화 — 여기에서는 환자의 간접적 모델화 — 가 전도원칙으로서 원하지 않게 '부활'하고 있다고 말할 수 있다.

고통은 그것을 겪고 있는 주체에게 덮친 병 또는 다른 해로운 것의 심리적 측면, 즉 주관적 체험을 나타내고, 그 고통이 반대로 마음의 질병과 동일시된다면 이러한 심리적 질병은 **고통으로 인한 고통**이라고 말할 수 있다.

이는 무엇을 의미하는가? 그리고 이렇게 심리적 질병을 고통으로 인한 고통으로 규정하는 것은 어떤 인식 가치를 가지는가?[100]

이 규정은 여하튼 건강에 대해 보다 더 명백한 한계 설정을 할 수 있게 한다. 심리적으로 건강한 사람은 병에 걸리지 않아도 고통을 겪는다. 그 반대로 고통은 정신병이 유발되기 쉬운 사람을 병들게 한다. 결국 건강한 고통의 양상과 병적 고통의 양상이 존재하는 것처럼 보인다. 그리고 심리적 건강은 **고통의 해방**Leidensfreiheit에서 성립되는 것이 아니라 **고통의 능력**Leidensfähigkeit에서 성립된다. 반대로 심리적 질병을 가진 사람은 더 이상 고통을 겪을 수 없다. 다시 말해 자신의 고통을 감당할 수 없다. 빅토르 E. 프랑클에 따르면, "우리는 고통을 겪고 싶어 하지 않기 때문에 — 다시 말해 우리는 당장 고통을 고통으로 여기고 싶어 하지 않기 때문에 — 어떤 것 아래에서 우리는 고통을 겪는다."[101] 그러므로 "치료적 영적 상담"은 "필연적인 것을 … 진정한 운명으로 받아들이는 법을 배우고, 그와 함께 사람들이 어떻게 고통을 받아들이고, 그 고통을

---

100 소위 불안 장애의 악순환에 대한 동인으로 간주되는 "불안에 대한 불안"은 잘 알려져 있다. 이와 유사하게 '고통으로 인한 고통'은 '고통 장애'라고 할 수 있다. "고통으로 인한 고통"이라는 정식에는 단지 그 말이 가진 아름다운 울림 때문에 대가를 치러야 하는 애매성이 문제가 된다. 이에 대한 의심은 다음에 나올 상세한 논의에서 해소될 수 있기를 바란다.

101 Frankl(11판 2005) 158쪽.

어떻게 자신의 고통으로 여기며, 어떻게 감당하며, 어떻게 그 고통을 겪을지를 더 진지하게 받아들일 수 있도록 환자를 내적으로 강하게 만드는 것에" 집중해야 한다.[102]

그러나 어떤 원인도, 어떤 병도, 어떤 불운도 ― 어떤 고통도 ― 없는 경우에는 어떻게 되는가? 무엇으로 인해 고통은 야기될 수 있는가? 이에 대해서는 다음과 같은 다양한 경우들이 있다. 갑자기 인간이 고통을 겪기 시작하는 경우, 어떤 고통의 원인도 발견할 수 없고 '순수한 고통'처럼 직접적이고 불가해한 상태로 발생하는 경우, 다시 말해 고통의 외적인 원천은 없고 고통을 겪는 자 스스로가 자신의 고통의 원인으로서 간주되는 경우, 고통만이 문제가 되고 고통 이외에는 어떤 것도 없는 경우, 순수한 내면성, 즉 절대적으로 주관적인 것이 문제가 되는 경우가 그런 것이다. 이러한 경우들에 대한 숙고는 고통으로 인한 고통이라는 정식을 통해 알게 된 본질적인 측면, 즉 **자기와 연관된** 심리적 질병의 계기를 분명하게 드러낸다. 내가 고통으로 인해 고통스러워한다면 나는 나 자신으로 인해 고통스러워하는 것이다. 이에 상응하여 홀츠하이-쿤츠는 심리적 고통을 철저하게 "자신의 존재로 인한 고통"으로 해석한다.[103] 반성, 자기고찰, 자기연관의 과정에서 주체는 자기 자신을 객체로 만든다. 고통으로 인한 고통이란 말은 주체 존재의 두 계기를 표

102 Frankl([1959] 2002) 127쪽. 프랑클이 이러한 관점을 사용하는 것은 실존분석을 다른 비엔나 치료학파와 경계를 두기 위해서이다. 그에 따르면 "**실존분석**은 인간에게 **고통의 능력**을 갖도록 만들어야 하는 반면 **정신분석**은 인간에게 **향유의 능력** 또는 **수행 능력**을 갖도록 한다." 정신분석에 대한 이러한 평가가 올바른가에 대해서는 여기에서 논의할 수 없다.

103 Holzhey-Kunz(2002) 207쪽 이하.

현한다. 즉 심리적으로 병든 주체는 자기 자신 — 그때마다 그의 주관적 고통 — 을 객체로 가진다. 주체의 객관적 계기는 주체가 존재하는 한 겪어야 하는 그의 현존재이다. 이때 현사실적 현존재 — 주체의 객관성 — 는 자유 — 주체의 재량 — 를 박탈당한 상태이다. 심리적으로 병든 주체는 이미 항상 고통을 겪고 있는 자신의 객관성으로 인해 고통스러워한다. 자신의 객관성에서 현존재의 부자유 — 자유의지의 부재, 던져져 있음 — 의 계기가 나타난다. 현존재의 객관적 사실로부터 주체는 **자유로운** 죽음을 통해서만 벗어날 수 있다. 자유로운 죽음과 함께 현존재는 — 우리가 알고 있는 한 — 또한 자신의 주체 존재를 무화한다. 앞에서 의미의 장애로서 특징지은 심리적 질병은 장애를 가진 주체성으로서 — 또는 장애를 가진 자기관계로서 — 도 기술될 수도 있다. 나아가 그것은 각자에게 고유한 주체 존재 및 자기 존재의 객관성이 가진 의미를 주관적으로 파악하는 것에 대한 장애로서 기술될 수 있다. 건강한 사람은 고통을 겪고, 겪어야 한다는 자기 존재의 사실을 **현존재로 존재할 수 있다는 선물**로서 체험하는 반면, 심리적으로 병든 사람에게는 **현존재로 존재해야 하는 요구**가 잠재적인 고통의 원천이다.[104]

104 니체도 "우리는 인간이기에 고통스러워한다. 이것은 의심할 수 없다"고 생각했다(Nietzsche [1887] 1999, 277쪽). 그러나 그는 고통이 병으로 격화되는 것을 구조적 제한이 아니라 역사적 — 도덕의 계보에 따르는 — 과정으로 기술한다. 이는 귀족적이며 그리스와 로마의 도덕 — 강자, 우월한 자, 그리고 약자를 지배하는 자를 선한 사람으로 여기는 도덕 — 이, 그와는 반대로 강자와 권력을 가진 자를 나쁜 사람과 악한 사람으로 전락시키는 약자와 병든 자의 유대교와 기독교의 도덕으로 바뀌는 과정을 의미한다. 이에 대해 그는 다음과 같이 말한다. "유럽인의 왜소화와 평준화가 […] 지겹다. 우리는 오늘날 더 커지려고 하는 어떤 것도 보지 못한다. 우리는 계속해서 아래로, 아래로 내려가 더 마른 것, 더 선량한 것, 더 영리

누군가 자기 자신으로 인해, 자신의 현존재로 인해, 또는 실존의 부자유함으로 인해 고통을 겪는 일이 왜, 그리고 어떻게 일어날 수 있는가? 이 물음에 대답하기 위해서는 인간 존재가 어떤 양상으로 존재하는지, 자기 자신으로 인해 고통을 겪을 수 있도록 하는 인간의 특수함이 무엇인지에 대해 좀 더 많은 연구를 할 필요가 있다.

인간 현존재Dasein는 — 모든 규정된 존재처럼 — 그렇게 있음Sosein, 즉 다르게 있지 않고 그렇게 있음So-und-nicht-anders-sein, 다시 말해 다른 존재에 대한 부정을 의미한다. 현존재는 이것이다. 왜냐하면 다른 저것이 **아니기** 때문이다.[105] 인간 현존재의 특수함은 그가 다른 존재에 대한 이러한 부정적 연관을 알고 있다는 사실에 있다. 현존재는 자신의 부정성을 의식하고 있다. 이 의식은 그때마다 자신의 존재가 정확히 다른 존재를 통한 부정 아래 놓여 있다는 것을 아는 것, 다시 말해 비존재의 계기를 포함하고, 그때마다 이러한 자신의 비존재와 연관하고 있다는 것에 대한 앎을 함축하고 있다. 그러므로 인간 존재의 본질은 자신의 무화Nichtigkeit에 대한 (긍적적) 앎, 즉 부정성에 대한 의식으로 규정될 수 있다.[106] 그러한 부정성은 동시에 먼저 의식에서 제시된다. 왜냐하면 의식

한 것, 더 안락한 것, 더 중간의 것, 더 무관심한 것, 더 중국적(中國的)인 것, 더 기독교적인 것으로 전락하고 있다는 것을 예감한다 — 인간은 의심할 여지없이 더욱더 '좋아지고' 있다. […] 인간의 모습이 더 지겹다 — 인간이 그렇지 않다면 오늘날 니힐리즘은 무엇인가? […] 우리는 **그런 인간**이 지겹다. […]"(같은 책, 278쪽) 대결과 해석을 자극하는 관점이 여기에 담겨 있지만 이에 대한 논의는 유감스럽지만 여기에서 중단할 것이다.

105 현존재의 변증법에 대해 다음을 참조할 것. Hegel([1812] 2판 1999) 66쪽 이하(2장).

106 이에 대해서는 헤겔의 정신현상학을 참조할 것. Hegel([1807] 5판 1996) 무엇보다도 서문(72-79쪽)과 자기의식의 장(137쪽 이하)을 볼 것.

은 존재와 의식의 차이, 즉 비동일성, 다시 말해 부정을 함축하고 있기 때문이다. 더 정확하게 말한다면 인간 현존재는 의식된, (그런 점에서 긍정적) 부정성이다. 또는 — 사실상 동어반복처럼 보이지만 — 인간 존재는 현존재로서 (긍정적으로) 존재하는 한에서 **부정적으로 존재한다**. 의식된 (현-)존재의 긍정적 규정은 자신의 부정성이다.

'의식된 부정성' — 부정성에 대한 의식 — 은 본래 고통의 개념이 근본적으로 의미하는 것을 다시 추상적으로 정식화한 것일 뿐이다.[107] 고통은 의식적으로 체험된 부정이다. 거부, 억압, 분열, 포기, 결핍 등은 정상적인 불운을 나타내는 구체적인 부정성의 형태들이다. 정상적인 불운이란 그때마다 우리가 일상적으로 만나고 통상적인 — 구조적인 — 인간 현존재의 일과에 속하는 것이다. 고통은 인간 존재의 조건에 속한다. 고통은 **인간의 조건**conditio humana이다. 예를 들어 페터 슬로터다이크Peter Sloterdijk는 주체 존재와 고통의 연관에 대해 다음과 같이 말한다. "주체들이 자신을 규정하는 첫 단계부터 주체들은 자기 자신을 고통과 부정의 객체들로서 파악하기 시작한다."[108] 당연히 고통의 전문 이론가로서 인용되어야 할 쇼펜하우어는 "'**모든 생은 고통**'이라는 것이 얼마나 본질적인지"를 통찰하였다.[109] 심지어 행복의 불가능성을 말할 때 애호되는 프로이트의 인용도 이러한 문맥에 속한다. "인간이 '행복'

---

107 여기에서 헤겔이 제시한 절대적 사변의 길은 사라지고, 부정에 대한 논리적이고 기능적인 엄밀함은 약화된다. 결국 부정성의 범주는 유한한 일상적 인간과 연관되면서 붕괴된다.

108 Sloterdijk(1993) 26쪽.

109 Schopenhauer([3판 1859] 1988) 1권, 405쪽(원문에서 강조됨).

하다는 견해는 창조의 계획에 포함되어 있지 않다." 왜냐하면 "삶은 우리에게 떠맡겨진 것처럼 우리에게 너무 무겁고, 우리에게 너무도 많은 고통, 기만, 해결할 수 없는 과제를 안겨 주기" 때문이다.[110]

인간은 의식하는 자로서 고통을 겪는 자 — 호모 파티엔스homo patiens[111] — 이기도 하지만 무조건적으로 아파하는 동물은 아니다. 왜냐하면 병에 걸리지 않고서도 고통을 겪을 수 있는 자가 바로 심리적으로 건강한 자로서 규정되기 때문이다. 그러나 이제 앞에서 해명한 것처럼 고통으로 인해 고통을 겪을 수 있는 — 마음, 정신, 정서Gemüt로 인해 아픈 — 자는 삶 일반에 대해, 다시 말해 고통 없이는 가능하지 않은 — 차라리 현실적으로 존재하지 않는 — 자신의 현존재로 인해 고통을 겪는다. 그 이유는 다음과 같다. "인간이 고통을 통해서 배워야 하는 것은 … 현실적인 것을 인정하는 것이다."[112] 마음, 정신, 정서는 우리가 의미를 경험하는 기관이다. 이 기관은 우리를 외적인 영역과 연결하는 내적인 심급으로서 거기에서 우리는 의식적이든, 무의식적이든 우리의 현존재와 본질에 대한 '왜', '무엇을 위해'를 위한 암시를 받아들인다. 이런 점에

110 Freud([1930] 2000) 207쪽 이하.

111 "호모 파티엔스"라는 개념(Frankl 1950, Sloterdijk 1993, 56쪽)을 가지고 '에파티'('epati'), 즉 감정적인 것에 대한 병리학적 해석을 시도하는 일은 피해야 한다. 오히려 무감정(Apathie)이 병을 나타내는 것이기도 하기 때문이다. 그리고 이 개념은 '고통스럽지만' 필연적인 병이 아닌 인간의 상황과 관련하여 사용된다. 니체에게 구조적인 고통의 발생 속에 있는 인간은 "어떤 동물보다도 상처받기 쉽고, 불안정하며, 변화무쌍하고, 확정될 수 없는 자"이다. "아파하는 동물"은 이런 맥락에서 나온 것이다(Nietzsche [1887] 1999, 367쪽). 반면 빅토르 E. 프랑클은 이 개념을 "고통의 변론"(Pathodizee)으로 고양시킨다(같은 곳).

112 Gadamer(6판 1990) 362쪽 이하.

서 왜 홀츠하이-쿤츠가 심리적 질병을 "의미의 장애"로 표현하려 했는지가 보다 더 분명해진다. 현존재를 위한 의미가 사라졌거나, 아니면 무한한 것과 불가능한 것으로 뻗어나가면서 과도하게 — 필연적으로 기만당하거나 광기로 채워질 수 있는 — 의미를 요구하는 사람은 자신의 존재로 인해 고통을 겪는다.[113] 이런 사람은 '의미 경험의 기관', 즉 마음, 정신, 정서가 마비되거나 과민하기 때문에, 곧 마음이 병들기 때문에 존재해야 할 의미를 더 이상 포착할 수 없다. 다시 말해 이는 고통을 겪는다는 것을 의미한다. 그런 점에서 심리적으로 병든 사람이 가지는 의미의 장애는 현존재의 장애 또는 '고통의 장애'라고도 표현할 수 있다. 그리고 고통을 지속시키고, 병으로 발전시키는 고통의 무의미에 대한 경험도 있다. 내가 고통의 '왜'와 '무엇을 위해'를 파악하지 못한다면 나는 특별히 병리학적으로 판단될 수 있는 의미에서 고통을 만들어 낸다. 이와 관련하여 니체는 다음과 같이 생각하였다. "본래 고통에 반감을 품게 하는 것은 고통 자체가 아니라 고통의 무의미함이다."[114] 그

---

113 따라서 오도 마르크바르트(Odo Marquard)는 "의미 기대의 다이어트"를 지지한다(Marquard 1984).

114 Nietzsche([1887] 1999) 304쪽. 이와 관련하여 니체는 종교를 고통에 의미를 부여하는 기관으로 해석한다. 그러므로 이런 관점에서 볼 때 "아주 비밀스런 치유의 기계장치(Heils-Maschinerie)를 고통에 연결시켜 해석하는 기독교인들에게도, 모든 고통은 [신적인(저자 삽입)] 관조자 또는 고통을 제조하는 자의 관점에서 해석되는 것으로 이해한 소박한 고대인에게도 … 그러한 **무의미한** 고통은 결코 없었다." 왜냐하면 "'모든 해로움은 신이 그것을 보고 기뻐했다는 것에서 정당화되기'" 때문이다. 그러나 신들의 떠남과 함께 고통에 의미를 부여했던 심급도 사라졌다. 신의 떠남은 근대 인간에게서 관찰해야 할 '일반화된 고통의 장애'를 발발시키는 요인으로 파악될 수 있다. 근대 인간은 고통과 교섭하는 새로운 방법을 찾아야 했지만 현실적으로 병을 견디어 낼 만한 방법을 찾지 못했다(예를 들어, 우울증 환자가 참을 수 없는 무의미한 고통이 '정상적인 병'이라는 의료적 통찰을 납득할 수 있다면

리고 이와 유사하게 슬로터다이크는 그것을 다음과 같이 정식화한다. "'무엇을 위해'를 알지 못하고 무게를 참는 자는 우울해진다."[115]

치유의 방법

심리치료를 규정하는 관점에서 건강, 병, 고통에 대한 개념 분석은 어떤 결론을 이끌어 낼 수 있는가? 심리치료 활동이 심리적 질병의 치유를 목적으로 하고, 심리적 질병이 — 구조적으로 고통이 지배하는 — 현존재로 인한 고통, 즉 고통으로 인한 고통을 나타낸다면 심리적 질병, 즉 병리학적 고통을 치유하는 진료는 어떻게 이해되어야 하는가?

고통이 부정성에 대한 의식으로서, 거부나 결핍 또는 억압에 대한 경험으로서, 그때마다 자신의 부정에 대한 체험으로서 — **주관적** 측면으로서 — 파악된다면 고통은 주체에게 고유한 반성적 능력과 자기연관성을 통해 병으로 고양되는 주체성의 필연적 계기로서 인식된다. 그러므로 마음의 치유를 위한 진료에서는 **주체로서의** 인간 — '인간 자체' — 이 치료를 위한 노력의 중심에 있다. 고통의 경험으로 인한 고통을 극복하도록, 즉 더 이상 고통으로 인해 병에 걸리지 않도록 인간에게 도움을 주어야 한다. 클라우스 그라베도 "심리치료의 정수"가 자신의 삶과 삶의 상황에 대해 의식적으로 반성하는 것에, 즉 "고통을 주는 자이자 동

그것은 자신의 우울증을 어느 정도 경감시키는 효과를 제공할 수 있다. 마지막에 이해될 수 있는 이러한 통찰은 신에 의해 계획된 고통의 시험이 가진 의미와 비교해 볼 때 여전히 무미건조하며 평범한 의미를 매개하는 것처럼 보인다).

115 Sloterdijk(1993) 57쪽.

시에 고통을 겪는 자로서 자신을 보는 법을 배우는" 주체의 능력 배양에 있다고 본다.[116] 그러므로 주체가 자신의 객관적 상황, 즉 '고통을 겪었던 현존재'를 경험하는 방식을 변화시키는 것이 중요하다. 현존재의 경험 방식은 치유된 주체에게서 다시 체험되고 수용될 수 있는 의미를 부여한다.

근대 전통의학의 패러다임은 병든 주체를 추상화함으로써 진료될 수 있는 증후적 기능장애의 질병분류학적 통일성, 즉 병과 독립된 존재를 제시한다. 그러나 심리치료에 이러한 패러다임을 적용시킬 수는 없다. 근대의 의사는 특정한 장애를 위한 전문가이다. 환자는 이런 의사에게 시급한 결함을 제거하기 위해 또는 예방적 검사를 하기 위해 자신의 신체를 맡긴다. 이때 진료는 마취제를 통해 가능한 한 치료를 받는 자가 고통을 적게 받는 방식으로 진행된다.[117] 신체에 대해 느끼는 심리적 상태, 다시 말해 병든 객체로서 자신을 보는 주체의 고통스런 반성은 진통제를 통해 신체가 가능한 한 고통 없이 자신을 유지할 수 있을 때까지 최소한으로 억제된다. 이런 형태의 진료는 심리치료에서는 가능하지 않다. 마취에 의한 진료가 제공될 수는 있어도 병든 마음 — 고통을 겪고 있는 주체 — 은 자신과 분리될 수 없기 때문이다.[118] 주체와 마음은

116 Grawe 외(5판 2001) 9쪽.

117 오해를 피하기 위해 근대적 고통치료의 가능성이야말로 가장 큰 주목과 인정을 받아야 하는 성과라는 점을 밝혀 둔다.

118 분열 과정을 치료에 사용하는 방식(예를 들어, 최면)이 있다고 할지라도, 심리치료는 일반적으로 심리적 측면들을 온전한 마음, 다시 말해 마음 전체로 통합하는 것을 목적으로 삼는다. 곧 심리치료는 — 가장 나쁜 사례가 될 수 있는 — 정신분열로 발전되는 마음의 분열을

마취될 수 있지만 그로 인해 심리치료를 위한 치유 방법은 차단된다. 왜냐하면 마취된 주체는 더 이상 주체가 아니기 때문이다. 고통으로 인한 고통의 진료로서 심리치료는 깨어 있는 (상호) 주체성의 매개를 통해서만 가능하다. 왜냐하면 여기에서 중요한 것은 병든 **주체**[119]이지 그의 **병**이 아니기 때문이다. 주체의 치유는 주체 없이는 불가능하다.

그렇지만 심리치료의 발전은 다른 방향으로 나아가고 있는 것처럼 보인다. "주체 없는 심리치료"라는 제목 아래 홀츠하이-쿤츠는 마음의 치유학을 위한 기관들이 현재 처해 있는 변형의 과정을 분석한다. 이 과정은 마음의 치유학을 위한 기관들을 "의학화"와 "목적 합리화"의 의미에서 근본적으로 변형시키고 있다.[120] 여기에서 문제가 되는 것은 심리치료를 위한 담론이 정신의학의 담론과 연결되고 있다는 점이다. 그 결과 심리적 고통은 전통의학의 패러다임에 맞게 신체적 병과 유사하게 규정될 수 있는 장애로 파악된다. 그리고 심리적 고통을 위한 진료는 과학적이고 기술적인 합리성에 따라 그때마다의 장애를 위해 특화된 전문가에 의해 수행된다. 그 결과 치료의 상황에서 상호작용하는 주체들은 객관화되어 의사와 환자, 전문가와 일반인, 직업적 근무자와 고객이라는 사회적 역할로 고정된다. 환자는 이제 더 이상 주관적으로 고통을 겪는 자가 아닌 객관적으로 병든 자로서, '심리적 문제'를 가지고 치료사를 방문한다. 그리고 그는 문제에 상응하는 진단법에 따라 자신이 가

그 목적으로 하진 않는다.

119 '병든 주체'가 의미하는 것은 위에서 논의되었다(66쪽 이하).

120 Holzhey-Kunz(2002) 19쪽 이하 참조.

진 장애의 이름과 번호를 듣고, 그때부터 가능한 한 빨리 과학적으로 검증되고 규범화된, 그런 점에서 철저하게 합리화된 처리 방식을 적용함으로써 그 장애로부터 벗어나기를 기다린다. 따라서 치료자의 관심은 더 이상 고통을 겪는 인간이 아니라 그가 제거해야 할 병에만 집중될 수밖에 없다. 이제 주체들로서의 양자, 즉 치료사와 환자는 서로를 중시하지 않는다. 이에 대해 홀츠하이-쿤츠는 다음과 같이 기술한다. "그러므로 신체 의학에서 의사-환자-관계를 새롭게 특징짓는 **전문성, 경쟁력, 경제성**과 같은 계기들이 점차 심리치료의 연관을 규정하고 있다."[121]

앞에서 다룬 심리적 질병의 개념과 그것의 본질적인 주관적 구조에 대한 분석을 상기해 본다면 주체와 분리된 객관적 장애에 초점을 맞춘 심리치료가 자기모순을 범하고 있다는 것을 이해하기 위해 더 많은 설명이 필요할 것 같지는 않다. 왜냐하면 '주체의 내적' 사건으로서 고통은 상호 주관적으로만, 다시 말해 현존재의 고통을 함께 아파하며 경험할 수 있는 다른 주체와의 연관에 의해서만 드러날 수 있으며, 이를 통해 적합한 치유를 할 수 있기 때문이다. 물론 의학적인 객관적 장애의 개념에 정위된 심리치료의 대표자들에 의해서도 치료적 연관, 즉 상호 주관적 계기가 성공적인 진료를 위해 가장 중요한 '작용 요인'이라는 것은 강조되고 있다.[122] 그러나 이러한 **연관**을 학습할 수 있는 규칙에 맞도록 전략적이고 합리적으로 투입될 수 있는 **작용 요인으로 객관**

121 Holzhey-Kunz(2002) 19쪽 이하.

122 심리치료적 작용 요인의 개념에 대해서는 다음의 책을 참조할 것. Lang(3판 2003).

화함으로써 진정한 연관이 즉시 파괴될 수 있다는 것은 거의 인식되지 않고 있는 실정이다. 연관, 즉 상호 연관됨은 서로 연관을 맺고 있는 개별적인 주체에 의해 분리되지 않는 한 해체될 수 없는 것이다. 치료적 연관을 방법적으로 객관화하고, 하나의 기술로 변형시키려는 노력은 심리치료의 성공을 숙달된 치료사가 가진 고도의 전문 능력에서 찾으려는 관심에서 생겨난다. 이때 일반적이고 인간적인 질적 내용 — 소위 '특별하지 않은 작용 요인' — 은 관심 밖에 놓인다. 이와 관련하여 디터 초일린은, "치료의 과정과 효과를 위해 결정적으로 중요한 연관의 형태가 있다"고 한 진술의 결과는 "방법과 인식 내용을 가진 심리학의 비인격적이며 객관화된 주요 지식이 필요하다[또는 필요하지 않다]"는 사실에 놓여 있을 것이라고 주장한다.[123]

앞에서 우리는 심리치료의 발전 과정에 초점을 맞추어 기술하였다. 이 발전은 통일성 없이 고백적 형태로 조직되어 각기 고유한 도그마를 가진 자기 폐쇄적 치료학파 체계[124]의 많은 의문점으로부터 출발하여 목적 합리적이며, 효력을 가진 '**의학에 기초한 명증성**'의 범례를 따르는 치료 전문 이론으로 진행되었다. 그리고 그러한 전문 이론은 개인적이고 주관적으로 각기 교육을 받은 치료사 대신에 과학적으로 규범화된 방식을 선호하고, 고통을 겪고 있는 주체로서의 환자들을 점차 객관적인 증후군에 따라 규정한다. 이러한 발전에 대해 아무런 문제 제기도 없

123 Tscheulin(1992) 51쪽.

124 앞부분 27쪽 이하 참조.

었다는 사실은 센프와 브로다가 심리치료를 위한 통합 교재 서론의 끝부분에서 표준적 규정으로 제시한 심리치료의 정의에서 확인될 수 있다. 건강 정책과의 연결 가능성을 모색하는 과정에서 드러난 신뢰성, 전문성, 현대성 및 100명이 넘는 공동 저자의 평판, 나아가 거기에서 다루고 있는 주제 범위를 고려할 때 센프와 브로다의 책은 상당한 권위를 가지고 있으며, 분명히 오늘날 심리치료 문헌 중에서 중시되는 지침서로 간주될 수 있다. 이뿐만 아니라 이들의 책은 스스로 평가하고 있듯이 "일반 심리치료의 발전을 위해 중요한 기여"를 하고 있다.[125] 이 책에서 센프와 브로다는 심리치료를 "**병의 진료**"라고 규정한다. 따라서 심리치료는 "**전문 심리치료**"로서 "**심리상담** … 및 확증된 병의 진료에 대한 요구가 없는 다른 형태의 **정신지체 복지기관**"과는 분명히 구별된다.[126] 이와 연관하여 이들은 "전문 심리치료"와 "심리상담"의 구별을 통해서만 "과학적 심리치료의 경계가 드러나며 비과학적 영향으로부터 보호될 수 있다"는 것을 암시한다. "반면에 심리치료 기술에 특별히 적용될 수 있는 직업적인 심리상담에 대해 — 특히 우리의 관점에서 — 고유한 위상을 우리 사회에서 부여하는 것도 중요하다. … **너무 넓게 규정된 심리치료는 병으로 파악될 수 없는 운명적인 삶의 문제와 갈등 상황조차 정신병리학적으로 규정하였다.**"[127]

마지막 문장은 비록 반대 입장의 논리임에도 불구하고 참이라고 여

125 Senf/Broda(3판 2005) 표지 글.

126 Senf/Broda(3판 2005) 4쪽(원문에서 강조됨).

127 같은 곳(원문에서 강조됨).

겨질 수 있는 내용을 포함하고 있다. 너무 넓은 심리치료의 개념이 삶을 정신병리학적으로 규정하도록 했다는 것은 확실하지 않다. 반면 지난 세기에 일상을 정신병리학적 관점에서 보려고 한 독특한 경향은 심리치료사들 — 특히 철학을 강조하고는 있지만 구조적으로는 딜레탕티슴에 머물러 있는 사람들 — 에게 강한 자신감을 불러일으킨 것으로 보인다. 그러나 의학적으로 정당화된 전문 심리치료와 심리상담 사이의 경계선을 분명하게 긋는 동시에, 후자에 대해서도 우호적으로 "고유한 위상을 우리 사회에서" 부여해야 한다는 센프와 브로다의 진술은 현재 보건 제도와 관련하여 일어나고 있는 분업 투쟁에서 볼 때 일종의 냉소주의로 이해될 수 있다. 그러나 여기에서 우리가 보건 정책, 직업 계층 및 소유 계층의 관심, 그리고 심리치료의 발전에 미치는 그것들의 영향에 대해 더 깊이 다룰 수는 없으므로, 센프와 브로다가 전문 심리치료의 개념으로 생각하고 있는 정의를 인용하는 것으로 그것을 대신한다.

> **심리치료**는 공적인 보건 제도의 틀과 규칙에 따른 심리치료를 위한 직업적 활동이다.
>
> - 이 활동은 과학적으로 … 정초된다.
>
> - 이 활동은 이론적으로 도출되고 경험적으로 안전하게 처리된 방식, 방법, 세팅Setting을 가지고 목적에 맞게 환자의 체험과 행동에 변화를 일으킨다.

- 이 활동은 심리적으로 제한된 또는 부분적으로 제한된 병, 병으로 평가된 장애, 불편함을 위한 진료의 목적, 또는 그것을 위한 예방을 위해 노력한다.

- 이 활동은 자격을 갖춘 진단과 구별된 지침을 … 전제한다.

- 이 활동은 앞서 정식화되고, 이후에 평가된 치료의 목적을 가지고 수행된다.

- 이 활동은 검증된 자격을 가진 직업적 심리치료사에 의한 것이다.

- 이 활동은 윤리적 원리와 규범의 보호 아래 있다.

- 이 활동은 경제성의 요구에서도 질적 안전을 위한 기준을 충족시킨다.[128]

일단 이러한 정의에 대해서는 더 이상 물음이 제기되지 않을 것처럼 보인다.

128 같은 책(3판 2005), 5쪽.

보충

앞의 장에서 심리치료는 마음의 치유를 위한 진료로 규정되었고, 이에 따라 그 목적과 목표는 건강, 병, 고통이라는 관점에서의 치유로 논의될 수 있었다. 위에서 인용한 센프와 브로다의 정의에서 본다면 의학적 치료 이외에는 어떤 다른 관점도 더 이상 가능하지 않은 것처럼 보일지라도 심리치료의 다른 차원이 항상 존재해 왔다는 사실은 숨길 수 없다. 이 다른 차원은 대부분의 치료사 — 의료보험회사의 지불 여부와 관련하여 치료사를 만족시킬 수 있는 재정적 관심은 배제하더라도 — 에 의해 훨씬 더 중요한 것으로 여겨지고 인격 성숙, 자기 인식, 삶의 질적 향상 등과 같은 슬로건을 통해 강조된다.

코체-비른바허Kottje-Birnbacher와 비른바허Birnbacher는 **"목적의 심도"** Zieltiefe에 따라 심리치료의 목적을 구별한다.[129] 목적의 심도란 "환자의 인격과 목적의 실현이 삶에 얼마나 깊은 영향을 주는지"를 규정하는 것이다. 이에 따르면 "급성 증후의 경감"은 "상대적으로 얕은 목적의 심도"를 가진 치료 목적으로 판단된다. 이에 반해 "자기 인식, 통찰, 내적 자신감, 인격 성숙, 도덕적 발전, 의미 발견, 영적 만족"[130]과 같은 목적들은 가장 높은 — 가장 깊은 — 목적의 심도를 가진다. 그러나 이러한 목적들과 심리치료의 주관 영역을 연계시키는 것은 재정 및 신용에 집중적인 관심을 보이는 국가 관리 보건 체계로의 편입을 어렵게 만든다. 왜

---

129 Kottje-Birnbacher/Birnbacher(1999) 19쪽.

130 같은 곳.

냐하면 국가 보건 체계는 원칙적으로 건강한 사람의 자기실현이 아닌, 병에 대한 정책에 대해서만 의무를 지니기 때문이다. 이에 대해 클라우스 그라베는 다음과 같이 말한다. “기존에 설립된 공급 체계와의 통합은 심리치료에 … 공신력이 있다는 인상을 제공한다. 그러나 심리치료의 치유적 측면은 약화되고 그와 동시에 그것의 가장 내적인 핵심에 속하는 것은 제한될 수밖에 없다.”[131] 그라베에게 심리치료는 “그 … 근원에서부터 … 특정한 의식”을 전제하고 “이러한 의식의 개발과 계속적인 발전”을 추구하는 “개인의 가장 사적인 관심과 연관된 심리학의 적용 형식”이다.[132] 그러므로 “가장 유의미한 심리치료의 문화적 기능”은 “자기 자신과 관련된 인간의 의식을 발전시키는 데 기여하고 있다”는 것에서 부각된다.[133] 그러나 “현재 심리치료를 보건 체계에 편입시키는 것”은 “심리치료의 전제와 연관된 의미의 함축과 근본적으로 모순되며, 그 자체로 자신의 범위를 넘어서는 사고 모델에서” 움직이고 있는 것이다.[134] 그라베에 따르면 이처럼 자신의 범위를 넘어서는 사고 모델에서는, 예를 들어 “상담과 심리치료, 치료와 예방 사이에서 ‘정상적인 삶의 문제’와 ‘병으로 여겨지는 장애’를 구분 짓는 경계 설정이 요구된다. 그러나 경계를 설정하는 것은 어렵다. 왜냐하면 경계라는 것은 사실상 없기 때문이다. 경계는 사태에 근거한 것이 아니라 우리의 보건 체계가 요구하

131 Grawe 외(5판 2001) 7쪽.

132 같은 곳.

133 같은 책, 762쪽.

134 같은 책, 9쪽.

는 것이다."[135] 이러한 견해를 통해 그라베는 단호하게 위에서 기술했듯이 센프와 브로다가 지지하는 주장 — 이에 따르면 심리치료는 그 정의에 있어서 "공적인 보건 제도의 틀과 규칙"[136]에 따라 진행되어야 한다 — 에 강하게 반대한다.[137] 그러나 그라베는 현재 심리치료의 발전에서 나타나는 문제를 강화된 의학적 방향에서 찾지 않고 의학과 그에 대한 행정적 관리가 전도되어 있는 패러다임에서 찾는다. 이로부터 그는 다음과 같은 결론에 도달한다. "체계 전체가 잘못 프로그램 되어 있다."[138]

보건 체계의 잘못이 어디에 있는지를 보여 주기 위해 그라베는 세계보건기구WHO의 건강에 대한 정의를 끌어들인다. 이 정의는 건강을 부정적으로는 병이 아닌 존재로 이해할 뿐만 아니라, 긍정적으로는 "정신적이고 사회적인 편안함"[139]과 연결시킨다. 보건 체계는 미래에 이러한 "개인의 편안함", "삶의 질적 향상"을 위해 봉사해야 할 것이다. 이에 반해 현재의 보건 체계는 "'장애의 제거'라는 방향으로만 향해" 있다.[140]

WHO의 정의 — 이에 따르면 건강은 "포괄적으로 신체적, 정신적, 사회적 평안함"을 나타낸다.[141] — 가 본래 무엇을 기술하고 있는지를

---

135 같은 책, 9쪽. 이 책 183쪽 이하 참조.

136 Senf/Broda(3판 2005) 9쪽.

137 그럼에도 불구하고 그라베는 위에서 언급한 이들의 통합 교재를 위해 주요 공저자로서 역할을 하였다.

138 Grawe 외(5판 2001) 12쪽.

139 같은 책, 21쪽.

140 같은 책, 15쪽 이하.

141 이 정의의 전체 내용은 다음과 같다. "건강은 완전한 육체적, 정신적, 사회적 평안함의 상태이며, 질병 또는 장애가 없는 상태만이 아니다."(세계보건기구 헌장, 1963. http://www.

잠깐 생각해 본다면, 사람들은 딱딱하면서도 아주 기술적으로 만들어진 이 정식이 오래전부터 잘 알려진 낱말, 즉 **행복**Glück이라는 낱말로 가장 간단하고 정확하게 요약될 수 있음을 인정해야 할 것이다. 로버트 슈페만은 이미 1978년에 우리가 WHO-정의가 의미하는 건강이 "명백하게 행복과 등가 가치를 가진 것"이라는 사실에 주목한 바 있었다.[142]

사람들이 이러한 사실을 제대로 알았더라면 즉각 다음과 같은 일련의 어려운 물음을 제기했을 것이다. 건강에 대한 이러한 규정이 현실적으로 적합한가? 다시 말해 건강한 삶이 사실상 행복한 — 그리고 좋은 — 삶인가? 행복이란 무엇인가? 행복을 치료로 이끌어 낼 수 있는가? 아니면 국가의 보건 체계를 위해 비대칭적인 건강 개념을 의무화시키고 있듯이 행복과 건강을 동일시하는 것은 세계를 유토피아처럼 만들려는 혼란스런 시도가 아닌가? 공동체의 연대성과 대립하여 개인이 청구할 수 있는 행복에 대한 시민권이 있는가? 결과적으로 심리치료는 고통의 진료 또는 행복을 생산하는 하나의 기관인가? 행복이 만들 수 있는 것이라면 심리치료는 다시금 어떤 모습을 가져야 하는가?

그러나 심리치료의 본질을 규정하는 연구 과정에서 필연적으로 제

---

who.int/governance/eb/who_constitution_en.pdf)

142 Spaemann([1978] 1994) 100쪽. 행복함이 "미래에 병원에서 산출되고, 질병보험회사를 통해 재정적으로 지원되어야 한다"는 이념은 슈페만에게 "무시무시한 생각"으로 여겨진다. 그러나 그사이에 우리는 이러한 생각에 매우 익숙해지고 그것을 아주 당연한 것으로 여기고 있다는 인상을 뿌리칠 수 없다. 그라베는 어떤 경우에서든 "더 행복한 삶과 불행한 삶 사이에 차이를 형성하는 심리치료의 영향이 [치료보다(저자 삽입)] 더 의미 있다"고 생각한다(Grawe 5판, 677쪽). 그러나 이와 반대로 코체-비른바허와 비른바허는 다시 "치료의 목적이 삶의 목적은 아니다"라고 생각한다(Kottje-Birnbacher/Birnbacher 1999, 29쪽).

기될 수밖에 없는 이러한 물음들[143]은 이제 그 개념의 한계를 넘어서고 있다. 이는 여기에서 지금까지의 분석을 유감없이 끝낼 수 있다는 것을 의미한다. 행복과 그 조건에 대한 물음, 즉 좋은 삶이 무엇인지에 대한 물음은 실천철학의 고전적 물음이다. 다음에서는 첫 번째 고찰로부터 시선을 돌려 본 연구의 두 번째 큰 주제, 즉 철학실천에 대한 연구로 넘어갈 것이다.

---

143 여기에서 제기된 문제는 Ⅲ장(160쪽 이하)과 Ⅳ장(183쪽 이하)에서 더 자세하게 논의될 것이다.

III. 철학실천이란 무엇인가?

"현대적 인간은 드물다. 우리가 만나는 대다수의 사람들은 항상 다시금
검토가 필요한 현대라는 일반적인 개념의 옷을 입고 있는 사람들일 뿐이다.
그와 반대로 나에게 현대적으로 보이는 사람은
자신이 일상을 보내고 있는 단순한 흥밋거리의 담장을
넘어서 자신의 삶을 옥죄고 있는 고통에 대해 알려고 캐묻는 자이다.
… 그러나 단순한 흥밋거리의 흡수력은 너무 강해서
조금이라도 넘어서려고 노력했던 사람들조차 척박한 곳 한가운데로 되돌려 놓는다."
— 보토 슈트라우스(Botho Strauß, 2004, 54쪽)

1981년 5월 1일에 게르트 B. 아헨바흐는 첫 번째 철학실천소[144]를 열었다. 철학을 생활상담으로 실천하려는 아헨바흐의 생각 — 고대의 전통을 기억한다는 점에서 사람들은 이것을 르네상스라 부를 수 있을 것이다 — 은 이러한 설립 활동을 통해 현실화되기 시작했고, 확보된 '의뢰인'의 요구를 만족시켰으며, 철학의 '전문 영역'에서는 물론 이를 지지하고 장려하는 사람들의 관심을 불러일으켰다. 이런 점에서 철학실천은 완전히 자리를 잡은 것처럼 보였다.[145]

---

144 역주: '철학실천'(Philosophische Praxis)이라는 표현은 이중적 의미에서 적용되고 있다. 먼저 이 표현은 심리치료라는 진료적 의미를 지니고 있으며, 다음으로는 의사, 변호사 같은 직종의 '개업'을 의미하기도 한다. 이 책에서는 심리치료적 의미의 철학실천과 그것이 수행되는 장소적 의미의 "철학실천소"를 각각 문맥에 따라 구별하여 번역한다. 뒤의 각주 163번을 참조할 것.

145 미카엘 쥐드렌카(Michael Zdrenka)의 조사에 다르면 1997년을 기준으로 세계 전역에 122

그러나 철학실천이 무엇인지, 또는 상담활동을 철학적인 것으로 증명하기 위해 상담자는 무엇을 하는지, 어떤 요구가 그것과 연관되어 있는지, 어떻게 이 요구가 충족될 수 있는지, 그 외에도 철학실천의 의미와 목표는 무엇이어야 하는지, 실천하는 철학자를 방문하는 사람은 무엇을 기대할 수 있는지와 같은 물음은 앞서 알려진 것과는 전혀 다른 모습으로 나타나고 있다. 이스라엘과 미국 국적을 가진 실천가 랜 라하브Lan Lahav는 1995년 유럽에 현존하는 철학실천소들을 바라보는 시각과 관련한 인터뷰에서 다음과 같이 언급하였다. "흥미로운 아이디어, 좋은 약속, 호감을 주는 단편적인 생각, 중요한 시작은 있지만, 삶을 위한 철학함과 그 의미에 대한 성숙되고 포괄적인 새로운 형태의 개념은 없는 것 같다."[146] 다그마 펜너Dagmar Fenner는 2005년에 나온 그의 연구에서 "현시점에 이르기까지 … 어떤 공통적인 근본 신념과 진행 방식도 없고, 연구자들이 결집되어 일반적으로 인정받는 조직과 기관도 없어" 철학실천은 "개별적으로 실천하고 있는 철학자의 특성에 강하게 의존하고 있는, 아직도 개척 단계의 기획"이라고 비판한다.[147] 상담자 에

개의 철학실천소가 존재하며, 그중에 42개가 비독일어권에 있다고 한다(Zdrenka 1997, 179쪽 이하). 미카엘 니하우스(Michael Niehaus)가 운영하는 유럽에 있는 철학실천소의 목록에는 현재 180명의 가입자가 포함되어 있다(2009년 6월 현재, 만들어진 목록이 홈페이지[http://www.pro-phil.de/praxenverzeichnis.html]에 실려 있다). 나아가 독일어 있는 국제 철학실천학회(IGPP)와 더불어 특히 미국, 캐나다, 이스라엘에도 수많은 국가 및 지방의 협회와 학회가 있다(http://www.pro-phil.de/vereinigungen. html, 참조). 알렉산더 딜(Alexander Dill)은 1990년대에 철학실천이 "바이러스"처럼 퍼지고 있다고 확인해 주고 있다(Dill 1990, 11쪽).

146 재인용, Neubauer(2000) 208쪽.

147 Fenner(2005) 35쪽.

크하르트 루쉬만Eckart Ruschmann은 철학상담을 위한 그의 책 서문에서 지금까지 "정초의 시도가 거의 없었다"고 기술한다.[143] 그리고 당시 국제 철학실천학회IGPP의 회장을 맡고 있던 토마스 구트크네히트Thomas Gutknecht는 2004년에 "25년이나 지났는데도 … 아직도 큰 이론적 결함이 존재한다"[149]는 것을 인정하고 다음과 같은 견해를 피력하였다. "남아 있는 물음이 많다. 체계와 관련하여 가장 심각한 것은 철학실천의 개념이 없다는 점이다. 철학실천의 철학이 무엇인가? 어디에 그것의 고유함이 있는가?"[150]

물론 이러한 언급들은 학문적 글쓰기를 하는 저자들이 흔히 사용하는 서론의 형태로서, 이론적인 현실의 밭을 가꾸기 위해 먼저 당면해 있는 밭의 휴경 상태를 지적하는 것으로 볼 수 있다. 그럼에도 불구하고 놀라운 것은 철학적인 것으로 증명되는 실천에서 이론과 — 특히 실천하는 철학자 자신에 의한 — 개념적 정초의 결함이 지적되고 있다는 사실이다. 철학이야말로 반성과 이론적 고찰의 고향이며, 이론 형성의 척도를 부여하는 심급인 동시에 이론적 앎의 창고로 여겨진다. 이러한 이론적 결함의 확인과 함께 철학실천은 그 외에도 "그것이 어디에 좋은지, 그것이 현실적으로 필요한지 아니면 쓸데없는 것은 아닌지

---

148 Ruschmann(1999) 7쪽. 이와 비슷하게 파트릭 노이바우어(Patrick Neubauer)는 그의 논문 서론에서 다음과 같이 기술한다. "철학실천가들의 상담활동에 대한 이론적 반성들이 서로 연관된 형식으로는 거의 제시되지 않고 있다."(Neubauer 2000, 1쪽)

149 Gutknecht(2004) 1쪽.

150 같은 곳.

에 대한 물음을 해소시켜 주어야" 한다.[151] 이 물음은 — 에크하르트 루쉬만에 따르면 — 심지어 "철학 전체에서 계속해서 제기될 수밖에 없다." 본래부터 "철학상담과 관련해서는 … 철학자 자신이 다양한 상담 제안에 대해 철학상담자가 변형된 다른 것을 덧붙이는 것이 의미 있는지, 더 나아가 필요한 것인지에 대해 부분적으로 의심하는 특수성이 놓여 있다."[152] 자신의 필요성에 대해 의심한다고 해서 철학실천의 특수성이 (비실천적인?) 철학과 대립한다는 것은 맞는 말이 아닐 것이다. 바로 철학자 자신이 자신의 분야에 대한 가장 날카로운 비판자로서 자주 등장할 수 있기 때문이다.[153] 사상가가 더 유명할수록, 영향력이 크면 클수록 이전의 철학에 대한 그의 비판은 더 무자비하다고 말할 수도 있다. 이런 점에서라도 — 덧붙인다면 — 철학 일반의 생존권을 전적으로 부정하기는 어렵다. 왜냐하면 철학을 쓸모없는 것이라고 여기는 사람 — 그것이 아무 생각이 없이 생겨난 것이 아니라면 — 도 이미 철학을 하고 있기 때문이다.

그리고 "비판적인 자기반성은 [철학실천의] 제2의 천성처럼 되어야 한다. 이런 점에서 철학실천은 자신에 대한 지속적인 정체성의 위기가 … 심지어 결정적인 본질적 특징으로서 여겨질 수 있는 철학과 전혀 구별되지 않는다." 이때 자기 자신에 대한 끊임없는 철학의 회의는 "바로 자신의 생명성과 자유"를 보증한다. "그리고 이 때문에 철학실천은 직

151 Ruschmann(1999) 11쪽.

152 같은 곳.

153 Adorno([1962] 1963), Lübbe(1978), 최근에 나온 책으로 Stepina(2006) 참조.

업으로서 곤궁함에서 벗어나는 덕을 만들려는 시도가 아니라 철학함에서 곤궁함이 덕으로 **존재한다**는 사실에 대한 인식을 의미한다."[154]

그러므로 철학실천의 이론과 관련된 물음, 그리고 철학실천의 독자적인 형태와 특수성에 대한 해명 및 개념적 정초에 대한 요구는 그 필요성만큼이나 당연한 것으로 여겨진다. 그러나 철학자 — '이론의 대가' — 에게는 많은 전문가들이 적용하고 있는 철학실천의 양식과 방식 속에 아직 분명하게 해명되지 못한 것이 많이 있는 것처럼 보일 것이다. 철학자는 실천적이기를 원하지만 실천을 위한 이론을 의도대로 소유하지 못하는 한 그것을 인정하려고 하지 않는다.[155] 여기에서 우리는 행동 대신에 "가면극처럼 지속적인 반성 속에"[156] 고착되어 영원히 주저하는 사람이라는 철학자에 대한 편견을 증명하려는 것이 아니다. 모든 인간의 활동과 연관되어 있는 이론과 실천의 딜레마 — 연구인가 아니면 실행인가? — 는 제거될 수 없다. 일견 철학자는 근본적으로 연구의 측면에 있는 사람처럼 보일 수 있다. 그렇지만 '테오리아'θεωρία, 봄, 고찰의 근원적인 의미에 대한 성찰은 어떤 것이 (이론적으로) 고찰될 수 있기 전에 그 어떤 것이 거기에 먼저 있어야 한다는 사실을 명백하게 보여 준다. 사고하는 것을 배운다는 점에서 철학적 연구는 언제나 가장 근본적으로 '실행하면서 연구하는 것'이다.

---

154 Treischel(1991) 107쪽(원문에서 강조됨).

155 이에 반해 순수한 외적 관심에서 철학실천에 대한 정보를 요구하는 문의는 보이지 않은 기대와 소망을 담고 있다. 그 소망은 대체로 잘 알려진 부분을 철학실천에서 잘라 내어 현존하는 문화적 봉사활동의 목록에 편입시키려는 것이다.

156 Marquard(1981) 13쪽.

정확히 말해서 모든 실천철학 — 윤리학, 법철학, 사회철학 또는 국가철학 — 은 어쨌든 많은 철학실천가들이 자신의 사례를 위해 없어서는 안 될 것으로 여기는 실천에 대한 각각의 이론이다.[157] 마찬가지로 철학함, 철학적 사고의 수행과 습득도 철학자 및 그와 대화하는 사람들에 의해 형성된 인간적 실천의 한 형식이다.[158] 그러므로 여기에서 추구되고 있는 철학실천의 이론도 **철학함의 철학**이라고 할 수 있을 것이다.

철학실천소에서 철학함이 이루어지는가? 당연하다. 그러나 철학자의 실천소와는 다른 곳에서도 철학함은 이루어진다. 그렇다면 철학함이 이루어지는 곳 어디에서나 철학실천이 일어나는가?[159] 아니면 철학실천소에서의 철학함이 철학하는 다른 장소나 방식보다 두드러지는 특별함이 있는가? 이러한 특별함이 상담의 계기가 될 수 있는 것처럼 보인다. 즉 철학실천은 — 설립자의 이해에 따라 — "철학자의 실천소에서 이루어지는 철학적 생활상담"이다.[160] '철학자의 **실천소에서**'라는 안내가 (단지) 철학자의 재량에 따라 만들어진 공간을 의미하는지, 아니면 한 사람의 철학자와 함께하는, 그때마다의 구체적이고 개별적인 철학함을 의미하는지 — 철학자와 공간이 함께하는 것인지, 아니면 그중

---

157 이에 반해 "철학실천이란 제목은 … 실천에 **관한** 어떤 이론[을 표현하는 것]"이 아니다 (Heintel & Macho 1991, 67쪽, 원문에서 강조됨).

158 탁월한 철학자로 여길 만한 사람이 없다고 해도 사람들이 서로 철학할 수 있다는 것은 무엇을 의미하는가? 이 물음은 즉시 다음의 물음과 연결된다. 도대체 철학자는 무엇을 하는 사람인가? 그리고 철학자가 있다면 철학자와 철학하는 자 사이의 차이는 무엇인가?

159 철학카페, 대화모임에 대한 생각은 결국 이러한 파악에서 비롯된다. 이에 대해서는 여기에서 더 이상 고찰할 수 없다.

160 Achenbach(1999) 3쪽. Marquard(1989) 1307쪽 이하 참조.

에 무엇이 더 중요한 것인지? — 는 여기에서 불분명한 물음으로 남아 있다. 페터 하인텔Peter Heintel과 토마스 마초Thomas Macho는 철학실천은 어쨌든 "다양한 철학자들의 개인적이고 임의적인 삶의 실천을 의미하는 것이 아니라는 점"[161]을 강조하고, 철학실천을 "철학에 대한 전문적인 관심을 가지지 않은 사람과의 교제에서 철학적 능력을 입증하려는 — 조직적으로 관리된 — 시도"로 규정한다.[162]

그러므로 철학실천의 개념을 더욱더 구체적으로 드러내고 그 이론을 더 진척시키기 위해서는 다음과 같은 물음이 해명되어야 한다. **철학적 능력**은 무엇이며, 철학함이란 도대체 무엇인가? "염려와 문제로 괴로워서 자신의 삶을 '제대로 수행하지 못하거나', 자신들이 어떤 방식으로든 '정체되어 있다'"[163]고 생각하는 사람들을 위해 철학함은 얼마나 도움이 되는가? 철학자와 상담을 하는 것이 삶의 문제를 극복하고 변화

161 Heintel & Macho(1991) 7쪽.

162 같은 곳.

163 Achenbach(1999, 같은 곳). 철학실천소의 내담자에 대해 아헨바흐가 이 문맥에서 전체적으로 기술하고 있는 것은 다음과 같다. "철학자의 실천소에서 이루어지는 철학적 생활상담은 … 염려와 문제로 괴로워서 자신의 삶을 '제대로 수행하지 못하거나' 자신들이 어떤 방식으로든 '정체되어 있다'고 생각하는 사람들을 위한 준비 과정이다. 이들은 일상적 삶의 지루한 산문 속에서 편안하게 있을 때에 처음에는 드러나지 않기 때문에 '부담'을 느끼지 못하다가 해결할 수도 없고, 던져 버릴 수도 없는 물음에 직면하게 된다. 왜냐하면 이들은 자신들의 삶의 현실이 가능성에 따라 이루어지지 않는다는 것을 예감하기 때문이다. … 그냥 그럭저럭 사는 것에 만족할 수 없는 사람들은 오히려 삶에 대해 숙고하고, 그 삶의 윤곽 — 즉 어디로부터, 어디에서, 어디에로 — 에 대해 명료함을 얻기를 희망한다. 특별한 상황, 자주 특이한 일에 연루되어 삶이 이상하게 진행되면서 깊이 한번 더 생각하도록 요구하는 상황은 드물지 않게 일어난다. 간단히 말해서 사람들은 그들이 **이해하고 이해되기**를 원하기 때문에 철학자의 실천소를 찾는다."(원문에서 강조됨)

시키는 데 얼마나 유용한가? 이에 따라 계속될 연구를 위해서는 두 가지 관점이 제시된다. 먼저 '내부로부터' — 다시 말해 철학으로부터 — 철학실천(또는 실천하는 철학자)의 자기 이해가 분석되어야 한다. 그다음에 외적 관점에서 제기될 수 있는 철학실천의 개념이 획득될 수 있다. 그 물음은 다음과 같은 것이다. 철학실천은 어떤 목적을 수행하는가? 그리고 그것의 의미와 목적, 즉 '텔로스'Telos는 무엇인가? 특정한 관심을 가지고 철학자의 실천소를 찾는 사람은 거기에서 무엇을 기대할 수 있고, 기대할 수 없는가? 그러나 두 측면을 엄격하게 분리시켜 다루어서는 안 되며, 사태가 드러나는 사고의 전개 과정에서 주제화되어야 한다.[164] 여기서 획득되는 철학실천의 본질에 대한 통찰들은 II장에서 다루어진 심리치료의 개념과 대비되고 그것과의 관계 속에서 정립되어야 한다. 이를 통해 양자의 공통점과 차이점이 드러나면서 상호 강화와 결실을 위한 가능성이 모색될 수 있다.

---

164 실천 개념에 대한 더 중요한 계기들이 언급될 수 있지만 여기에서는 체계적으로 전개하지 않겠다. 이 측면들을 한 번 분명하게 구별하기 위해 다음과 같은 계기들이 여기에서 규정될 수 있다. 1. 사람들이 특정한 의도를 가지고 찾는 기관(상담소)로서의 실천, 2. 반성의 출발점, 거기에서부터 사고가 대립되는 방향에서 등장하는 물음, 즉 어느 정도로 실천이 항상 이미 '철학에 의해 관철될 수 있는지'에 대한 물음을 포함하고 있는 인간적 삶의 영역으로서의 실천, 3. 현실에 대한 능동적이고 비판적인 태도, 개선의 목적을 가지고 나쁜 태도에 대해 비판하는 것으로서의 실천, 4. 실천에 **대한** 이론이면서 동시에 실천**으로서의** 실천적 철학, 수행 — 봄, 고찰, 철학함 — 으로서의 이론. 철학실천이라는 개념의 등장과 함께 무엇보다도 기관과 관련된 측면이 실천 개념에서 더 중시되는 것처럼 보일 수 있다. 그러나 다른 모든 측면들이 철학실천의 개념 안에서 본질적으로 작용하고 있으며, 항상 배경으로서 고려되고, 지속적으로 참여해야 한다. 특히 네 번째 측면('실천으로서의 이론')이 중요한 것으로 증명되고 있다.

철학실천의 철학에 대해

위에서 언급한 철학실천의 두 측면 — 철학적으로 이론화된 내적 관점과 목적론적으로 프로그램화된 외적 관점 — 은 철학실천을 규정하려는 현재의 시도에 그대로 반영된다. 이 시도는 두 측면을 그때마다 서로 가깝게 연결시킨다.[165] 이에 따르면 먼저 철학실천은 — 이미 주장한 것처럼 — 생활상담과 마찬가지로 성공적인 삶을 수행하기 위해 노력하는 사람들이 상담을 할 수 있는 장소를 의미한다.[166] 여기에서 상담은 — 정확한 낱말의 의미에 따라 — 자기 자신에 대해 숙고할 수 있는 능력을 발전시키는 것을 의미한다.[167] 이와 동시에 철학실천은 다음으로 "철

---

165 예를 들어 다음의 책들은 그 경향에 있어서 외적 관점을 나타낸다. Fenner(2005) 34쪽 이하, Taylor(2002), Raabe(2001) 203쪽 이하, Neubauer(2000) 33쪽 이하, Zdrenka(1997) 20쪽 이하 참조. 그리고 다음의 책들은 철학실천의 개념을 먼저 '내부로부터' 전개하려는 시도를 하고 있다. Lindseth(2005) 17쪽 이하, 165쪽 이하, Gutknecht(2004/2005), Heintel & Macho(1991), Achenbach(1982년 이후) 참조. 덧붙여 대개 개인이 만든 인쇄본으로만 얻을 수 있는 게르트 B. 아헨바흐의 기고문들이 '철학의 내적 관점'을 위해서 중요하다. 이것들은 주제를 마치 경구적 암시처럼 다루고, 그것이 말하고 있는 사태의 성좌(Adorno[1966] 1975, 164쪽)로서 파악될 수 있는 것이다(http://www.achenbach-pp.de/cont/vortraege_pp.asp).

166 아헨바흐는 이를 위해 "삶의 능력"(Lebenskönnerschaft)이라는 개념을 만들었다. 이것을 통해 그는 철학실천에 대한 자신의 이념을 유감스럽게도 그동안 오용된 "삶의 기술"과 구별하는 동시에, 높은 요구를 담아내는 쇄신을 시도하려고 한다.

167 '라트'(Rat, 상담)에 대한 그리스어, '헤 불레'(ἡ βουλή)는 — 역사적 철학사전의 정보에 따르면 — 가장 먼저 "모아서 안에 간직함"으로 번역될 수 있다. '헤 불레'는 "일차적으로 모든 사람에게 주는 충고"가 아니라 사람들이 자신이 품고 있는 숙고, 즉 '헤아림', '숙고를 이끌어 냄'과 관련된다(Ritter & Gründer, Band VIII, 1992, 32쪽). '유불리아'(εὐβουλία) — 잘 숙고함 — 에는 "숙고하지 않음(Ratlosigkeit, 어찌할 바를 모름)에 대한 충격적인 경험이 속해 있다." "이 경험은 — 모든 작업이 분할되기 이전에 — 첫 번째 숙고자[첫 번째 상담자], 즉 숙고하지 않는 인간[어찌할 바를 모르는 인간] 자신을 포함시키고 있다.

학의 현대적 형태"[168]로서도 고찰된다. 철학실천은 철학으로 **존재한다**. 그리고 "**철학의 구체적 형태는 철학자이다.**"[169] 따라서 철학자는 다시금 "**하나의 철학을 위한 기관으로서의 … 철학실천소**이다."[170] 노르웨이 학자인 안델스 린세트Anders Lindseth는 이러한 규정에서 제시되고 있는 실천하는 철학자에 대한 높은 요구를 다음과 같이 강조한다. "철학자는 그가 철학을 대표하고 … 체화할 때에만 철학실천가이다."[171] 왜냐하면 철학실천은 바로 "**개인적으로 표현되는 철학**"이기 때문이다.[172]

이는 무엇을 의미하는가? 사람들은 바로 **이러한** 개인적으로 표현되는 철학을 어떻게 생각해야 하는가? 모든 사람들이 그가 행하고, 그가 존재하는 방식을 통해 철학을 표현하는 것이며 그 외에 다른 것이 아니라는 사실은 어디에서 인식될 수 있는가? 모든 사람 — '철학적 동물', "**형이상학적 동물**"animal metaphysicum[173] — 이 그가 존재하는 대로 철학을 표현하고 있지 않은가?[174] 또는 철학을 표현하고 있다는 사실이 안다

---

168 Marquard(1989) 1308쪽.

169 같은 곳.

170 Achenbach([1982a] 1984) 14쪽(원문에서 강조됨).

171 Lindseth(2005) 169쪽.

172 같은 곳(원문에서 강조됨). 린세트는 그렇게 이해된 철학실천이 심지어 (단순하게?) "**개인적인** 철학함"일 수 있지만, 동시에 "철학함으로서 일반적인 것"임을 암시하고 있다(같은 곳). 이러한 특징 부여가 현실적으로 얼마나 해명될 수 있는지에 대해서는 여기에서 계속 다룰 수 없다. 그 특징은 그 원리에 있어서 개념으로 옮겨진 모든 활동에 부합한다. 모든 언어 활동은 그러한 의미에서 "일반적인 것"이다. 왜냐하면 말한다는 것은 개념을 사용한다는 것을 의미하기 때문이다.

173 Schopenhauer([1859] 1988) 185쪽.

174 칼 R. 포퍼는 다음과 같이 생각했다. "그것을 눈치 채고 있든 그렇지 않든 우리 모두 자신의

는 것, 즉 개념적으로 장악할 수 있고, 언제든지 의식할 수 있으며, 나아가 전통에 대한 반성적 태도를 가질 수 있다는 사실을 전제하는가? 이 모든 물음에 대답하기 위해서는 먼저 철학이 도대체 무엇인지를 해명해야 할 것이다. 그러나 여기에서 — 제시한 것처럼 — 철학실천은 철학의 고유한 난제를 고스란히 물려받고 있다. 철학에 **대해** 또는 철학에 **관해** 말하는 것이 도대체 어느 정도로 가능한지에 대한 문제가 중시된다. 이것은 철학이 무엇인지를 규정하기 위해 필요한 것이다. '~에 관한 말'은 이미 반성이며, 철학함이기 때문에 철학의 외적 관점이란 존재하지 않는 것처럼 보인다. "철학이 무엇인가라는 물음은 … 오히려 그 자체로 이미 철학적 물음으로서 … 철학적 반성을 주도하고, 이러한 반성으로부터 분리될 수 없다."[175] 결국 객관적이며 일반적으로 구속력을 가지는 철학에 대한 정의는 제공될 수 없다.[176] 나아가 "전문 학문과 구별되는 철학은 그것의 정의에 대한 규정이 주어질 수 있는 … 고유한 대상을 가지고 있지 않다." 그 때문에 철학은 "일반적으로 철학적 지식으로 여

철학을 가지고 있다. 그렇지만 그 철학이 모두 쓸모 있는 것은 아니다. 그러나 그 철학이 우리의 행동과 삶에 끼치는 영향은 끔찍하다. 그렇기 때문에 우리의 철학을 비판을 통해 개선하려는 시도가 필요하다. 이것이 아직도 여전히 철학이 존립할 수 있음에 대한 나의 유일한 변명이다."(Popper[1972] 4판 1984, 33쪽) 아헨바흐는 여기에서 철학실천을 위한 프로그램이 선행되고 있음을 보고 있다(Achenbach 1999, 5쪽). 아마도 많은 심리치료사 — 특히 인지적 관점의 행동치료 또는 도식치료의 대표자 — 또한 앞의 인용을 자신의 직업 훈련을 위한 모토로 받아들일 수 있을 것이다.

175 Mittelstraß(1995) 131쪽. 이와 마찬가지로 하이데거는 "철학, 그것은 무엇인가? 라는 물음에 대한 진정한, 즉 정당한 대답"에 사람들은 철학함을 통해서만 도달하며, 이때 "그 대답은 철학하는 대답으로만 존재할 수 있다"고 강조한다(Heidegger[1955] 11판 2003, 19쪽).

176 철학의 정의에 대한 문제, 121쪽 참조.

겨질 수 있는 교재를 엄밀한 의미에서 형성하지 않았다."[177] 철학의 전문가 — 칸트를 인용하면 — 는 "**사상**이 아니라 **사고하는** 것을 배워야" 한다. 그런데 "문제는 철학을 배우기 위해서 가장 먼저 하나의 철학이 현실적으로 존재해야 할 것이 아닌가. 사람들은 한 권의 책을 꺼내 보이면서 다음과 같이 말할 수도 있다. 보라, 여기에 지혜와 신뢰할 만한 통찰이 있다. 그것을 이해하고 파악하는 것을 배워라, 미래를 위해 그것을 쌓아라, 그러면 너희는 철학자이다."[178] 이러한 책이 존재할 수 있다는 것에 대해 칸트는 그것이 불가능하다고 여겼다. 철학적 교리학을 기술하려는 시도에서 나온 모든 것은 오히려 "학문의 환상"일 것이다.[179]

반성의 장소, 사고의 집행자, 개념적 분석의 직무로서 철학은 하나의 개념으로 확정될 수 없다. 철학에 관해 깊이 생각하는 사람은 이미 그것의 속박 안에 놓여 있다. 철학하는 사람이 다소 — 각기 자유로운 사고와 정신력에 따라 — 매여 있는 '철학의 속박'은 한편으로 다음과 같은 근거에서 발생한다. 인간을 철학함으로써 촉발시키는 물음과 문제는 사실상 새로운 것이 드물고 오히려 그 핵심에서는 대부분 — 전형적으로 인간적인 것으로서 — 오래전부터 알려져 많이 숙고된 것이다. 이 '철학적 문제'는 처음에는 철저하게 직접적이고 전적으로 개별적인, 즉 개인과는 무관한 형태로 나타나지만 점점 더 깊은 사고의 과정에서 **구체적인 보편성**을 가진 것으로 전개되어, 비로소 앞서 제기된 물음과 이

---

177 Mittelstraß, 같은 곳.

178 Kant([1765] 1968) 904쪽 이하.

179 같은 곳.

미 주어진 대답과 연결되어 신중하게 검토되면서 의미 있게 다루어진다.[180] 따라서 이러한 철학적 문제를 **자신을 위해** 해명하고, 그로부터 근거에 도달하기를 원하는 사람은 이미 그것과 관련하여 사고해 온 수천 년의 전통에 대해 지체 없이 맞서게 된다. 이 전통은 그러한 문제와의 대결이 어리석은 것이 아니라 진지한 것으로 받아들여질 때 고려할 만한 것으로 주어진다.

"서로 다른 철학의 이해 그 자체가 … 하나의 철학적 사실로서 받아들여진다면"[181] 철학이 무엇인가 하는 물음에 대한 논의도 "지금까지 철학으로 이해되어 온 것 또는 철학으로 여겨졌던 것으로 방향을 잡아야 한다. 이는 다시 … 철학적 탐구의 개념이 오늘날 계속해서 철학사의 기술에서 제시된 철학 개념과 동일하다는 사실로 인도한다."[182] 그러나 동시에 위에서 언급한 것에서 기억할 수 있듯이 철학의 본질은 역사적인 학술적 지식 — 그럼에도 불구하고 이것은 중요하다 — 을 통해서가 아니라 단지 철학하면서 포착될 수 있다. 그렇지 않을 경우 하이데거가 기술했던 다음과 같은 상황이 발생한다.

---

180 이에 대해 아헨바흐는 철학실천에서 중요한 것은 "일반적인 이성의 기대에 대한 전제 아래 현실화된 개별적인 형태로서 특수한 이성의 형태를 암호로 풀어내는 일"이라고 말한다(Achenbach[1982b] 1984, 8쪽).

181 Mitelstraß(1995) 132쪽.

182 같은 곳. 12권으로 된 『역사적 철학사전』(Ritter & Gründer 1971-2005)에서 "철학" — 철학적 분과와 특수 분과를 고려하지 않고 — 이라는 낱말 아래 제시된 짧은 서양 개념 역사의 개요는 유일하게 207개의 단을 포함한다. 2권으로 된 『철학백과사전』(Sandkühler 1999)은 처음으로 철학에 대한 일반적인 규정을 시도하지 않고 208쪽이 넘는 분량으로 19개의 "본질적인 분과"를 해명하는 것으로 제한하고 있다.

> 우리는 철학에 대한 이전의 정의와 최근의 정의를 떠올려 보아야 한다. 그다음에는? 그다음에 우리는 비교하는 추상화를 통해 모든 정의에서 공통적인 것이 무엇인지 이끌어 낼 것이다. 그다음에는? 그다음에 우리는 모든 철학의 정식에 맞는 텅 빈 정식에 도달할 것이다. 그다음에는? 그다음에 우리는 우리의 물음[철학이란 무엇인가(저자 삽입)]에 대한 대답에서 가능한 한 멀어질 것이다.[183]

진지하게 철학하는 사람들이 부득이하게 수용하며 짊어져야 할 전승과 함께 '철학의 속박'이라고 말할 수 있는 또 다른 체계적인 근거가 있다. 철학은 개념을 해명하고, 개념을 형성하는 힘으로서 귀중한 재산일 뿐만 아니라 사고의 장소를 나타내기도 한다. 다시 말해 철학에 의해 현실에 대한 우리의 이해와 우리의 태도를 규정하는 — 반대로 현실적인 것 속에 우리를 옮겨 놓기도 하는 — 개념들이 투명하게 이해되며, 이를 통해 '쓸모 있게' 된다. 그와 동시에 철학하는 자는 철학 — 개념적 사고 — 이 그에게 위임한 수단의 사용에 매이게 된다. **사상의 단계**에서 모방되고 변화되는 사고의 **입장**으로서 하나의 철학은 철학자가 처해 있는 세계의 장소를 확정한다. 이로부터 두 개의 시각이 발생할 수 있다. 그중의 한 시각으로서 철학은 미래를 예견하는 개념적 토대의 힘으로 고찰된다. 이에 대한 예로 하이데거를 들 수 있다. "형이상학[이 용어는 하이데거에 의해 대부분 철학과 동의어로 사용됨(저자 삽입)]은

183 Heidegger([1955] 11판 2003) 19쪽.

한 시대를 확증한다. 이는 형이상학이 존재자에 대한 특정한 해석을 통해, 그리고 특정한 진리를 통해 시대에 본질 형태의 근거를 주기 때문이다."[184] 또 다른 시각으로서 — 헤겔이 그랬듯이 — 철학은 과거를 회고하는 이해의 능력으로 강조된다. 왜냐하면 "**존재**하는 것을 파악하는 것이 철학의 과제"[185]이기 때문이다. (현실적으로) 존재하는 것은 이미 **생성된 것**이다. 모든 것에 있어서 "철학은 원래 항상 너무 늦게 도달한다. 세계의 **사상**으로서 철학은 현실이 그의 형성 과정을 수행하고 완성된 후에 비로소 시간 속에 나타난다. … 미네르바의 올빼미는 황혼이 짙은 무렵에 나래를 편다."[186] 그러므로 철학은 한편으로 — "**자신의 시대를 사상 속에 포착하여**"[187] — 사고하는 주체의 개념적 구속에 의해 역사적으로 생성된 구조이다. 그러나 사상적 구속을 주장하고 진단하는 것과 함께 철학은 동시에 철학함이라는 전진하는 이행으로서 사고의 고착화에 대립하는 해체의 가능성을 펼친다. 철학함은 항상 전통에 구속되어 있으면서도 동시에 무전제적이며 자유롭고 구속되어 있지 않다.[188] 그러므로 철학함은 항상 근본적인 비판과 "철학자의 슬기"[189]를 보호하

---

184 Heidegger([1938] 7판 1994) 75쪽.

185 Hegel([1821] 5판 1996) 26쪽(원문에서 강조됨).

186 같은 책, 28쪽(원문에서 강조됨).

187 같은 책, 26쪽(원문에서 강조됨).

188 왜냐하면 철학은 기술될 수는 있지만 "규정될 수는 없기 때문이다. … 철학은 그의 본성에 따라 자유로운 확신 이외에는 결코 어떤 영향도 행사해서는 안 되며, 그렇게 할 수도 없다. 철학은 모든 것을 다시 처음부터 시작해야 하며 모든 것에서 새롭게 자신을 증명해야 한다. 왜냐하면 어떤 인간도 타인에 대해 믿거나 또는 확신할 수 없기 때문이다."(Schelling 1861, 360쪽)

189 Adorno(1998) 34쪽.

려는 시도 사이의 긴장 속에서 일어난다. 철학은 "또한 사고가 해체하는 것을 구제하려는 사고의 긴장"[190]이다. 그런 점에서 철학은 "우리의 지성에 마법을 걸려는 것에 맞서 우리의 언어를 수단으로 대항하는 투쟁"[191]일 뿐만 아니라 동시에 마술을 걸 수 있는 마법사일 수도 있다.

철학의 본질에 대한 이러한 일반적인 숙고가 여기에서 주로 부각되어야 할 철학실천과 그 이론을 위해 어떤 의미를 가지는가? 앞서 언급했듯이 철학실천의 이론이 존재하는 한 철학실천은 '철학함의 철학'으로 파악되어야 할 것이다.[192] 이것은 무엇을 의미하는가? 철학함의 철학은 철학함의 실천에 대한 이론적 반성의 결과일 수 있다. 이러한 반성을 시작하는 물음은 다음과 같다. 철학함이란 무엇인가? 또는 인간이 개인과 쌍으로 또는 집단 속에서 실천하는 특정한 행동이 철학함이라는 것을 어디에서 간파할 수 있는가?[193] 여기에서 보편타당하게 진술될 수 있는 유일한 것은 다음과 같은 주장으로 보인다. 즉 철학함에서는 개념적이고 사상적으로, 결국 언어적으로 매개된 철학적 사태연관과의 대결이 중요하다. 그러나 철학적 사태연관이란 무엇인가? 철학함의 유형은 사

---

190 같은 책, 35쪽.

191 Wittgenstein([1953] 1984) § 109.

192 이 책, 92쪽.

193 구트크네히트(2005, 186쪽)는 이와 유사하게 다음과 같이 생각한다. "철학실천의 철학에 대한 물음은 일반적인 물음, 즉 '철학이란 무엇**인가?**'와 구체적인 물음, 즉 '철학하는 사람은 무엇을 **하는가?**' 사이에서 움직인다. 그러나 왜 존재에 대한 물음(무엇**인가?**)은 일반적이고, 활동에 대한 물음(무엇을 하는가?)은 구체적이어야 하는가가 드러나지는 않는다. 두 물음은 **일반적인** 규정을 목적으로 한다. 하나는 존재의 규정을, 다른 하나는 활동의 규정을 목적으로 한다.

람들이 모든 것 — '신과 세계'에 대해 — 에 대해 철학할 수 있다는 사실에 있지 않은가? 그리고 개념적이고 사상적인 대결은 이론적 반성과 다른 것인가? 이는 결국 철학함의 철학은 이론적 반성에 대한 이론적 반성이라는 것을 의미한다!? 사고는 순환과 동어반복에 봉착한다. 실천적인 것, 즉 철학함의 행동적 측면에 초점을 맞추는 것도 더 이상 진행할 수 없다. 왜냐하면 실천적 관점에서 주장될 수 있는 것도 같은 것일 수 있기 때문이다. 즉 철학하는 인간들은 자신 또는 타인과 말하거나 자신을 위해 또는 타인에게 글을 쓴다. 철학하는 사람들은 자신 또는 타인과 소통하기 위해 언어를 사용한다. 그러나 이러한 것을 통해 철학함의 특수성이 발견되지는 않는다. 사람들은 모든 언어의 사용, 모든 언어 행위를 철학적 활동의 성격을 가진 것으로 인정하지 않는다. 그러한 것을 철학적으로 보이게 하는 특정한 언어의 양식과 방식 — 특정한 낱말의 적용, 확고한 주장, 반성적 통찰 — 이 있다고 할지라도 이러한 언어 유형은 — 유형이란 언급 자체가 본래 잘못된 것이다 — 일반적이고 최종적인 것으로 규정될 수 없다. 철학적 언어의 형식은 무한히 다양하다. 이와 관련하여 하이데거를 예로 들 수 있다. 그는 아주 고유한 '하이데거적 유형'의 언어를 발전시키고, 제자들에게 자신의 어법을 흉내는 것에 대해 경고하였다. 하이데거는 "개념과 용어의 숲을 돌아다니며 … 불쌍한 청자들에게 겁을 주는" 철학자들에 대해 이상할 정도로 비꼬는 투로 진술하였다. 그에 따르면 이러한 철학자들은 "가장 현대적인 구호로 세계의 상황, 유럽의 정신과 미래, 다가오는 세계 시대와 새로운 중세를 가르치고, 능가할 수 없을 정도로 진지하게 … 인간이 무엇인가에 대해 묻는" 사람들이다. 그 때문에 하이데거는 다음과 같이 묻는다. "그[철학자(저자 삽입)]는 어쩌면 코미디언이 아닐까 — 누가 그것을 알 수 있겠는가?" 어쨌거나 철학자들은 그들의 말과 몸짓에서 나오는 "의심스런 권위"를 얻는다. 이 권위는 그들이 "이해되지 못했다"는 것에 기인한다. "우리가 이해되지 못하는 한에서만 이 의심스런 권위는 우리를 위해 작동한다. 그러나 우리가 이해된다면 우리가 철학하는지, 철학하지 않는지가 드러난다. 우리가 철학하지 않는다면 이 권위는 저절로 붕괴한다. 그러나 우리가 철학한다면 권위란 것은 이미 거기에 없었다."[194]

우리의 언어가 철학함인지 아닌지는 이해함, 이해됨에서 증명된다. 이는 수수께끼 같은 규정이다. 가다머에 따르면 "이해함은 우선적으로 사태에서 이해되는 것을 의미하고", 따라서 이해함은 "동일한 사태와 관계를 가짐에서 발원한다."[195] 그러나 철학의 사태는 무엇인가? 언어적 실천의 내용이 됨으로써 철학함의 자격이 주어지는 그런 특별한 대상이란 없다. 왜냐하면 철학함은 모든 것에 관한 것이면서 개별적인 것에 관한 것이기 때문이다.

이러한 숙고로부터 어떤 결과가 제시되는가? 다음과 같은 것이다. 철학 자체가 그 정의에 따라 정의될 수 없는 것처럼 **일반적으로 규정할 수 있는 철학함의 철학**도 있을 수 없다. 철학함이 무엇인가를 묻는 것 자체

194 Heidegger([1929/30] 2판 1992) 18쪽 이하. 하이데거는 여기에서 이미 "지배로부터 자유로운 담론"의 이념에 주목한 것처럼 보인다. 그 이념은 모든 성공적인 대화와 특별히 철학 실천에서 수행된 대화를 위해 필수적인 것이다.

195 Gadamer(6판 1990) 299쪽.

가 철학에 돌입하는 자기훈련이다. 그리고 철학의 훈련, 즉 수행과 습득이 철학함을 의미한다. 이와 마찬가지로 철학실천이 철학함의 방식이며, 그와 함께 철학의 기관이다. 이런 점에서 철학실천에 관한 어떤 일반적 이론도 있을 수 없다. 철학이 무엇인가, 철학함이 무엇인가, 철학실천에서 무엇이 다루어지는가 하는 물음은 일반적이고 이론적으로 규정될 수 없고, 그야말로 철학함이라는 구체적인 수행에서만 **드러날** 수 있다.[196]

아헨바흐는 동일하게 "긍정적 의미에서 철학적 생활상담은 그것만을 적용해야 하는 **어떤 이론도 만들어 내지 않는다**"는 "중대한 결과"에 도달하였다.[197] 그로 인해 "철학적 생활상담은 치료사와 상담사를 지배하는 이론적 실증주의의 모든 형식에서 첨예하게 대립하고 있다."[198] 심리학적이고 치료적인 개념에서 통용되는 "이론과 메타이론 사이의 분리가 … 철학실천에서는 지양된다. 이것[철학실천(저자 삽입)]은 메타이론적으로 감시되지도 않으며, 이전부터 개념화되거나 이후에 반성되지 않는다. 오히려 철학실천은 **실천으로 성립된 메타이론**이며, 따라서 반성된 실천적 과정으로서 구성된다. 그리고 철학실천의 대화는 '메타대화'Metaloge, Bateson이다."[199]

---

196 이러한 배경에서 철학실천의 본질 규정도 규명된다. 그것을 아헨바흐는 "철학적으로 여러 관점에서 이해되고, 철학실천의 전체 이론을 발전시킬 수 있는 한 문장"을 다음과 같이 제시한다. "철학실천은 자유로운 대화이다." 이런 점에서 결국 "철학실천은 철학함의 전형"으로 고찰될 수 있다(Gutknecht 2005, 203쪽).

197 Achenbach(1984b) 59쪽(원문에서 강조).

198 같은 곳.

199 같은 곳.

철학실천의 이론 — 철학함의 철학 — 은 철학하는 것이다. 이론과 실천은 철학함의 계기이다.

토마스 구트네히트도 이와 같이 "철학실천의 철학에 대한 물음은 … 실천과 이론의 차이 이전에 놓여 있다"[200]고 생각했다. 왜냐하면 철학실천은 "**철학의 정신에서 실천**"을 목적으로 하기 때문이다. 그럼에도 불구하고 그가 "나는 이론이 실천이라고 말하지 않는다"는 것을 강조한 것을 보면 철학함에서 드러나는 이론과 실천의 변증법적 귀결 앞에서 그가 여전히 주춤하고 있는 것처럼 보인다.[201] 그렇지만 철학실천의 정신에서는 이론과 실천이 지양된 계기로서 나타난다. 이러한 통찰을 피해 그때마다 독립된 영역으로 여겨지는 이론과 실천의 실체적 차이에 머물러 있는 것처럼 보이기 때문에 — 그리고 "이론적 실증주의"(아헨바흐의 비판)에 놓여 있는 한 — 구트크네히트는 자신이 집중적으로 노력하여 제기한 "철학실천의 철학에 대한 물음"[202]이 공허하고 '불가능한' 물음이 되어 버렸다는 것을 눈치채지 못하고 있다. 철학과 철학실천은 자신 밖에 중심을 가지며, 현실에서 문제를 가져오고, 항상 현실과 연관되어 있다. "철학에서 나온 것 이외에는 어떤 것도 현실에 적용될 수 없다. 그리고 바로 이렇게 적용된 것 이외에는 어떤 것도 개별적이고, 생생하게 현존할 수 없다."[203] '철학실천의 철학'은 없다. 왜냐하면

---

200 Gutknecht(2005) 186쪽.

201 같은 책, 190쪽.

202 이 책, 89쪽. Gutknecht 2004, 2005.

203 Helgel([1803] 1968) 471쪽.

철학함은 현실에 대한 사고로서 **철학 자체**이기 때문이다. 다시 말해 사고된 것, 참된 사상으로서 현실적인 것이기 때문이다. 현실에 대한 개념 파악에서 사람들은 현실과 거리를 두지만 동시에 그 현실을 중심으로, 즉 개념 내용으로 간직한다. 그러므로 철학적 실천으로서 — 철학함의 훈련으로서 — 생겨나는 철학함, 즉 사고의 운동은 항상 보편과 특수, 그리고 '초개인적인' 물음과 그 물음에 연루된 구체적인 개별자 사이를 왔다 갔다 하는 진자Pendel이다. 초개인적인 물음은 항상 언어적이고 개념적으로 다루어진 현상으로서 **발언된** 문제이다. 그리고 개별자는 자신에게서 물음이 제기되거나 또는 물음과 만나고 있기 때문에 '물음에 의해 제기된' — 물음 안에 놓여 있는 — 자이다. 하이데거는 철학적 개념들이 "총괄 개념들"이라는 것을 지적한다. 왜냐하면 "철학적 개념들은 자체 안에 그때마다 항상 개념적으로 파악하는 인간과 그의 현존재를 함께 파악하고 있기 때문이다."[204] 그러므로 철학함은 모든 것을 포착하고 있는 "총괄적 사고"이다. "그 안에서 우리는 개념적으로 파악한 것을 표상하는 것이 아니라 … 묻고 있다. 이때 우리 자신은 묻는 자로서 물음으로 제기되고 물음 속에 놓여 있다."[205] 이를 통해 하이데거는 이미 소크라테스로부터 전수되고 있는 통찰을 얻는다. 소크라테스는 사태연관에 대한 논리적 시험이 항상 인격에 대한 시험이기도 하다는 것에 주목하였다. "왜냐하면 나는 본래 문장만을 시험하려 했지만 그때

204 Heidegger([1929/30] 2판 1992) 13쪽.
205 같은 곳.

묻고 있는 나와 대답하는 자도 저절로 시험 받고 있기 때문이네."[206]

여기에서 확실한 것으로 받아들일 수 있는 것은 철학, 특히 철학실천의 형태를 가진 철학은 보편타당하게 정의될 수 없고, 구체적이며 개인적으로 문제가 되고 있는 물음의 숙고에서 사례를 가지고 철학하면서, '앞으로 나아가고' 완수해 가는 중에만 **드러난다**는 사실이다. 물론 거기에도 그 자체로 **특정한 일반성을 가진 통찰**을 획득하려는 목적이 포함되어 있다.[207] 이것을 분명하게 보여 주기 위해 다음에서 '철학이란 무엇인가?'라는 물음이 한 번 더 새롭게 제기되고, 철학에 대한 **나의** 이해와 철학함이 무엇을 의미하는지에 대한 **나의** 파악에 의거하여 구체적으로 대답되어야 할 것이다. 그러나 — 소위 삽입구를 형식으로 덧붙인다면

---

206 Protagoras 333c(Platon 1991).

207 철학실천의 물음으로서 보편과 특수의 관계에 대해서 독립된 장이 할애되어야 할 것이다. 여기에서 그와 관련된 논의는 중단한다. 그러나 이론에 대한 숙고에서 아마도 철학실천에서 보편적인 것은 철학적 대화의 구체성에 뿌리박고 있다는 것이 분명해졌으리라 여겨진다. 진지하게 철학하는 두 사람의 구체적인 대화는 모두 항상 이미 그 자체에 보편적인 것을 담고 있으며, 그것을 전개하고 그것을 '현존하게' 한다(하이데거). 철학적 대화는 '한 사례에서 보편적인 것'을 발견한다. 이것에 대해 울리히 외버만(Ulrich Oevermann)이 그의 객관적 해석학 — 질적 사회 탐구의 방법 — 에 대해 말하고 있는 것은 원칙적으로 타당하다. 객관적 해석학은 경험적 빈도수에 대한, 경험에 관한 포섭의 논리학으로 보편화하지 않고, 구조적으로 일반화한다. 이는 모든 개별적인 사례의 재구성이 그 자체로 이미 일반화를 나타낸다는 사실에서 출발한다. 왜냐하면 일반화는 구체적 사례의 내적인 법칙성을 모사하면서 구조, 즉 사례를 구조화하는 규칙의 타당성을 명백하게 드러내기 때문이다 "얼마나 빈번하게 이 사례가 여전히 비교되거나 또는 비슷하게 등장하는지는 … 구조의 일반화의 관점에서 아주 하찮은 것이다. 왜냐하면 사람들이 척도를 자의적으로 도입하려고 한다면 그것은 부조리한 것이기 때문이다. 그 척도에 따라 처음부터 규정된 절대적인 또는 상대적인 빈도수와 무관하게 그때마다 구체적으로 재구성된 '유형'이 하나의 실재성을 가질 수 있다."(Oevermann 2002, 13쪽 이하)

— 사고와 관련되어 있는 '나의'라는 표현이 몹시 까다로운 문제를 포함하고 있기 때문에 조심스럽게 사용되어야 한다는 것도 기억해야 한다. 내가 생각하는 것에는 대부분의 경우에 — 여기에서도 마찬가지로 — 타인의 사상에 대한 **추사고**의 결과이다. "오래된 비유로서 사고의 바람은 모든 접근 저편에 있는 원천들이 수많은 균열과 틈과 지나는 것처럼 우리를 관통해서 분다."[208] 그러므로 나의 사상, 즉 "근접할 수 없는 유일무이한 우리의 핵심, 모든 소유물 중에서 가장 내적이고 가장 사적이며 가장 폐쇄적인 이것은 … 동시에 … 엄청나게 보편적인 인간의 공유재산이다. 그것은 사고되어 있고, 지금 바로 사고되고 있으며, 다른 사람들에 의해 수백, 수천만 번 사고될 것이다. 그것은 무한히 계속되면서 평범하고 진부한 것이 된다. 그것은 사용된 재화들이다."[209] 사고는 개별화되면서도 통합되고, 우리를 특별하게도 만들면서 공통적으로도 만들며, 자유롭게 하면서도 구속한다.

이제 내가 '나의' 철학에 대한 이해를 — 지금까지 나의 경험에 근거하여 철학함에서 형성된 그대로 — 한 문장으로 요약하려고 한다면 그것은 다음과 같을 것이다. **철학은 자명한 것의 불명료함에서 벗어나는 것이다.** 하나의 정의처럼 보이는 이 문장은 전개와 해명을 요구한다.

---

208 Steiner(2006) 19쪽.

209 같은 책, 26쪽. 이와 유사하게 보토 슈트라우스는 다음과 같이 말한다. "끊임없이 작가를 재생산해 내는 미세한 영향들을 어떻게 파악하고 원천적으로 검토할 수 있는가? 사람들은 엉성한 짜깁기 제작자를 잘못 과장하여 작가라고 부르고 있지 않은가?"(Strauß 2004, 20쪽)

자명한 것의 불명료함에서 벗어나는 것으로서 철학

철학은 자명한 것의 불명료함에서 벗어나는 것이다. 이는 무엇을 뜻하는가? 자명한 것이란 "그 자신에서 이해되는 것, 따라서 이해하기 위해 전혀 발언할 필요가 없는 것"이다.[210] 그것은 항상 이미 그런 것이어서 물을 필요도 없이 받아들여진 것이며, 보지 않고도 믿는 것이어서 사람들은 — 사고, 활동, 느낌에서 — 그것과 연결하여 모든 것을 시작한다. 따라서 그것은 사람들이 맡기고 잘 알고 있다는 점에서 신뢰받는 것, 널리 알려진 것이다. 그것은 흔히 — "우선 대개"[211] — 간과된다. 이론적 관점에서 본다면 그것은 자명하게 자신을 통해 통찰된 진리, 즉 그 자체로 알려진 것per se nota이라는 점에서 모든 진리의 기초로서 선천적으로 타당한 것으로 받아들여져야 하는 공리나 원리와 관련되어 있다. 물론 이러한 원리는 발언되어 공리로서 정식화되자마자 이미 회의주의자의 순환에 빠진다. 비트겐슈타인은 의심도 의심할 필요가 없는 확실성의 체계를 배경으로 할 때에만 의미가 있으며 가능하다는 것을 보여주었다.[212] 예를 들어, 데카르트의 **코기토**가 추상적인 '확실성 일반'의

---

210 Grimm(1899) Bd. 10, Abt. Sp. 501(낱말, "자명한 것").

211 이 말은 그동안 철학자들 사이에서 이미 잘 알려져 '선호되고' 있는 하이데거의 용법이다. 이 용법은 하이데거가 『존재와 시간』(Heidegger[1927] 18판 2001)에서 자명성에 대한 해석으로 여겨질 수 있는 개념을 제시할 때 항상 등장한다. 예를 들면 다음과 같다. "우리는 현존재가 우선 대개 거기에 머물러 있는 그의 평균적 존재 양식을 일상성이라고 부른다." (332쪽), "우선 현존재는 일상인이며 대개 그렇게 머물러 있다."(129쪽), "우선 대개 현존재는 주위 세계적으로 만나지는 것과 둘러보면서 고려된 것에서 이해된다."(387쪽)

212 Wittgenstein([1969] 10판 2002).

논리적 범주에 놓여 있는 것으로서 그렇게 파악될 수 있다. 그러나 그것에는 어떤 내용적 규정도 연결되어 있지 **않다**. 오히려 실재적인 확실성은 항상 구체적인 언어 게임, 삶의 형식 또는 헤겔에서처럼 의식 형태에서 상대적으로만 그 내용이 규정될 수 있다. 그러므로 자명한 것은 그때마다 특정한 상황에서 전형적으로 무의식적이며 반성 없이 전제되고 있으며, 그 상황을 제약하고 현재 그런 상황이 되도록 만드는 것이다. 나 자신에게 자명한 것은 내가 그것에 대해 묻기 이전에 내가 처해 있는 상황을 구성한다.[213] 모든 상황, 인간적 삶의 모든 계기는 상황 속에서 일어나는 것 — 내가 행하는 것, 내가 사는 방식 — 에 담긴 이해 가능한 의미를 무의식적으로 동화시킨 것이다. 의식 능력과 자기의식이라는 이성적 소질을 가진 동물로서 인간은 그가 행하는 모든 것에서 자기 자신과 만난다. 우리는 우리의 삶을 **체험**한다. 그리고 우리는 자기 자신과 관계 속에 존재하지 않을 수 없다.

> 인간을 제외하고는 어떤 것도 자신의 현존재를 이상하게 여기지 않는다. 모든 것은 자신을 동일한 것으로 이해하고 있다. 따라서 자기 자신에 대해 주목하지도 않는다. 동물의 시선에서 볼 수 있는 편안함을 통해 자연의 지혜는 아직도 말하고 있다. 동물에게는 분리된 자신을 다시 만나 자신을 이상하게 생각할 수 있을 만큼 의지와 지성이 아직 충분히 서로 나뉘어져 있지 않다.[214]

---

213 후설에 의해 만들어진 개념인 "생활 세계"는 바로 "자신에 이해되는" 세계이며(Blumenberg 1986, 22쪽) "그것을 유일하게 정의할 수 있는 특징은 … 자명성이다."(같은 책, 352쪽)

214 Schopenhauer([1859] 1988) 184쪽.

우리 자신 및 우리의 체험 내용과 맺는 이러한 관계가 비로소 가능하게 되는 근거와 '기초', 그리고 그와 같이 자신을 관계 속에 정립함이 일어나는 공간과 영역, 나아가 우리 현존재의 체험과 이해가 "향하고 있는 것"[215]을 우리는 **의미**라고 부른다. 반성과 (자기)성찰을 일어나게 하는 가능성은 근본적으로 체험된 것을 숙고하는 우리의 소질에 항상 근거하고 있다. 바로 이러한 가능성의 조건은 상정되어야 하고, 항상 이미 상정된 의미, 이해 가능한 것에 대한 앞선 수용, 유의미성의 지배, 유의미한 것의 앞선 파악이다. 거기에 체험된 상황의 자명성이 근거하고 하고 있다. "의미는 어떤 것에 대한 이해 가능성이 머물고 있는 곳이다."[216] 모든 체험은 물을 필요도 없이 체험된 것의 의미와 관련되어 있다. 그렇지 않을 경우 체험된 것은 이해될 수 없는 것, 즉 체험의 주체와 연관이 없는 것이 되기 때문이다. 의미는 (체험된) 연관성이며 — 모든 체험은 연관성을 함축하고 있기 때문에 — 체험을 위해 항상 이미 현존하고, 앞서 이해되고 있다. 의미는 내가 그것을 찾을 때 오히려 불확실해진다.

사람들은 의미 없는 체험 또는 무의미성의 체험이 있을 수 있는가 하고 물을 수도 있다. 내가 바로 체험한 것이 의미가 없는가? 여기에서 다루어지는 것이 일상적으로 반성하지 않고 말하는 방식을 넘어선 의미라고 할 때 이렇게 말하는 것이 정말 가능한가? 아니면 의식이 의미를 함축하는가? 그렇다면 의미는 무의식적으로도 있을 수 있거나 우선 대개

215 Heidegger([1927] 18판 2001) 324쪽.

216 같은 책, 151쪽.

무의식적인 것으로 현존하는 “관련 의식” — 중복어 — 일 것이다. 이는 다음의 정식으로 표현될 수 있다. 의미 = 무의식적 의식 = (객관) 정신?!

하이데거는 다음과 같이 기술한다. “존재의미는 결코 존재자 또는 존재자를 담지하는 근거로서의 존재와 대립 속에 있을 수 없다. 왜냐하면 ‘근거’는 그것 자체가 무의미성의 심연이라 할지라도 의미를 통해서만 접근될 수 있기 때문이다.”[217]

‘소위’ 의미라는 것은 이미 상정되어 아래에 놓여 있으며, 항상 이미 요구되고 있는 것으로서 그 자신에 의해 이해된다. 그것은 **의식 이전에** 있는 것으로서 ‘논의’될 수 없기 때문에 자명하다. 자명한 것을 의식함으로써, 즉 논리적으로 파악될 수 없고 그런 점에서 확증될 수 없는 자명성에 대해 주의하고 주목함으로써 비로소 그것, 즉 자명한 것은 **생각된 내용과 방식**을 표현하려는 시도를 통해 의문시될 수 있다. 우리가 생각하고 느끼고 체험하고 있는 것 — **그것**이 의미하는 것, **그것**이 가지고 있는 의미, **그것**이 이제 **현실적으로 생각되고** 있는 방식 — 을 말하기를 원한다면 (또는 말해야 한다면) 우리는 자명하기 때문에 **우리가 앞서 알 필요가 없었던 것**을 알려고 하는 것이다(알려고 해야 한다). 앞서 함축적으로만 요구된 의미를 표출하는 발언을 통해 — 상응하는 **의미 숙고**의 ‘깊이’[218]에 따라 — 의미가 무의미로서 폭로될 수 있다. 체험, 사고, 말을 위한 존재론적 가능 조건으로서 의미는 그 배후로 돌아갈 수 없는

217 같은 책, 152쪽.

218 깊이의 개념에 대한 상세한 논의는 이 책 128쪽 이하 참조.

것이다. 따라서 존재적 관점에서 의미는 — 사실적이고 구체적으로 — 현존하지 않는 것으로 입증될 수 있다. 말함은 의미를 가진 것과 이해를 위해 앞서 있는 무의식적인 — 자명한 — 조건을 의식으로 넘기는 계기이다.[219] 이 계기에서 의미 있는 것은 갑자기 부조리한 것으로 입증될 수 있고, 자명한 것은 불명료한 것으로 여겨질 수 있다. 그러나 우리가 체험하고, 느끼고, 생각하는 것을 말하지 않고, 개념으로 파악하지 않는다면 우리는 완전히 어둠 속에 머물러 있을 수밖에 없다. 왜냐하면 "개념을 통과하지 않고서 우리는 … 결코 가장 순수하고 단순한 경험조차 할 수 없기" 때문이다.[220] 한번 더 시인의 말을 빌려 다르게 말하면, "낱

---

219 프로이트는 낱말, 즉 언어적 표현으로서 '문'(門)이 의식되고 있다는 것과 "낱말로 파악되지 않은 표상이 **Ubw**[무의식] 속에 … 억압된 것으로서 남아 있다"는 것을 보여 주었다(Freud[1915] 2000, 160쪽). 심리적 내용에서 'Ubw'(**체계로서** 이해된 무의식적인 것에 대한 프로이트의 표기)로의 이행을 Bw[의식]에서 기술하기 위해서 프로이트는 (비언어적, 무의식적) 사태의 표상과 (언어적, 의식적) 낱말의 표상에 대한 사실상의 구별을 적용한다(같은 책 159쪽 이하). 그러나 일반적으로 표상(repraetatio)이란 개념은 이미 의식 속에 있는 사태의 재현을 의미한다. 다시 말해 **표상은 항상 사태의 표상이다**. 그러나 사태의 표상이 즉시 의식에 떠오르지 않는다면 (오히려 무의식에서 떠오른다면), 사실상 어떤 표상도 있을 수 없다. 그런 점에서 사태의 표상이란 개념은 오히려 사태 자체를 의미하는 것처럼 보인다. 그러므로 의식된 낱말의 표상과 그것에 근거하고 있는 무의식적 (비언어적) 사태의 표상의 연관에 대한 물음은 개념과 그 아래서 사고된 사태의 관계에 대한 문제가 된다. 개념적 파악은 항상 지향적이다. 사고된 것은 항상 어떤 것에 대한 **지향**(intentio)이고, 개념 파악된 것, 개념 파악의 내용(노에마[νόημα]), 즉 사태를 나타낸다. 그러므로 이는 사태가 여전히 진리에 도달하지 못한 텅 빈 개념을 '채운다'라고 표현될 수 있다. 전적으로 헤겔의 의미에서 말한다면 이는 '개념은 사태 자체이다'라고 말할 수 있다. 의식과 무의식의 물음은 딜타이가 말한 것처럼 "인식의 수수께끼" — 어떤 것이 어떻게 경험의 대상이 되는가?, 사물이 도대체 어떻게 의식 안으로 들어올 수 있는가?, 우리는 어떻게 개념에 이르며 사물을 언어로 표현하는가? — 로서, "모든 인간의 인식 속에 간직되어 있는 가장 큰 수수께끼"로서 제시된다(Dilthey 1983, 111쪽).

220 Adorno(1973) 113쪽.

말이 부서진 곳에는 어떤 사물도 없다."[221]

즉시 이때부터 함축된 것을 표출하는 것 — **그것이 어떻게 존재하는지를 말하는 것** — 그리고 그와 연결된 자명성에 대해 물음을 제기하는 것이 철학자의 핵심 과제가 된다.[222] 자명한 것과 함께 우리는 항상 이미 어떤 방식으로든 이렇게 저렇게 세계 안에 존재한다. 아도르노는 다음과 같이 말한다. "**그것을 말하고 싶은 욕구** … 오히려 그것이 본래 철학을 고취하는 것이다. … 그러므로 철학은 어떤 하나의 실재성을 모사하기 위해 외부로 향해 있는 거울이 아니라 오히려 경험 또는 그것에 대해-말하기-원하는 것을 의무로 여기고 객관화하려는 시도, 즉 강조된 의미에서의 사고이다."[223]

다르게 보면 이는 다음을 의미한다. 자신의 상황에서 갑작스럽게 등장한 것에 주목하고, 자신이 태어나 교육 — 창조와 출산, 게놈Genom, 유전인자과 문화 등등 — 을 받았던 상황을 처음으로 이상하거나 당황스러운 **자신의 상황으로** 인식하는 사람이 있다. 이 사람은 이렇게 이상하고 당황스러운 것을 표현하고 "경우로 주어지는 모든 것들 중에서 … 한 경우가 어떻게 나 자신의 것이 될 수 있었는지"[224] 그리고 자신의 경우로 인

---

221 George(1928) 134쪽.

222 소크라테스를 통해 우리는 철학적 해명의 시도와 그와 함께 드러나는 자명성의 동요를 위한 전형에 주목하였다.

223 Adorno(1973) 82쪽(저자의 강조). 철학은 "개념을 가지고 개념적이지 않은 것을 표현하려고" 한다. 철학은 "본래 말 되어질 수 없는 것을 말하려는 영원하면서도 항상 의심하는 노력"이다(같은 곳).

224 Sloterdijk(1993) 243쪽. 비트겐슈타인의 논고에서 나오는 첫 문장의 암시에 대해, 각주 229번 참조.

식한 것을 **인정**할지 등등에 대해 스스로 묻는다. 이 사람은 침둑했던 철학적 문제와 연결되는 지점에 와 있다고 할 수 있다.

그리스인들에게 철학의 시작은 놀라움이었다.[225] 그것은 사물, 우주, 아름다운 질서를 가진 세계가 있는바 그대로 존재한다는 사실, 심지어 "존재자가 존재하고"[226], "다르게 있지 않다"는 사실에 대해 잠에서 깬 것처럼 갑자기 이상하게 여기는 것이다.[227] 근대에서 **존재 방식에 대한 놀라움**은 **세계 일반의 존재에 대한 의심**으로 변한다.[228] 이러한 — 세계의 비존재를 생각하는 — 깊이를 알 수 없는 의심으로 생긴 불안은 이후에 — 즉시 탈마술화된[229] — 세계가 단적으로 모두 "경우로 있는 것"[230]

225 여기에 해당되는 것은 소크라테스가 수학자인 테아이테토스와 함께 한 철학적 대화이다. 테아이테토스는 — 소크라테스의 소피스트적이고 아이러니한 책략에 의해 당혹스러움에 빠져 — 소크라테스로부터 "진리를 지극히 사랑하는 남자의 상태는 놀라움이며, 이와 다른 철학의 시작은 없다"는 사실을 배운다(Theaitetos 155d, in: Platon 1991). 마찬가지로 아리스토텔레스도 다음과 같이 말한다. "이전처럼 지금도 의아하게 여기는 것이 인간에게는 철학의 시작이었다."(Metaphysik I 2, 982b 12, in: Aristoteles 3판 1989)

226 Heidegger([1955] 11판 2003) 26쪽.

227 같은 곳.

228 데카르트의 제1성찰을 참조할 것. 이 성찰의 결과 그는 다음과 같이 고백하지 않을 수 없었다. "내가 이전에 참으로 여긴 모든 것, 즉 무분별함 또는 경솔함에서 나온 것이 아니라 확실하게 잘 숙고된 근거에서 나온 모든 것을 의심하는 것이 가능하다."(Descartes[1685] 1915, 15쪽) 그러므로 반대가 증명되지 않는 한, "결코 땅, 하늘, 연장된 사물, 형태, 크기 장소가 없다는 사실"로부터 출발해야 한다(같은 책, 14쪽). 이러한 파악은 오늘날까지 신경과학에 영향을 미치고 있다. 신경과학은 **뇌 이외에 아무것도 현존하지 않는다는 것을 전제함**으로써 **연장을 가진 사물**(res extensa)인 뇌가 **사고하는 사물**(res cogitans)이 되었다고 주장한다(Northoff 2004).

229 예를 들어, Weber(1919) 595쪽 참조.

230 Wittgenstein([1922] 1984) 1번 문장.

이라는 주장으로 인해[231] 멈추었다. 그럼에도 불구하고 어떤 것이 도대체 사례가 된다는 사실에 대해 이상하게 여길 수 있는 가능성은 끝나지 않았다. 라이프니츠가 창조신을 향하여 물었던 물음, 즉 "왜 도대체 어떤 것은 있고 차라리 없지 않은가?"[232]라는 물음은 창조자의 존재와 그에 대한 믿음이 자명성을 상실한 근대의 상황에도 여전히 특별한 지속성과 절박함을 가지고 전개될 수 있다. 수천 년에 걸쳐 인간에게 **가장 자명한 것**일 뿐만 아니라 그런 점에서 인간의 삶을 지탱하는 근거였던 것 — 신 또는 신들에 대한 믿음 — 이 갑자기 (여하튼 역사적으로 짧은 기간에) 불확실하며 이해할 수 없는 것이 되어 버린다면 인간은 자기 자신조차 이해할 수 없는 심각할 상태에 빠질 수도 있다.

이에 상응하여 근대는 "몰이해의 시대"[233]라고도 불렸다. 이러한 상태는 니체의 "광인"을 통해 우리에게 인상 깊게 전달된다. 그는 — 신의 죽음을 선포한 후에 — 다음과 물었다. "우리는 어디로 가고 있는가? 모든 태양으로부터 벗어난 것인가? 우리는 계속해서 몰락하지 않겠는가? 뒤로, 옆으로, 앞으로, 모든 방향으로? 여전히 위와 아래가 있는가? 우리는 무한한 무를 지나는 것처럼 방황하고 있지 않는가?"[234] 마찬가지

231 앞에 세움, 분리하여 세움, 확고하게 세움은 — 뒤에 세움, 옆에 세움, 불러 세움과 마찬가지로 — 근대 기술이 '지배'하는 양태이다. 따라서 이것의 본질을 하이데거는 "몰아-세움"(Ge-stell)이라고 부른다(Heidegger[1955] 9판 2000, 특히 22쪽부터 참조).

232 Leibniz([1714] 1885) 602쪽. "마땅히 제기되어야 할 첫 번째 물음은 **왜 어떤 것이 있고 차라리 없지 않은가** 라는 것이다."

233 Schumacher(2000) 43쪽.

234 Nietzsche([1882] 1999) 481쪽.

로 아도르노도 간결하게 묻는다. "신이 없다면, 모든 것이 없는 것이 아닌가?"[235] 오도 마르크바르트는 이러한 상태를 변신론의 중단에서 찾는다. 이것은 "모든 가능적인 무죄 중에서도 가장 잘 입증된 무죄, 다시 말해 비존재로 인한 무죄에 의해 신에 대해 무죄 판결"을 내려서 변신론을 완성시켰다는 것을 의미한다. 이러한 변신론의 중단으로 인해 "인간은 신이 하던 기능을 물려받은 자", 다시 말해 인간이 "변신론에서 피고의 기능", 즉 세계의 모든 악에 대한 원인자로서의 기능을 떠맡게 되었다.[236] 마르크바르트는 이 과정에서 "인간적 삶의 현실에 대해 과도한 공개 질문"이 제기될 수밖에 없다고 말한다. 거기에서 인간은 다음과 같은 물음에 직면한다. "어떤 권리를 가지고 너는 도대체 거기에 있고, 차라리 없지 않은가? 어떤 권리를 가지고 너는 네가 있듯이 그렇게 있고, 차라리 다르지 않은가? 그리고 이러한 물음의 압력 아래 계속해서 모든 인간은 … 자신에게 고유한 존재의 필요와 본질의 필요에 대한 전적인 증명의 부담을 져야 한다."[237]

철학 — 그리고 그것에서 생겨난 근대 학문들 — 은 지식을 추구하는 계몽적 열정을 가지고 있다. 이 지식은 처음에는 믿음으로만 가능한 것처럼 보이는 곳에도 도달하려고 한다. 철학은 인간의 **자기 회의**를 위한 중요한 심급이다. 왜냐하면 그러한 지식에 이르는 과정의 첫걸음은 믿어온 것, 수용한 것, 전제된 것, 다시 말해 자명한 것의 배후를 묻는 것

---

235 Adorno(1973) 114쪽 이하.

236 Marquard([1980] 1995) 48쪽.

237 같은 책, 50쪽.

이기 때문이다.[238]

철학은 근본적인 시원에서부터 자명한 것을 불명료한 것으로 보려고 한다. "철학자는 어쨌든 사물들과 그것들의 관계를 처음 대하는 것처럼 본다."[239] 그러므로 철학자의 태도는 평범한 사람들의 태도와 같다. 사람들은 일반적으로 일단 한번 기본적으로 다음과 같이 말한다. "나는 그것에 대해 잘 모른다."[240] 이때 주의해야 할 것은 철학함에 대한 결단이 자주 본래적 의미를 가진 것이 아니라는 점이다. 자신과 현존재의 조건에 대해 숙고하는 것은 사람들이 지금까지 자명한 것으로 여겨왔던 것을 의문시하는 것이라고 할 수 있다. 그러나 이러한 태도는 대부분의 경우, 특히 아주 진지한 경우, 사람들이 당장 이것을 하고 저것을 포기하는 선택을 하는 것처럼 자유로운 결단이나 선택이 아니다. 오히려 일상의 습관을 방해하고, 삶의 자명성을 흔드는 철학적 물음은 우리에 의해 — 철학함을 하려는 기분에서 — 제기되지 않고, 그 물음 자체로부터 제기된다. 심지어 우리 자신이 그 물음에 의해 제기된다. 하이데거는 다음과 같이 말했다. 철학은 "**인간에 대한 공격이자 … 나아가 인**

238 신에 대한 물음과 관련하여 "**철학은 근본적으로 무신론적이다.**"(Heidegger[1922] 2003, 28쪽. 원문에서 강조됨) 철학자는 믿지 않고 알려고 한다. 그러나 철학자가 맹목적으로 철학하지 않는 한 매번 자신의 무신론을 반성해야 한다. "자신이 어떤 존재인지를 스스로 이해하는 모든 철학은 삶에 대한 사실적인 해석 방식이며, 삶을 자기 자신으로 되돌리려고 수행하는 것이 … **신에 대한 저항**이라는 것을 알아야 한다. 바로 이때에도 철학은 여전히 신에 대한 '예감'을 가지고 있다. 그렇게 함으로써만 철학은 존경할 만한 것이 된다. 다시 말해 신 앞에서 철학이 할 수 있는 가능성에 부합하는 것이 된다. 무신론적이라는 것은 여기에서 종교성을 험담하고 비난하는 열심과는 무관하다는 것을 의미한다."(같은 곳, 저자의 강조)

239 Achenbach, in: Lindseth(2005) 10쪽(서문).

240 Wittgenstein([1953] 1984) § 123.

간 전체에 대한 공격이다. … 인간 안에 있는 현-존재는 철학함에서 인간에 대한 공격을 수행한다."[241] 이러한 '공격'은 순조롭게 흘러가고 있는 삶에 장애가 된다. 그러므로 철학적 민감성은 — 우선 대개 — 사람들이 그 아래 살고 있는 자명한 조건들에 대립하는 고차적인 감각에서 나타난다. 이 조건들은 사람들에게 갑자기 — 잘못되고, 강제적이며, 부자유스런 것 등 — '장애를 주는 것'으로서 등장한다. "모두가 생각하고, 모두가 말하고, 물을 필요도 없이 전제되고 있는 것에 대해 반감을 전혀 느끼지 않는 사람은 본래 철학에 이를 수 없다. 사람들은 자명성 뒤에 있는 강제, 부당함, 거짓을 보아야 한다."[242]

인간은 — 자명한 것에 대한 반감으로 인해 — 물음에 부딪히고 물음 속에 놓여 자기 자신에 대해 묻고, 처음에 무지한 상태로 있는 바로 그런 곳에 당연히 머물러 있을 수도 없고 머물기를 원하지도 않는다. 물음은 필요의 표현이자 한결같은 열망의 표현이다. 모든 열망이 만족을 추구하듯이 물음의 의미는 대답을 얻으려는 데 있다. 철학적 분위기에서 이것은 통상적인 것처럼 보인다. 그런데 만족할 만한 대답을 찾을 수 없을 경우에는 어떻게 해야 하는가? 계속해서 새로운 물음만 제기된다면 어떻게 해야 하는가? 이럴 경우에는 열려 있는 물음을 가지고 사는 것을 배우는 수밖에 다른 도리가 없다. 다시 말해 이때 중요한 것은 왜 그

241 Heidegger([1929/30] 2판 1992) 32쪽(원문에서 강조됨). 그러나 현존재에 대한(자기 자신에 대한) 철학적 공격의 계기는 자주 "타인들을 위해 그들 안에 있는 철학함을 일깨우는 자극이 되는 주목할 만한 운명을 가질 수 있거나 또는 가져야 하는 그런 유의 사람들과의 만남"에서 수행된다(같은 곳).

242 Adorno(1973) 132쪽.

때마다 물음이 여기 지금 제기되고 있는지를 제대로 한 번 **이해하는 것**이다. 이를 통해 실제로 그런 물음과 적합하게 교섭하는 방식을 발견하게 된다. 소위 확실하다고 여기는 것에 대해 물음을 제기하고 그것을 해결하려는 것은 대답을 통해 — 그 순간이 — 평정을 깨뜨리지 않는 입장을 획득하려는 시도와 연관되어 있지만, 동시에 모든 대답 자체가 새로운 물음의 동인動因이다. 이 때문에 철학자 — 지금까지 어떤 대답도 충분하게 제시하지 못한 영원한 물음의 전문가 — 에게 진정한 평정은 불가능해 보인다. 오히려 철학자에게 숙고의 의미는 특히 다음과 같은 것에 있다. 즉 제기되고 있는 물음을 결정적으로 한 번에 대답하는 대신에 그 물음의 장소와 근거, 유래와 목적을 해명하고 이해하는 것이다. 철학자는 물음을 경작한다. 그의 덕은 "훈련된 주목하기"[243]이다. 다시 말해 철학자는 해명하기보다 감추며, 오히려 비판과 사상적 단련이 필요한 대답에 주목하는 훈련을 한다. "[해결되지 않은 형태로 있는(저자 삽입)] 물음에 직면하여 그것이 요구하는 의미를 무조건 찾는 데[결국 대답하기 위해(저자 삽입)] 봉사하려는 욕구 대신에서 바로 그러한 욕구를 가장 근본적으로 **비판하는 것**이 철학이다. … 철학은 욕구를 해결하는 것이 아니라 그러한 욕구를 **경작하는** 것이다."[244]

항상 도처에서 일어날 수 있는 즉각적이고 무조건적인 열망을 만족시키는 것이 열망의 주체를 게으르고 나태하며 무디게 만드는 것처럼 계

243 Achenbach, in: Lindseth(2005) 10쪽(서문).

244 Achenbach(1984b) 57쪽.

속되는 물음을 허용하지 않는 대답은 — 특히 그 대답이 정의로서 고정될 때 — 물음의 대상을 죽여 버린다. 그에 반해 물음의 대상은 사태에 부합하는 계속되는 물음을 통해 항상 새로운 형태로 생생하게 유지된다.

후자의 사고 형태와 개념은 살아 있는 것이다. 이런 점에서 헤겔은 "개념의 삶"[245]에 대해 강조한다. 이것은 "본래 철학과 동일한 것"[246]으로 여겨진다. 그에 반해 정의는 "일거에 하나의 명제를 통해 … 개념을 고정시키는"[247] 특성을 가진다. 정의 개념이 [일반적으로 개별 학문에서] 높이 존경을 받는다고 할지라도, … 위대한 철학은 — 정확하게 개념의 삶이 가진 그러한 계기로 말한다면 — 정의의 방식에 대해 가장 예리한 비판을 수행해 왔다. … 철학이 단순한 학문의 기술이 아닌 철학으로 있는 한 사람들은 정의 개념에 대해 비판적 태도를 유지하고 있다는 데에서 철학의 특징을 찾을 수 있다고 말한다."[248] 정의는 "원자처럼 다소 기계적으로 사상의 시작부터 … 놓여 있는 것이 아니라, 자기의 위상을 얻게 되는 발전적 사고의 전체성"에서 생겨날 때에만 도움이 되며 중요한 것으로 여겨진다.[249] 왜냐하면 "본질적인 대답은 항상 물음의 최종 단계일 뿐이기 때문이다. 그러나 그 단계도 첫 번째 단계와 이어지는 다음 단계의 연속적 진행 없이는 수행될 수 없다. … 그 때문에 물음은

245 Hegel([1807] 5판 1996) 51쪽.
246 Adorno(1973) 18쪽.
247 같은 책, 22쪽.
248 같은 책, 18쪽.
249 같은 책, 24쪽.

발견된 대답을 통해서도 지양되지 않는다."[250] 혹시 지양된다면 그것은 동시적 보존이라는 헤겔적 의미를 가진 것이다.

그러나 가능한 대답, 특히 물음과의 연관은 물음의 공간에서 상호적으로 드러난다. 이 물음의 공간을 단계적으로 해명하는 것에서 철학함의 수행 능력이 드러난다. 인간 현존재는 우선 자명함 속에 있으면서도 철학하면서 물음 속에 놓이고 계속 물어가면서 운동한다. 인간 현존재는 **물을 수 있는 능력과 물음의 가치**에서 이해되어야 한다. 불확실한 중심을 둘러싼 물음의 끊임없는 순환과 자유로운 운동 — 이것을 헤겔은 "흠뻑 술에 취해 비틀거림"[251]이라고 말한다 — 에서 이해의 장소, 물음과 사고 운동의 의미에 대한 이해, 그리고 그것의 진리를 획득하는 것이 철학의 임무이다. 그러므로 철학은 **자명한 것의 불명료함에서 벗어나**는 것이다.[252]

---

250 Heidegger([1943] 15판 1998) 47쪽.

251 Hegel([1807] 5편 1996) 46쪽. 변증법적 사고를 "술에 취해 비틀거림"이라고 표현한 헤겔의 메타포는 소크라테스의 영향을 묘사하는 이후의 반향처럼 들린다. 지금까지 삶의 자명성이 깨어지는 것을 반영하고 있는 플라톤의 대화, 『향연』에서는 알키비아데스가 그것을 있는 그대로 보여 준다. "왜냐하면 합창단의 춤에 사로잡힌 것보다 더 강력하게 나의 심장이 뛰고, 그[소크라테스(저자 삽입)]의 말로 인해 눈물이 흘러내렸기 때문이다. 나는 다른 많은 사람도 똑같이 그렇게 되는 것을 보았다. 반대로 페리클레스와 다른 훌륭한 연사들의 연설을 들을 때 나는 아마도 그들이 말을 잘한다고 생각했을 것이다. 그러나 내가 만난 그들이 나의 영혼을 불안 속에 빠뜨리지는 않았다. … 그러나 나는 마르쉬아스(Marsyas, 역주: 아폴로와의 피리 불기 내기에서 진 벌로 산 채로 가죽이 벗겨진 반인 반수의 숲의 신)로부터 자주 감동을 받았다. 내가 그처럼 되었다면 살기 힘들다고 생각했을 것이다." (Symposion 215e-216a, in: Platon 1991)

252 다시 한 번 위에서 인용한 아도르노의 문장을 기억할 필요가 있다. 이에 따르면 철학은 "또한 사고가 해체하는 것을 구제하려는 사고의 긴장"이다(Adorno 1998, 34쪽 이하).

앞에서 기술한 양의성 — 혼란과 이해 사이에서의 동요 — 에 근거하여 다음과 같은 두 가지 가능한 **철학에 대립하는 태도** 또는 오히려 — 현실적으로 철학에 '대립하는' 것은 없다. 철학**에 대해** 태도를 가지는 사람은 항상 이미 철학 **안에** 들어서 있기 때문이다 — **사고하는 태도 방식**이 제시된다. 그중의 하나는 내가 스스로 야기하고 있는 심적 고통, 내가 철학함에 돌입하면서 가지는 불안정이 결국에는 좋은 것, 나아가 — 이전의 철학적 상태와 비교하여 — 더 좋은 것으로 보상될 것이라는 점을 **신뢰하는 태도**이다. 다른 하나는 **손상의 경계**를 넘어설 정도로 — 인간을 생각하는 존재로 여기는 — 의심스런 천부적 소질을 과도하게 사용하지 않도록 하려는 태도이다. 이 태도는 "정신으로 인한 노이로제"noogene Neurose, 精神性神經症에 걸리는 것을 피하도록 하기 위해 "반성제거"Dereflexion 훈련을 시도한다.[253] 후자의 관점에서 철학은 **병의 원인**Pathogen으로, 전자의 관점에서는 **치료약**Therapeutikum으로 여겨진다.

쇼펜하우어는 "마음에 어떤 물음도 담지 않으려는 용기"를 가진 철학자를 "소포클레스의 오이디푸스"와 비교한다. 후자는 "물음의 대답에서 그에게 가장 끔찍한 것이 주어질 것이라는 것을 이미 알면서도 자신의 비참한 운명에 대한 해명을 찾으려고 쉼 없이 탐구하는 자"이다.[254]

253 Frankl([1959] 2002) 147쪽, 172쪽 이하.

254 Lütkehaus(1992) 16쪽. 이 외에도 쇼펜하우어는 다음과 같이 생각했다. "우리의 시야, 영향 범위, 접촉 범위가 좁을수록 우리는 더 행복하다. 그것이 넓을수록 우리는 더 자주 부자연스럽거나 불안함을 느낀다. 왜냐하면 그로 인해 염려, 소원, 두려움이 더 많아지고 더 커지기 때문이다. … 반대로 모든 제한, 특히 정신적 제한은 우리의 행복을 촉진한다." (Schopehauer[1851a] 1988, 414쪽) 그러나 철학자가 이런 변덕스러운 불행의 주체로 보여

방금 말한 '가장 끔찍한 것'이 철학하지 않는 것보다는 차라리 더 좋은 것이라는 확신, 즉 예상되는 동요에도 불구하고 신뢰하는 것에 대해 사유하려는 신뢰 속에 "사유의 경건함"[255]과 철학자의 희망[256]이 있다.

이 연구의 중심적인 주제 — 심리학적 치료학과 철학적 상담의 관계에서 — 와 관련하여 철학함과 그것이 심리적인 건강에 미칠 수 있는 영향, 그리고 치료의 능력과 사고하는 주체적 삶의 능력 사이의 대립적인 측면을 보다 자세하게 고찰하는 것이 필요하다.

서는 안 될 것이다. 그런 점에서 쇼펜하우어는 자기 자신은 물론, 철학자를 이러한 통찰이 타당하게 여겨지는 영역 밖에 있는 사람으로 보는 것 같다. 그렇다면 쇼펜하우어도 '경건한 사유자'였던가?!

255 Heidegger([1954] 9판 2000) 40쪽. 경건함이라는 개념으로 인해 경건한 사유가 어떤 신에 대한 믿음을 나타내는가에 대한 물음이 즉각 제기된다. 하이데거에게 이 개념은 "로고스 신, 예를 들어 프로이트가 믿었던 과학의 신이 아니다. 과학의 신은 "전혀 전능하지 않으며, 선행자가 약속했던 것의 작은 부분만을 성취할 수" 있다. 따라서 이 신은 "죽음 이후의 축복", 행복과 구원에 대한 "개인의 요구"를 오늘 보증해 주지 못한다. 하지만 이 신은 — 근대 과학의 종말론이란 의미에서 — "아주 점차적으로 … 알 수 없는 미래와 새로운 후손"을 위해 가능성을 제시한다(Freud[1927] 2000, 186쪽 이하). 로고스는 어떻게 존재하는가? 하나인가 다수인가? 모든 사유자는 자기 자신의 개인적인 다이몬(Dämon)을 가지는가?

256 아도르노가 말한 '철학적 희망'도 하이데거의 어법에 대한 해석처럼 바꿔 해석될 수 있다. "변화되지 않고서는 아무것도 구원될 수 없다. 죽음의 문을 통과하지 않는 것은 아무것도 없다. 구원이 모든 정신의 가장 내적인 자극이라고 한다면, 희망하는 정신의 포기처럼 구원해야 할 것을 주저하지 않고 포기하는 것 외에는 어떤 희망도 없다. 희망의 몸짓은 주체가 자신을 유지하려고 하는 것을 유지하지 않는 것이다. 이로부터 지속될 수 있는 것에 대한 약속이 주어진다."(Adorno[1966] 1975, 384쪽) "주저하지 않고 포기하는 것"의 필요성과 거기에 감추어진 희망에 대해서 헤겔 — 아도르노에게는 여하튼 이미 항상 그가 배경으로 놓여 있다 — 도 이미 알고 있었다. "왜냐하면 사변은 의식과 무의식의 고차적 종합에서 의식 자체의 무화도 요구한다. 그로 인해 이성은 자신의 반성, … 자신의 지식과 자기 자신을 자신의 심연 속에 빠뜨린다. 삶의 정오에 도달한 단순한 반성과 요설을 일삼는 지성의 밤에 그 둘은 서로 만날 것이다."(Hegel[1801] 5편 1996, 35쪽)

병리학적 잠재성에 대한 치유로서 철학

자명성을 동요시키고, 확실성을 깨뜨리는 철학의 계기에 대한 논의에 따라 철학함이 위험하며 무조건 삶에 유익한 것이 아니라고 여기는 입장에도 수긍이 간다.[257] 왜냐하면 자명한 것의 불명료함에서 벗어나려는 투쟁[258]이 성공을 거둘 수 있는지, 나아가 물어지고 있는 현존재를 감당해 내는 이해가 받아들여질 수 있는 것인지가 아직 불확실하기 때문이다.

알리스 홀츠하이-쿤츠는 "너무 깊은 통찰이 심리적 고통으로 이끄는 경향"[259]이 있다고 여기고, 이로부터 "근본 진리에 대한 감수성에서 심리적 고통을 겪는 자를 '본의 아닌 철학자'"[260]라고 말한다. 이런 사람은 "인간 존재의 수수께끼 같은 불안정성을 드러내는 … 그러한 근본 진리에 대해 **원하지 않게** (너무) 깊은 통찰을 가지고 있다."[261] 심지어 이런 사람은 "사태연관과 체험의 구체적인(존재적인) 의미보다는 대개 감추어져 있는 존재론적인 의미에 주목하기 때문에 고통을 겪지 않는 사람보다 더 많은 것을 알고 있다."[262] 이로 인해 그는 고통을 겪을 수밖

257 소크라테스는 잘 알려져 있듯이 아테네의 젊은이들을 타락시킨다고 비난을 받았다(Apologie 23c-d, in: Platon 1991, 참조).

258 하이데거는 "**극복될 수 없는 자신의 본질적 양의성에 대립하는 철학함의 투쟁**"에 대해 말한다(Heidegger[1929/30] 2판 1992, 31쪽, 원문에서의 강조).

259 Holzhey-Kunz(2002) 183쪽. 게르트 B. 아헨바흐는 심지어 철학 자체가 하나의 고통, 다시 말해 "정상이기에 겪을 수 있는 고통의 특징"을 가진다고 생각한다(Achenbach 1984e, 73쪽).

260 같은 책, 211쪽.

261 같은 곳.

262 같은 책, 243쪽.

에 없다. 하이데거는 철학적 성찰 — "자신의 전제가 가진 진리와 자신의 목적이 속해 있는 공간을 가장 의문스러운 것으로 만들 수 있는 용기"[263] — 은 "모두에게 필요한 것도, 모든 사람들에 의해서 수행되어야 하는 것도, 나아가 인내하고 받아들여야 하는 것도 아니라는 것"을 강조하였다.[264] 이에 따라 철학실천의 '창시자', 게르트 B. 아헨바흐는 아주 정당하게 다음과 같이 묻는다. "철학이 … **생활상담으로** 광고될 수 있는가? 오히려 우리는 인간이 철학실천에서 치료가 필요할 정도로 반성하는 것을 우려해야 하지 않을까?"[265] 철학의 병인적 계기, 즉 파괴적이며 삶을 방해하고 삶에 장애가 되거나 또는 삶을 위협하는[266] 계기는 여기에서 두 측면을 가지는 것처럼 보인다. 첫째, 숙고하는 인간은 지속적으로 반성에 고착되어 행동하는 대신에 계속 생각만 하며, 내려야 할 결정을 생각만 하다가 미루며, 결국에는 생각한 것과 일치하지 않는다고 해서 현실적 삶을 등한시하는 위험이 있다. 너무 많이 생각하면 그 생각대로 살기 힘들다. 이것이 철학에 반대하는 입장에서 통용되는 소위 **건전한 인간 지성**[267]의 (선-)판단이다. "반성을 통해 혼란 속에 빠지

263 Heidegger([1983]) 7판 1994) 75쪽.

264 "반대로 무성찰은 완성과 수행의 특정한 단계에 속한다."(같은 책, 96쪽)

265 Achenbach(1984b) 57쪽(원문에서 강조됨).

266 삶은 — 추가적으로 기억되어야 할 것으로서 — 항상 **위험한** 삶이다.

267 말할 것도 없이 건전한 지성에게 "철학의 세계는 전도된 세계"이다. 왜냐하면 "철학은 그 본성에 따라 대중을 위한 것도, 대중을 위해 준비될 수 있는 것도 아닌, 그 자체로 비교(秘敎)적인 것이기 때문이다. 철학은 그것이 지성에, 더 나아가 건전한 인간 지성에 — 이것에서 사람들은 인간 종의 공간적이고 시간적인 제한을 이해한다 — 훨씬 더 직접적으로 대립됨으로써만 철학이 된다."(Hegel[1802] 1968, 124쪽 이하) 여기에서 이러한 철학의 보편성

게 되는"[268] 건전한 인간 지성이 정당하게 건전한 것을 의미해야 한다면, 사고로 인해 빠져든 그러한 혼란, 즉 건전한 인간 지성의 자명성에 대한 철학적 불안은 필연적으로 병으로 여겨져야 할 것이다.

철학적 성찰의 다른 위험은 현존재의 심연과 그 "근본 진리"에 대한 의도된 심오한 통찰, 하지만 감당할 수 없을 정도로 너무 깊은 통찰에서 발생한다.

아도르노는 그의 책, 『철학용어』에서 깊이의 개념[269]에 대한 치밀한 비판을 다루고, 이 비판을 통해 하이데거의 기초존재론에 반대하였다. 존재망각으로 인해 존재를 존재자로서 파악하는 사물화된 사유에 대한 하이데거의 맹렬한 비판에도 불구하고 아도르노는 존재의미에 대한 물음을 통해 존재를 근원적인 것, "확고해서 공격할 수 없는 것, 사람들이 발판으로 삼는 것"[270]을 찾고 있다는 점에서 "하이데거 사유의 심각한 과실"[271]을 지적한다.[272] 아도르노는 "바로 이러한 절대적인 근원의 추구

에 대한 냉정한 거부가 철학실천의 이념과 어떻게 연결되는지에 대한 물음이 제기된다. 철학실천은 결국 철학을 비철학자와의 관계에서 보존하려는 데에서 성립한다.

268 Hegel([1801] 5판 1996) 31쪽.

269 Adorno(1973) 133-161쪽 이하. 현존재 분석의 치료 개념을 위한 추론에서 하이데거의 사유에 대한 유사한 비판과 아도르노의 연구를 살펴보는 것은 흥미로우며, 이에 대한 독자적인 연구가 필요하다.

270 같은 책, 149쪽.

271 같은 책, 151쪽.

272 그러나 기억해야 할 것은 바로 하이데거 — 후기 하이데거도 — 가 "존재를 존재자의 근거로서 몰아가는" 필연성에 대해 말할 때 전통 형이상학에서 다루어진 존재의 근원적 성격과 근거의 성격을 부정하고 있다는 점이다(Heidegger 1969, 6쪽). 기안니 바티모(Gianni Vattimo)는 부분적으로 아도르노의 왜곡된 하이데거에 대한 독법을 지적하였다(예를 들어, Vattimo[1985] 1990, 25쪽).

에서 철학이 가장 상대적인 것, 즉 편협하며 구속되고 작위적인 인간의 내적 관계를 찬미하는 데 빠질 수 있다는 의심"을 품는다.[273] 하이데거가 존재에서 "그러한 절대적 근원"을 찾고 있을 때 아도르노는 헤겔이 논리학을 시작하면서 제시한 말을 상기시켜 준다. "존재는 항상 존재만을 말한다."[274] 하이데거는 "바로 이러한 텅 빈 것, 추상적인 것, 동어반복적인 것이 깊이의 시민권을 가져야 한다고 우리를 설득시키려 한다"는 것이다.[275] 그러나 아도르노에게 깊이 있는 것은 "겉보기에 깊은 것, 근원적 근거, 본질적인 것에 기인하는 것이 아니라 … 오로지 굽힘 없이 뒤돌아보지 않으며 타협하지 않고 사고하는 것"이다.[276] "깊이는 … 의식과 현실 사이의 관계, 다시 말해 사태에 놓여 있는 것과 주체 자체에 존재하는 것을 가정하고 전제하지 않을 수 없다고 주장하는 그런 관계이다."[277] 이는 "깊이가 철학과 그 대상의 관계에 놓여 있다"는 것을 의미한다. 다시 말해 "대상에 의해 사상이 얼마나 깊게 운동할 수 있는가" 하는 것이다.[278] 그러나 "사상의 추론으로 주어지는 사변적 깊이"에 대한 아도르노의(오히려 헤겔의) 개념에는 "동시에 항상 자기반성의 필요

273 Adorno(1973) 153쪽.

274 같은 책, 144쪽. 사람들이 **그것을 넘어** 그 이상을 말하고, 사람들이 이미 그것을 넘어서서 그것이 더 이상 생각된 것으로 **존재하지** 않을 때에만 존재, 즉 "규정되지 않은 직접적인 것"이 **명명**될 수 있다. 그러므로 "순수 존재와 순수 무는 … 동일한 것이다."(Hegel[1812] 2판 1999, 47쪽)

275 Adorno(1973) 144쪽.

276 같은 책, 137쪽.

277 같은 책, 139쪽.

278 같은 책, 142쪽.

성도 놓여 있다."[279] 그러므로 아도르노는 "오늘날 본래 철학에서의 깊이에 대한 기준"을 "철학이 할 수 있는 만큼 추론적 사고를 수행함으로써 절대적 추론의 개념이 자기에게서 물음으로 제기되는 지점에까지 도달하는 것"에서 찾는다.[280] 그러므로 "철학은 … 가장 진지한 것이지만 다시금 진지하지 않은 것"이기도 하다.[281] 그리고 유머 — 재미가 끝난 곳에서 알려지기 시작하는 것 — 는 철학적 미덕이다. 왜냐하면 "가장 깊은 것은 오래전부터 기술되어 있다. 가장 즐거운 것은 아직 확실하게 기술되어 있지 않기" 때문이다.[282] 그리고 "사상의 부재는 삶의 축제에서 연주할 줄 모르는 이성을 통해서는 극복될 수 없다."[283]

이제 정신병 환자가 "본의 아닌 철학자"(홀츠하이-쿤츠)로서 규정된다면 진리의 통찰이 병을 만들고, 인간 현존재의 진리가 즐겁고 '알면 유익한 것'이 아니라는 사실은 이미 물어볼 것도 없이 확실한 것처럼 보인다. 그러나 이러한 이해는 역사적으로 철저하게 새로운, 다시 말해 근대적 정신의 태도라는 사실이 언급되어야 한다.

근대 초기까지는 — 중요한 사상가들에게서 — 사고와 교양, 진리 탐구와 통찰이 삶을 확고한 기초 위에 세우며, 그런 점에서 반성, 자기반성, 성찰이 좋은 — 검증된 — 삶을 영위하게 한다는 확신이 지배적이었

279 같은 책, 183쪽.

280 같은 곳.

281 Adorno([1966] 1975) 26쪽.

282 Strauß(2004) 72쪽.

283 Ebeling(2002) 45쪽.

고 그것을 타당한 것으로 여긴 것처럼 보인다. 이러한 태도의 모범이 소크라테스라는 인물이다.[284] 헬레니즘 철학에서 '유다이모니아' εὐδαιμονια는 실천적으로 이론적 통찰을 통해 도달하며, 이론과 실천의 상응에 근거해서만 행복해지는 삶을 의미한다.[285] 그 이념은 현자, 즉 '유다이모니아'를 실현하는 인물의 이상을 통해 특별히 현실화되었다.[286] 현자의 덕, 지혜는 "삶과 분리되지 않은 의식"이다.[287] 아리스토텔레스에게 이론은 행복의 본래적 형식이다. 고찰하고 인식하는 이론적 "정신을 따르는 삶"[288]에서 그는 "완전한 행복"[289]의 유일한 가능성을 보았다. 이와 마찬가지로 니콜라우스 폰 쿠자누스는 1800년 이후에도 여전히 "최고의 행복은 진리의 깨달음에 있다"고 확신하였다.[290] 철학적 행복에 대한 사상은 모든 사고의 위기에도 불구하고 20세기까지 계속해서 영향을 주었다. 루트비히 비트겐슈타인은 1916년 다음과 같은 메모를 남겼다. "인

284 무엇보다도 초기 플라톤의 대화, 참조.

285 '유다이모니아' 개념의 번역에 대해서는 다음을 참조할 것. Hossenfelder(1985, 23쪽).

286 스토아 학자들에 따르면 현자는 "모든 것을 넘어서는 규범"을 제시한다(Hadot 1996, 117쪽).

287 Adorno(1973) 186쪽. "철학의 고대적 개념은 간단히 말해 이론적 의식과 실천적 의식이 분리되어 있지 않은 앎의 개념이다. 지혜의 개념이 문제가 된다면 그것은 이론적 숙고의 통찰과 올바른 삶과의 연관이 분열되었다는 것과 관계된다."(같은 곳. 이 책, 167쪽 이하)

288 Nik. Eth. X 1178a 24쪽(Aristoteles 4판 1985, 252쪽).

289 Nik. Eth. X 1178b 7쪽(같은 곳). 그러므로 "사고와 고찰이 높은 정도에 이른 사람은 … 높은 정도의 행복에 이른다. 이러한 행복은 그냥 따라오는 것이 아니라 그에 맞는 가치와 존엄성을 가진 사고에 근거한 것이다. 따라서 행복은 사고이다."(Nik. Eth. X 1178b 28쪽 이하 [같은 책, 253쪽])

290 [라틴어 원문] "In apprehensione veritatis, 'uti est', felicitatem illam supremam"(Predigt LIV Nr. 26, in: v. Kues 1996).

식의 삶은 세계의 위기에도 불구하고 행복한 삶이다."[291] 니체도 "삶에 대한 신뢰가 … 사라지고, 삶 자체가 … 문제가 되었음"에도 불구하고 다음과 같이 생각했다. 사람들은 "그로 인해 암담해 할 필요가 없다! 삶에 대한 사랑은 여전히 가능하다. 사람들은 다만 다르게 사랑할 뿐이다. 그것은 우리를 의심하게 만드는 여자에 대한 사랑이다. 모든 문제의 자극, X에 대한 기쁨은 … 너무 커서 문제의 모든 위기를 넘어 작열하는 빛처럼 불안정의 모든 위험과 사랑하는 사람의 질투조차 계속 때려 부술 것이다. 우리는 새로운 행복을 알고 있다."[292]

그러나 사고가 진행되는 곳에서 철학적으로 획득할 수 있는 참된 행복감에 대한 살아 있는 희망은 대부분 자신감과 자긍심을 탈취 당했지만 계속해서 여전히 오늘날까지 살아남아 있다. 그럼에도 불구하고 중세에서 근대로의 이행을 특징짓는 정신사적 단절이 전체적으로 시작되었다. 현자의 형태, 예를 들어 로고스, 즉 철학적 다이몬의 선을 신뢰하는 소크라테스에 대립하여 17세기 초에 근대의 첫 번째 (반대-)영웅으로서 햄릿이라는 인물이 등장한다. 이 인물에 대해 니체는 다음과 같이 말한다. 그는 "사물의 본질에 대한 참된 통찰을 수행하였다." 그렇지

---

291 Wittgenstein(1984) 174쪽.

292 Nietzsche([1882] 1999, 350쪽 이하) 반대로 게오르게 슈타이너는 노년의 저서에서 70쪽에 걸쳐 **왜 사고는 슬프게 만드는가**라는 물음에 대해 성찰하고, 10개의 (가능한) 이유를 제시하였다(Steiner 2006 참조). 그러나 슬픔과 행복이 배타적인 것인지에 대해서는 결론을 내지 못했다. 오히려 어느 정도로 사람들은 동시에 **슬프고 행복**할 수 있는가라는 물음이 처음으로 사고에 내재하는 멜랑콜리에 대한 성찰과 함께 주목되었다. 이와 구별되면서도 비슷한 상황에서 철학실천의 관심을 불러일으키는 물음은 사고가 위로를 할 수 있는가에 대한 것이다(Achenbach 2003, 103쪽 이하 참조).

만 그는 그것에 대해 환호하면서 행복에 빠져들지 않고 오히려 그렇게 "행동하는 것이 그에게 구토를 일으키고" — '삶은 행동이다'(카뮈)라는 명제가 참이라면 — 그렇게 사는 것이 그에게 구토를 일으킨다. 게다가 행동은 "가능성의 과잉에서처럼 너무 많은 반성에서" 나오는 것이 **아니다**. "그것은 반성이 아니다! — 참된 인식, 무서운 진리에 대한 통찰은 … 행동을 죽인다. … 이것이 햄릿의 이론이다. … 한번 직관한 진리에 대한 의식에서 지금 인간은 도처에서 경악스러운 것 또는 존재의 부조리만을 본다. 지금 인간은 오펠리아Ophelia의 운명에서 나타난 상징을 이해한다. 지금 인간은 숲의 신, 실렌Silen의 지혜를 이해한다."[293]

햄릿은 최초의 근대적 개인을 표현한다. 근대적 개인은 자기 자신과 세계를 더 이상 최고의 의식 수준에서 이해하지 못하고 — 혹시 이해했다면 심연으로 이해했을 것이다 — 자기와 현실을 분리시키며, 우울한 마비 상태에 빠져 가능성에서만 자신을 변혁시키며, 타인의 활동적 삶을 시기하는 동시에 증오하며, 죽음(자살)을 열망하지만 거행할 수는 없는 … 그런 사람이다. "삶에 대한 신뢰는 … 사라지고, 삶 자체가 … **문제**가 되었다."[294] 그러나 동시에 햄릿과 함께 근대의 모범적인 다른 인물이 등장한다. 선왕인 형을 살해한 인물, 클라우디우스는 세계 — 여기에서는 사례로서 덴마크 국가 — 를 그의 생각에 따라, 특히 그의 이

---

293 Nietzsche[1872] 1999, 56쪽 이하. 오펠리아는 알려진 대로 실렌이 미다스 왕에게 보여 준 삶과 지혜를 선택했다 — 그러나 이 지혜를 근대 인간이 **실현시킨 것**처럼 보인다. 이는 태어나지 않는 것이 인간에게 가장 최선의 것임을 의미한다(Herodot 4판 1971, Ⅷ, 138쪽 참조).

294 Nietzsche([1882] 1999) 350쪽(원문에서 강조됨)

익에 따라 형성하고, 모든 것을 지배하고 장악하려는 장인匠人, 제작자를 대표한다. 그리고 그는 미쳤다고 여겨지는 햄릿에게 로젠크란츠와 길덴스테른의 치료적 도움을 통해 사회계약적 이성과 그에 상응하는 역할을 다시 부여하고 싶어서 음모를 꾸미는 궁정인의 옷을 입은 사회공학자와 시장조작자[295]를 상징한다.[296] 햄릿과 클라우디우스는 근대의 대척자, 근대적 삶의 형식을 위한 **앞선 전형**Vor-bild으로 여겨질 수 있다.[297] 이들의 정신적 구조는 하이데거를 통해 "한편으로 회의와 절망, 다른 한편으로 검증되지 않은 원리에 대한 맹목적 집착"[298] 사이에서의 부단한 동요로 요약될 수 있다.

---

295 "궁정에 있는 개인과 '세계시장'에 있는 개인에 대한 기술은 사회인의 본질적 특징이 문제되는 곳에서는 구별되지 않는다."(Strauß 2004, 155쪽)

296 **너무 사려 깊은** 환자가 자신의 — 정신적으로 **너무 빈약하기** 때문에 — 나쁜 심리치료사에 대해 아이러니한 불평을 하는 것으로 이해될 수 있는 대목으로 사람들은 햄릿과 길덴스테른의 유쾌한 대화(3막 2장)를 읽어 볼 수 있다. 여기에 다음과 같은 한 장면이 나온다.
"— 햄릿: 자네들, 이 피리를 불어 보게. — 길덴스테른: 전하, 저는 불 줄 모릅니다. — 햄릿: 부탁하네. — 길덴스테른: 정말입니다. 불 줄 모릅니다. — 햄릿: 간절히 부탁하네. — 길덴스테른: 잡는 법도 모릅니다. — 햄릿: 그것은 거짓말처럼 쉽단 말이야. … 여길 봐, 이렇게 잡는 거야. — 길덴스테른: 하모니를 만들기 위해 한 번도 애를 써 본 적이 없습니다. 나는 예술을 모릅니다. — 햄릿: 자, 보게나, 자네들이 나에게서 어떤 쓸데없는 물건을 만들었는지? 자네들은 나를 가지고 놀려고 하는군(자네들이 나를 연주하는 법을 아는 것처럼 행동하는군). — 자네들이 나의 마음속 비밀을 캐낼 수 있다는 말이지. 내 음역의 최저 음브에서 최고 음부까지 소리 나게 하겠다는 거지. 작은 악기에 많은 음악이 있지. 잘 맞는 소리도 있고. 그렇지만 그것을 말할 수는 없겠지. 그래, 자네들은 내가 피리보다는 다루기 쉽다고 생각하는 거지? 나를 자네들이 원하는 어떤 악기로 취급해도 상관없고 나를 기분 나쁘게도 할 수 있지만, 나를 연주할 수는 없을 걸세."(Shakerspeare 2001, 76쪽)

297 여기에 주어진 해석은 본질적으로 튀링겐의 휘텐에서 2006년 12월 15-17일 사이 게르트 B. 아헨바흐와 함께 한 셰익스피어 세미나에서 영감을 받은 것이다.

298 Heidegger([1955] 11판 2003) 28쪽.

이러한 정신사적 논의를 위한 주도적인 물음 — 어떻게, 어떤 정당화를 통해 오늘날 근대 후기의 조건 아래 철학이 현존재의 단련이라는 의미에서 생활상담으로 제공될 수 있는가에 대한 물음 — 을 보다 분명하게 하기 위해서는 정신위생학적으로 중요한 철학의 관점이 언급되어야 한다. 지금까지의 숙고는 철학함의 병리학적 계기 — **너무 깊은 성찰, 너무 근본적인** 사고, **너무 많은** 반성 — 를 심리적 고통으로 이끄는 경향, 단초 또는 원인으로 고찰하였다. 그로 인해 철학은 잠재적인 **정신병의 원인**으로 여겨졌다. 이에 대해 볼프강 블랑켄부르크Wolfgang Blankenburg는 철학의 고찰에 대해 정신과 의사의 눈을 가지고 볼 수 있는 네 가지 다른 측면을 전체적으로 언급한다. "1. 심리적 장애의 표현 또는 '증후'로서 철학함, 2. 합리화하는 방어로서 철학함, 3. 심리적 장애에 대한 극복의 시도로서 철학함 …, 4. 심리적 보상 실패의 원인으로서 과도한 철학적 반성."[299] 이미 기술한 네 번째 측면 — 병의 원인으로서 철학 — 과 첫 번째 측면 — **증후로서 철학** — 은 아주 유사한 의미를 가진 것처럼 보인다. 왜냐하면 두 번째와 세 번째 측면은 어떤 의미에서는 첫 번째 측면 아래 놓이거나 그것의 변형을 나타내기 때문이다. 철학이 정신의학 또는 심리학에 의해 탐구의 대상으로, 그리고 심리적 또는 정신병리학적 현상으로 고찰될 수 있다는 사실은 경험과학으로서의 심리학을 철학과 분리함으로써 비로소 가능하게 되었다.[300] 여기에서

299 Blankenburg(1992) 328쪽.

300 심리학과 철학의 "분리역사"에 대해서, Schmid(1995) 참조.

전자 — 구조적이며 개별 학문적 제한에도 불구하고 — 는 다시 계속해서 후자의 정초 요구, 절대성 요구, 전체적인 설명의 요구를 "심리학주의"[301]로 받아들이고 이러한 태도로부터, 즉 심리학적으로 다시 말해 과학적으로 중개된 정상적 영역으로부터 벗어난 사고를 심리적이고 정신적인 기능 장애에 대한 증후로서 간주하려는 유혹에 빠진다. 프로이트가 마리 보나파르트Marie Bonaparte에게 쓴 편지에서 기술한 다음의 진술은 유명하다. "사람들이 삶의 의미와 가치에 대해 묻는 순간 그들은 병든다."[302] 철학자이며 정신과 의사인 안드레아 몰드지오Andrea Moldzio는 심지어 정신분열증을 "철학적 질병"의 계열로 승격시키고, "이 병의 압박 아래 인간은 즉시 철학을 시작한다"고 주장하였다.[303] 볼프강 블랑켄부르크는 이것을 다음과 같이 확인해 주고 있다. "정신분열증에서 항상

301 "심리학주의"는 후설에 따르면 "심리학을 선험적 목적으로 활용하는 것"이다(Husserl[1936] 1954, 205쪽). 다시 말해 심리학주의는 "**'사실학' — 심리학 — 을 보편적 구속력을 가진 수행의 가능 조건을 위한 이론으로 고양시키는 것**이다. 왜냐하면 심리학주의는 (경험적) 심리학을 … 도덕적 활동의 정초 이론, 즉 소위 '윤리학'과 아울러 … 참된 인식의 정초 이론, 즉 소위 '인식론'으로 만들기 때문이다."(Marquard 1987, 12쪽, 원문에서 강조됨) 정신분석에서 오도 마르크바르트는 "두 번째 심리학주의"(같은 책, 14쪽 이하)를 본다. 프로이트의 기술에 따르면 "정신분석은 더 이상 정신병리학의 보조 학문이 아니라 오히려 정상인의 이해를 위해서도 배제할 수 없는 새롭고 근본적인 심리적 지식을 위한 단초이다. 사람들은 그것의 전제와 결과를 심리적이고 정신적 사건의 다른 영역으로 옮길 수 있다. 넓은 곳, 세계적 관심으로 나아가는 길이 그것에 열려 있다."(Freud[1925] 4판 1983, 73쪽) 이러한 기술에서 보듯이 심리학주의는 "현대철학에 의해 — 후설의 지적에도 불구하고 — 받아들여졌고 받아들여지고 있다."(Marquard 1987, 17쪽) 마르크바르트는 1963년 그의 교수 자격 논문에서 이와 같은 두 번째 "치료적 심리학주의"의 발생 근거(같은 책, 210쪽)와 그것의 필요조건을 파헤치려고 시도하였다(자세한 논의에 대해서는 이 책 152쪽 이하 참조).

302 Freud(1960) 429쪽.

303 Moldzio(2004) 15쪽(원문에서 강조됨).

예상할 수 없을 정도로 깊은 통찰이 갑작스럽게 일어난다는 사실에 우리는 깜짝 놀란다. 이 통찰은 분명히 환자가 통상적인 것의 익숙함으로부터 상당한 거리를 둠으로써 조성된다."[304] 이미 자기 자신을 (철학적) 심리학자로 여기고, (쇼펜하우어와 나란히) 프로이트 사상의 선구자로 여기는[305] 니체는 다음과 같이 생각했다. "사람들은 모든 독단적인 형이상학의 광기, 특히 현존재의 **가치** 물음에 대한 형이상학의 대답을 우선 항상 특정한 몸의 증후로 볼 수 있다."[306] 병은 인간을 철학자로 만들거나 "철학하게 하는 결핍"이다.[307] "모든 병든 사상가들에서처럼 위기의 상태는 철학을 유발시키고 … 철학사에서는 병든 사상가가 우위를 점하고 있다."[308] 이 때문에 니체는 다음과 같은 희망을 말한다. "낱말의 이례적인 의미에서 철학적 의사는 … 언젠가 나의 의심을 심각하게 받아들여 나의 주장을 옹호할 용기를 가질 것이다. 모든 철학함에서 지금까지 문제된 것은 결코 '진리'가 아니라 우리가 건강, 미래, 성장, 힘, 삶

304 Blankenburg(1992) 331쪽.

305 예를 들어, Gasser(1997), Gödde(1999).

306 Nietzsche([1882] 1999) 348쪽.

307 같은 책, 347쪽. 이와 함께 이미 인간을 결핍 존재로 고찰하는 아놀드 겔렌(Arnold Gehlen)의 인간학을 위한 근본 사상이 준비된 것처럼 보인다(Gehlen[1940] 1933, 참조). 그리고 프로이트는 "예술, 종교, 철학의 모든 위대한 사회적 생산물" — 헤겔이 말한 절대정신의 형태들 — 을 "히스테리, … 강박성 노이로제, … 과대망상의 증후"와 비교함으로써 니체의 병리학적 해석을 한층 더 넘어서려고 한 것처럼 보인다(Freud[1912-13] 2000, 363쪽). 앞서 언급한 "문화적 형성물"과 노이로제의 차이는 "노이로제가 비사회적 형성물이라는 사실"에만 놓여 있는 것처럼 보인다. "사람들은 사회에서 집단노동을 통해 생겨난 노이로제를 사적인 수단을 가지고 극복하려고 한다."(같은 곳)

308 Nietzsche([1882] 1999) 347쪽.

… 이라고 말하는 다른 것이다."[309]

마지막 말을 보충하면 다음과 같다. 앞서 철학적 사변 — "형이상학의 광기" — 이 **증후**, 즉 **병의 표현**으로 규정되었다면 어떻게 갑자기 "우리가 건강이라고 말하는 다른 것"이 문제될 수 있는가? 니체는 여기에서 증명해야 할 논제, 즉 **철학이 자기로 인한 병리학적 작용에 대한 치료**라는 논제의 방향을 위한 일종의 암시를 주는 것처럼 보인다.

이미 앞 장에서 논의했듯이 철학함에서, 다시 말해 확실성에 대한 불안과 자명한 것의 해체를 통해, 그리고 현존재와 그때마다 자신의 삶의 방식에 대한 물음 제기를 통해 "인간에 대한 … **공격**"[310]이 일어난다. 철학하면서 우리는 "일상성을 몰아내고 사물의 근거로 되돌아간다."[311] 그러나 이 근거는 정초될 수 없는 심연으로 증명되거나 아니면 **즉시 증명될 수 없다**. 인간의 본성은 이러한 공격을 받을 수밖에 없다. 다시 말해 근본적인 현존재의 회의가 갑자기 발발할 수 있기 때문에 인간은 병에 걸린다.[312] 인간은 **이성적 동물**animal rationale — 사고하는 것을 타고났으

309 같은 책, 349쪽. 프로이트는 니체의 희망을 충족시켰고 정신분석의 '창안'을 통해 치료학을 위한 획기적인 사고의 전환 — 아마도 이 일은 의사만이 할 수 있었다 — 을 수행했다. 프로이트의 진술을 믿는다면 그는 정신사적으로 객관적인 전환의 필요성을 강조하는 니체의 요구에 귀를 기울이지 않았다(이 책 152쪽 이하 참조).

310 Heidegger([1929/30] 2판 1992) 31쪽.

311 같은 곳.

312 칸트는 알려진 대로 "형이상학의 자연적 소질"에 대해 말했다. 왜냐하면 인간은 "자신의 필요에 의해 [형이상학에] 몰두하기 때문이다. … 따라서 모든 인간에게는 자신들 안에서 이성이 사변으로 확장되자마자 항상 현실적으로 어떤 하나의 형이상학이 있어 왔으며, 또한 그들은 항상 거기에 머물 것이다."(KrV B22, Kant[1781] 1968, 60쪽)

며 알기를 원하는 동물 — 인 동시에 **의심하는 동물**animal dubitans, 즉 의심하면서 절망할 수 있고, 정신적으로 상처받을 수 있는 동물이다. 그러므로 "인간은 그의 본질 근거에서 공격받는 자이다." 다시 말해 "그가 현재 존재하고 있다는 사실로부터"[313] 공격받을 수 있다. 이로부터 "철학함이 모든 인간에게 근본적으로 고유한 것"[314]임을 알 수 있다. 비록 모든 사람이 사실상 드러나게 철학하지 않더라도 말이다. 인간은 그가 인간으로 있는 한 단순한 지적 동물이 아니라 **철학적 동물**이다. 다시 말해 존재 — 특히 그 자신의 '**어떻게-존재**' 또는 '**무엇-존재**' — 가 불확실한 본질이다. 인간은 "확정되지 않은 동물"이다.[315] 왜냐하면 "사람들은 누가 또는 어떤 인간이 인간들인지 또는 인간으로 **존재**하는지를 말할 수 없기 때문이다. 사람들은 항상 그가 존재해야 한다는 것(만)을 말할 수 있다."[316] 유적類的 본질로서 인간은 철학을 **체화한다**. 이는 인간이 개별자로서 계속해서 그때마다 새롭게 — 그가 (인간적으로) 살 때에는 드러나지 않게, 그가 철학할 때에는 드러나게 — **그가 누구인지 그리고 존재한다는 것이 무엇을 의미하는지** 밝히려 하기 때문이다. 우리가 의식하며 — 의식된 존재로 — 있기 때문에, 그리고 그런 한에서 우리는

---

313 Heidegger([1929/30] 2판 1992) 31쪽.

314 같은 책, 19쪽. 이와 유사하게 하이데거는 『형이상학이란 무엇인가?』에서 다음과 같이 말한다. "인간이 실존하는 한, 어떤 방식으로든 철학함은 일어난다."(Heidegger[1943] 15판 1998, 45쪽)

315 Nietzsche([1886] 1999) 81쪽.

316 v. Weizsäcker([1956] 2005) 11쪽(원문에서 강조됨).

우리가 무엇으로, 어떻게, 어디에 존재하는지를 알아야 한다.[317] 무-지는 의식하는 동물에게는 불가능하다.[318] 비록 최악의 경우 궁극적으로 — 최종적 물음의 관점에서 — 무-지에 대한 앎, 알려진 모든 것에 속해 있는 불확실성에 대한 앎만이 존재한다고 할지라도 말이다. 우리를 둘러싸고 사유의 심연과 존재의 비춤(하이데거)이 입을 벌리고 있다. 다시 말해 우리는 구조적으로 무 안에 들어서 있다.[319] 이러한 "탈-존"[320]을 우리는 감내해야 한다. 그러므로 철학함, "현존재에서 일어나는 근본사건"[321]은 공격, 혼란의 원인 또는 정신적 장애, 병의 원인, 나아가 증후**만이 아니다**. 이는 사람들이 일반적으로 인간적 삶을 병리학적으로, 우리의 실존을 병으로서 파악하기 때문에 그렇다. 나아가 철학함은 동시

---

317 존재에 대한 물음, 그리고 존재와 사유의 관계에 대한 물음 — 존재론 — 은 서구 철학의 본질을 규정한다. 그리고 "모든 존재론은 비록 여전히 풍부하고 확고한 범주의 체계를 장악하고 있다고 할지라도 우선 존재의 의미를 풍부하게 해명하고 이 해명을 기초적 과제로 파악하고 있지 못한다면 근본적으로 맹목적이며 가장 고유한 의도를 전도시키고 있다." (Heidegger[1927] 18판 2001, 11쪽)

318 "인간 이성은 특별한 운명을 가진다. … 이성은 물리칠 수 없는 물음을 통해 괴로움을 당한다. 왜냐하면 그 물음은 이성의 본성에 의해 자신에게 부과되어 있기 때문이다. 그러나 자신의 본성에 대해 이성은 대답할 수 없다. 왜냐하면 그 본성은 인간 이성의 모든 능력을 넘어서기 때문이다."(KrV A Ⅶ, Kant[1781] 1968, 11쪽)

319 "사유는 존재를 사유하기 때문에 사유는 무를 사유한다."(Heidegger [1947] 10판 2000, 52쪽)

320 같은 책, 15쪽 이하. "존재의 밝은 터 안에 들어서 있음을 나는 인간의 탈-존이라고 부른다. … 이렇게 이해된 탈-존은 이성, '라치오'(ratio)의 가능 근거만이 아니다. 오히려 탈-존은 인간의 본질이 자신을 규정하는 유래를 보존하고 있는 곳이다. 탈-존하는 자로서 인간은 존재의 밝은 터로서의 거기를 '염려'함으로써 현-존재를 감내한다." 잘 알려진 대로 하이데거는 인간적 삶의 본질, "현존재의 존재를 염려로서" 해석한다(Heidegger [1927] 18판 2001, 19쪽 이하). 이런 점에서 철학함은 **자기-염려의 해명**으로 규정될 수 있다.

321 Heidegger([1943] 15판 1998) 45쪽.

에 현존재의 극복, 치유이기도 하다. 분명히 철학함은 인간 존재의 위기에서 자기 자신을 위한 치유의 유일한 수단이다.

같은 것은 같은 것에 의해 치료된다 similia similibus curantur. 철학은 "개념이 필연적으로 만든 상처를 치유하려는 개념의 긴장"이다.[322] 왜냐하면 "개념만이 개념이 방해하는 것을 처리할 수 있기" 때문이다.[323] 그리고 "사고가 종합을 하면서 폭력을 가하는 한편, 사고는 동시에 … 자신이 저지른 것을 부분적으로 다시 회복시키려는 이념을 무의식적으로 따른다. 철학에서 무의식이 의식된다."[324]

모든 인간은 철학자이다.[325] 인간은 "그것이 의지할 곳, 안정, 약, 구원이든 간에 자신의 철학을 필요로 한다."[326] 다르게 말한다면 철학함, 현존재의 조건에 대한 성찰, 이것과 연결된 일상의 장애, 허약함, 불시의 고통, 즉 잘 알려진 '염세적 감정'은 인간의 자연적 소질에 근거하여 항상 일어날 수 있다. 그것들은 특히 예견할 수 없는 운명적인 삶의 전환, 좌초, 절망에서, 또는 그와 반대로 깊게 느끼지는 감사, **믿을 수 없는** 행운에서도 일어난다. 그것들이 일어날 때에는 계속적인 철학함(또는 분석함)만이 도움을 준다. 어렵고 심각한 경우에 철학자와 심리분석가의 확신도 도움이 될 수 있다.[327] 항상 증후가 이미 투쟁의 표현, 즉 들

322 Adorno(1973) 55쪽.

323 Adorno([1966] 1975) 62쪽.

324 같은 책, 30쪽 이하.

325 각주 173번에 있는 칼 R. 포퍼의 인용("우리는 모두 자신의 철학을 가지고 있다.") 참조.

326 Nietzsche([1882] 1999) 347쪽.

327 왜냐하면 "어려운 경우일 때마다 세계는 본래 그런 경우가 되어서는 안 되는 모든 것"이기

이닥친 병에 대한 몸의 저항으로 나타나는 표현이며 본래 건강을 찾으려는 싸움을 나타내는 것처럼, 철학함은 **인간이 자신의 인간 존재 — 세계에서의 현존재 — 와 벌이는 대결**, 현존재에 의해 공격을 받아 상처가 난 것에 대한 치유, 자신의 존재에 대한 사유를 나타낸다.[328]

때문이다(Sloterdijk[1993] 266쪽). 그 밖에도 그런 어려운 경우는 염세적 감정의 근거를 경험하게 한다. 왜냐하면 "사람들이 그 경험을 알자마자 질서를 갖춘 전체를 노래할 수 있기" 때문이다(같은 책, 220쪽).

328 왜냐하면 여기에서 "인간에게 가장 기이한 것은 그가 있다는 사실"이기 때문이다(Kudszus 2002, 33쪽). 하이데거가 철학을 "인간을 완전히 지속적으로 사로잡고 있는 인간의 마지막 말과 대화"로 특징지었을 때, 그는 당연히 다음과 같이 물었다. "그러나 인간이란 무엇인가? 인간은 자신의 본질 근거에서 철학한다. 우리는 거기에서 무엇으로 있는가? 우리는 무엇으로 향하고자 하는가? 우리는 우연히 한 번 이 세계로 걸려들어 온 것인가?" (Heidegger[1929/30] 2판 1992, 7쪽)

학술적 철학과 철학실천

독특한 병-건강-원인에 대한 앞의 철학적 숙고들이 적절하고 본질적이라면 학술적 철학의 '주류'가 오래전부터, 다시 말해 사유의 치료적 훈련을 철학의 본질적인 과제로 여겼던 고대 말기 이후부터 이 문제에 대해 적합한 반성을 등한시했던 상황이 제시되어야 한다. 이는 물론 철학자의 주관적인 태만이 아니라 사유의 객관적 발전과 연관된 것이다.[329] 아헨바흐는 철학에 심지어 "질병 공포 콤플렉스"[330]가 있다는 것을 증명한다. 그러나 이러한 콤플렉스는 철학에서 흔한 것이었으며, 아마도 드물지 않게 철학을 지배해 온 일관적인 생명 공포증Biophobie — 사실적인 감각의 세계를 경시하는 경향 구체적인 생명의 다양성과 인간적인-너무도 인간적인 것을 회피하면서 거리를 두려는 경향 — 의 한 측면일 뿐이다. 고대 그리스에서 철학은 인간의 구체적인 삶의 문제로부터 시작됐다. 플라톤의 아카데미, 후기 그리스의 철학학교는 사유의 공동체일 뿐만 아니라 삶의 공동체이기도 하였다. 철학은 "공동체적 사유 형식, 삶의 형식, 교제 형식"[331]을 가지고 발생했다. 다시 말해 일상의 저편이 아니라 일상의 한가운데서 일어났다. 철학자들은 근원적으로 삶에서 주어지고, 삶에서 제기되는 물음을 세속적이고 (너무도) 인간적인 번잡함으로부터 방해받지 않고 고요함 속에서 성찰하기 위해 사상을

329 이 책, 168쪽 참조.

330 Achenbach([1983] 1984) 67쪽.

331 Achenbach(1984) 99쪽.

가진 집단처럼 움직였기 때문에 '일반적인(?) 남자'의 삶과 분리되는 것처럼 보인다. 사유의 은둔성을 추구함으로써 사유는 점점 더 자신의 '순수한 정신적' 문제와 연결되었다. 이후에 정신은 기독교를 통해 조정되고 검열되면서 자신의 나라를 감각적 세계의 불안 저편에 구축하였다. 헤겔로 소급될 수 있는 아헨바흐의 평가에 따르면 "철학적 사유는 고대적 일상 세계와 철학하는 인간의 감각적 연관"[332]을 상실했다. 이는 철학적 사유가 수도원과 대학에서 비교秘敎처럼 제도화되는 현상에서 잘 드러난다. 거기에서 철학자들은 사상적으로 삶과 분리되는 조직적 준비를 할 수 있었다.[333] "구체적인 모든 것, 정신에 대한 모든 관심, 사고가 인간의 가슴과 느낌, 그리고 사상 속에 그대로 현존하고 있었던 것이 … 그리스적 인간성의 정신이었다면", 반대로 "스콜라 철학은 … 전적으로 현실을 경멸스런 것으로 여기고 방치했으며, 그것에 전혀 관심을 가지지 않았다." 왜냐하면 스콜라 철학에는 "두 세계"가 있었기 때문이다. "삶의 세계와 죽음의 세계가 그것이다. 신적인 세계는 상상력을 위한 것"이었고, 이 세계, 즉 "초감각적 세계에는 자연도 현실도 없었다. … 직접적 세계, 즉 감각적 자연에는 신성이 없었다. 왜냐하면 그 세계는 신이 저편에 있는 한 신의 무덤일 뿐이기 때문이다. 죽은 자가 거주하는 신의 나라에는 죽음을 통해서만 도달할 수 있었다. 자연적 세계도 마찬가지로 죽어 있었다." "따라서 이 세계에 대한 관심과 연결된 모든 지식

332 같은 곳.

333 토마스 H. 마초는 그 예로 플라톤의 아카데미, 수도원, 대학의 철학, 정신분석을 들어 "어떻게 사상가의 조직이 사상의 조직을 규정하는지"를 보여 주었다(Macho 1984, 161쪽).

과 행위는 완전히 추방되었다. 보는 것, 듣는 것 등의 관심과 연결된 지식, 세속적 현실에 안주하려는 생각과 열들은 거기에서 어떤 자리도 찾지 못하며, 마찬가지로 … 현실적 인간도 인정되지 않았다."[334]

중세 스콜라 철학에서 드러난 이 세계-저 세계의 차이는 계속해서 학술적인 안-밖-차이, 즉 생활 세계와 학문 세계에 대한 근대적 차이로 연결된다.[335] 오늘날 학술적 철학의 주류 역시 이런 점에서 철학은 "경건해지려는 것을 경계해야 한다"[336]는 헤겔의 언명을 오해하고 있는 것처럼 보인다. 이 언명과 관련하여 사람들은 오히려 철학이 인간적인 너무도 인간적인 '일상의 산문'으로부터 멀리 떨어져 있어야 한다고 생각하기 때문이다. 현대철학에서 전개되는 담론은 인간의 생생한 경험이 아니라, 본래 문제가 아닌 — 어쨌든 인간적으로 중요하지 않은 — 조작된 문제에서 출발한다. 분석철학이 강조하는 명제의 예들이 그것을 확실하게 보여 준다. 그 예들은 놀랄 정도로 단순성, 인위성, 삶과 실천으로부터 동떨어진 것, 다시 말해 인간과 무관한 것을 다루고 있다.[337] "우리의 삶이 나아갈 길을 향해 사유의 방향을 정한 사람"은 — 디터 헨리히Dieter Henrich가 주장하듯이 — "언어철학적이고 사회철학적인 개념 형성의 공허함을 즉시 간파한다."[338] 이와 연관하여 아헨바흐는 다음과

---

334 Hegel([1833-1836] 5판 1996) 544/588쪽.

335 Achenbach(1984d) 102쪽 참조.

336 Hegel([1807] 5판 1996) 17쪽.

337 사례로 볼 수 있는 것, Beckermann(2판 2001).

338 Henrich(1999) 83쪽.

같이 말한다. “비철학자가 철학에 대해 가지는 관심, 다시 말해 철학 자체에 의해 만들어지지 않은 관심이 폐쇄적인 학회 세미나에서는 의심스런 것으로 여겨지고, ‘비철학적’이라는 혐의를 받는다. 다르게 말해서 철학은 자생적으로 자신의 물음 자체를 스스로 만든다. 철학은 독학자로서 자가생식하며, 자폐적이다.”[339]

쇼펜하우어와 니체[340] — 학술적으로 추방된 두 사람 — 이후로 위에서 기술한 문제는 잘 알려진 것이며, 대학교의 철학자들에게는 해결할 수 없는 고충으로 여겨진다. 그들은 교수직의 역사와 본래의 역할에 대해 알고 있지만, 그러한 근원적인 요구를 대학의 학문 운영과 그로부터 나온 창작만으로는 구조적으로 거의 만족시킬 수 없다는 것을 고백하지 않을 수 없었다.

이에 상응하여 볼프강 케스팅Wolfgang Kersting은 빌헬름 슈미트Wilhelm Schmid[341]에 의해 주도된 “현대 삶의-기술-운동”Ars-vivendi-Bewegung[342]에 대한 — 올바르고 정당한 — 비판에서 다음과 같이 주장한다. “삶의 기술의 고전古典은 철학의 조상을 모셔 놓은 초상 진열실에 있다.” 철학은 “삶을 안내하는 윤리학으로서, 삶의 기술과 실천적 지혜론으로 시작하였다. 그러나 예를 들어 도덕철학은 발전 과정에서 … 인간적 삶의 문제에 일상적 해석학으로 접근하는 것을 포기하였다.” 그리고 “근대 도

---

339 Achenbach([1983] 1984) 64쪽.

340 Schopenhauer([1851b] 1988), Nietzsche([1973] 1999).

341 예를 들어, Schmid(1998).

342 Kersting(2007) 8쪽.

덕철학의 표준 이론은 … 후기 그리스 철학의 고전적인 지혜론과 더 이상 관계가 없다. 지혜론은 좋은 삶에 대한 어떤 개념도 발전시키지 않았다. … 삶의 기술에 대한 전통은 근대 도덕철학의 학문성과 보편타당성에 대한 요구에 의해 희생되었다. 이러한 전통의 단절이 회복될 수 있으리라고 생각하지 않는다."[343] 케스팅은 다음과 같은 결론을 내린다. "삶의 기술은 철학을 필요로 하지 않는다." 왜냐하면 "인간과 자연, 자연과 역사에서의 삶, 지식과 행위에 대한 이론적이고 규범적인 파악"이 변했고, "삶의 기술은 근대에서 변화된 인간의 자기 이해와 세계 이해의 영향 아래 있는 실천철학의 발전 과정에서 … 철학적 디딤돌과 개념적인 버팀목을 상실했기 때문이다."[344] 이런 결론을 통해 그는 생생한 이념과 죽은 현실 사이에 있는 — 위에서 기술했던 — 학술적 철학의 험난한 딜레마에서 벗어나려고 한 것처럼 보인다. 이를 위해 그는 철학 — 오늘날의 철학 — 에서 실천적 삶의 중요성에 대한 요구를 면제시켜 주려고 한다. 그렇다면 철학은 "단순히 자기 자신과 함께 하는 놀이"가 되지 않겠는가?[345] 디터 헨리히 — 30년 넘는 교수 경력을 가지고 있으며 헤겔 상(2003)을 받은 명망 높은 철학계의 대표자로서 존경을 받는 학자 — 는 "직업적인 철학함이 … 철학을 인간적 삶을 가능하게 하는 근원들 중의 한 입장이 되도록 했던 물음들과 어떻게 관계를 맺어야 할지를 더 이상 모르고 있다"고 지적하고, "철학이 과학과 삶의 심층 분석 틈 사이에 …

343 같은 책, 43쪽 이하.

344 같은 곳.

345 Adorno(1973) 190쪽; 이 책, 169쪽 이하 참조

빠져 있다"고 비판한다.[346] 한층 더 강하게 그는 다음과 같이 말한다. "플라톤이 등장한 이후로 철학자들이 우리 자신에 대한 우리의 경험을 심층적으로 분석해 주기를 기대한다. 이들은 이러한 경험을 투명하게 하고, 이러한 경험이 유래하는 삶의 역학을 우리가 이해할 수 있도록 만들어야 한다. 같은 이유에서 사람들은 계속해서 철학자들이 우리 삶의 방향을 위한 가능성을 탐색해 주길 기대한다. 이 가능성이란 철학자들이 제공하는 심층 분석에 의해 확인되고 인정될 수 있는 그런 것이다."[347]

그런 점에서 철학실천은 수도원과 대학, 스콜라 철학과 과학이 초래한 "정신의 불임"[348]을 극복하고, 헨리히가 지적한 "과학으로서의 철학"과 "'세계'를 위한 철학"[349] 사이의 균열을 회복하기 위해 필연적으로 요구되는 철학의 현대적 형태로 이해된다. 철학실천은 "독자적인 치외법권을 가진 학술적 철학에 개의치 않고 그것 저편에서 배타적으로 존재하는 것이 아니라 오히려 철학 전체에 놓여 있는 특별한 계기로서만 기회와 미래를 가진다."[350] 철학실천은 "학술적인 것을 다루지 않고 숙고하지 않는 저돌적인 철학함"[351]을 수행하려는 것이 아니다. 오히려 철학실천은 — 아헨바흐의 더 높은 요구에 따르면 — 중요한 사유의 전통을 반성하려고 시도한다. 이를 통해 사유의 역사에서 철학실천의 필요성

---

346 Henrich(1999) 6쪽.
347 같은 책, 5쪽.
348 Achenbach(1984d) 100쪽.
349 Henrich(1999) 6쪽.
350 Achenbach(1984d) 98쪽.
351 같은 곳.

을 일반적으로 먼저 올바르게 이해하고 충족시킬 수 있다. 여기에서 이론으로 응고된 철학적 성찰과 사유의 처류가 다시금 삶의 중요성을 인식하고 그런 점에서 **생동하는** 것이 되어야 한다. 전통과의 대결에서 주도적인 것은 사유와 삶이 인간에게서 분리될 수 없다는 통찰이다. 숙고하는 삶, 개방시키고 결단하는[352] 삶은 철학실천의 '에토스'τὸ ἦθος이다. 철학실천의 이러한 자기 이해와 요구에 직면하여 사람들은 도대체 철학실천이 학술적 철학과 어떻게 구별되는지에 대해 묻는다. 이론적 관점에서 볼 때에는 원칙적으로 어떤 차이도 없다. 왜냐하면 — 아헨바흐가 강조하듯이 — "**철학실천은 학술적 철학**"이기 때문이다.[353] 그러나 철학실천은 더 이상 '현실적' 삶의 저편 또는 삶의 문제와 무관하게 자신의 사상을 만들지 않고 "**실천적 요구의 도전에 응하는**"[354] 새로운 형태를 가진다. 이를 통해 무엇보다도 자유로운 실천으로서 새로운 조직의 형태가 제대로 고려될 수 있다.

철학의 일반적인 실천의 상실, 실천적 무기력함 그리고 철학실천의 형태에서 새롭게 시도된 생생하고 인간적이며 일상적인 것으로의 전환에 대한 중간 고찰 이후에도 이러한 관점들은 여전히 병과 건강의 주제 영역과 연관되어야 한다.

---

352 "결단성은 현존재의 개시성을 드러내는 탁월한 양태이다."(Heidegger[1927] 18판 2001, 297쪽) 개시성은 본래적인 인간의 존재 방식이다. "**현존재는 그의 개시성이다.**"(같은 책, 133쪽, 원문에서 강조됨) 하이데거의 현존재의 개시성과 결단성의 개념에 대한 더 정확한 이해를 위해서는 다음을 참조할 것. 같은 책, 28-62절.

353 Achenbach(1984d) 105쪽(원문에서 강조됨).

354 같은 곳.

인간적인 것의 본질적 계기로서 고통은 의학적 문제로만 존재했던 것이 결코 아니며 항상 철학적 문제이기도 했다. 특히 마음의 고통 — 현존재로 인한 고통, '고통으로 인한 고통', 고통의 주관적 계기[355] — 은 이제 선행적 고찰의 의미에서 사유로 인한 고통으로서 — "진리의 병리학"[356]으로서 — 도 파악될 수 있다. 이 고통은 근대에서 즉각적으로 나타나는 고통의 전형적인 형식처럼 보인다. 근대는 신체의 병 — 병 존재의 객관적이고 신체적인 측면 — 을 강력하게 제압할 수 있었던 그런 시대이다.[357] 다양하게 고찰되고 기술되어 온 근대 인간은 신에게 버

---

355 이 책, 58쪽 이하 참조.

356 빅토르 폰 바이체커(Viktor v. Weizsäcker)는 다음에 주목한다. "의식의 진리가 · · 병에 걸릴 수 있다면, 마음의 병과 정신의 병에 대한 개념도 진리의 병리학이라고 표현할 수 있는 완전히 다른 관점을 획득한다."(v. Weizsäcker(1927) 1987, 194쪽) "진리의 그릇, 즉 신체 기관을 가진 인간이 신체적으로, 심리적으로 또는 정신적으로 잘못되고, 퇴행하며, 파괴되었을 때 그가 얼마나 자주 어둠과 부조리의 상태에서 진리와 대면하는지를 의사가 망각해서는 안 되기" 때문에 폰 바이체커는 다음과 같이 묻는다. "병이 진리 자체를 획득할 수 있는가? — 병은 진리의 도구가 아니다. 진리 자체도 아니다. **진리**가 병에 걸릴 수 있는가? 계속해서 다음의 물음이 제기된다. 도구 없는 진리, 그릇 없는 진리란 도대체 무엇인가?"(v. Weizsäcker[1929] 1987, 221쪽) 이와 연결되는 폰 바이체커의 숙고는 그가 "진리의 병리학"을 통해 '병든 시대정신' 또는 문화의 병리학적 구조를 제시하려고 한 것이 아닌가 하는 추측을 하게 한다. 문화의 비진리는 의사와 환자의 "공동체" — 연관 — 조차 감염시킬 수 있다. 왜냐하면 폰 바이체커는 다음과 같은 사실로부터 출발하기 때문이다. "공동체의 질서와 무관하게 독립적으로 있을 수 있는 것이 학문에, 그리고 학문적으로 규정된 우리의 행위에 있을 수 없으며, 모든 사람들에게 … 타당하지 않은 것이 타당한 것으로 … 여겨질 수 없고, 객관적으로 보편타당하고 필연적인 것이라고 해서 공동체에서 정당화되거나 항상 공동체에 도움이 되지 않는다. 오히려 공동체 내에서만 진리가 존재할 수 있다."(같은 책, 222쪽 이하) 이에 대해서는 오늘날 지혜의 가능성 또는 불가능성에 대한 숙고를 참조할 것. 이 책, 167쪽 이하 참조.

357 "따라서 이 모든 것이 **실존 위협**의 표현 형식이라는 것을 파악하고 난 이후에 우리는 오늘날 우리 환자의 **고통**, 아픔, 불안, 쇠약, 충격, 고뇌를 **신체 기관**에 의존하여 설명하는 것에

림받고 형이상학적으로 몰락하여 신뢰받던 진리의 심급을 빼앗겨 자신의 의미가 상실된 자이며, 말 없는 세계에서 길을 잃고 자신에게 돌아가려 하지만 자기와 분리되어 구조적으로 — 적어도 기분에 있어서 — 자기와 현존재에 대해 고통을 겪고 있는 자이다. 근대적 주체의 근본 기분은 완전히 무감각한 상태에 빠져 있지 않는 한 전혀 가망이 없는 고통의 현상, 즉 일반적인 불쾌감, 우울증, 공허한 비관론으로 나타난다. 그러나 비관론은 — 우선 대개 — 제도화된 극단적 행동주의와 그에 맞는 흥미 조달을 통해 보호되거나 보상된다

그렇다고 해도 놀라운 것은 현대의 '공식적인' 철학이 고통이란 주제를 별로 다루지 않거나 주변적인 것으로 여기고 있다는 사실이다. 심지어 아헨바흐가 학술적 철학에 나타난 "질병 공포 콤플렉스"의 진단이 적중했다고 할지라도 사람들은 별로 놀라지 않는다. 철학이 조작해 온 것처럼 보이는 삶과 인간과의 간격을 보면서 특정한 철학적 근본 계기가 어떻게 다른 장소에서 — 다시 말해 정신분석 또는 심리치료에서, 즉 의학 기관에서 — 다른 형태로 등장하는지가 이해될 수 있어야 한다. 이와 동시에 정신분석 — 처음 치유 방식으로 발전되었다가 이후에 문화이론에서 현실을 설명하기 위한 도구로까지 확장된 정신분석 — 이 강력한 철학적 관심을 가졌으며, 현재도 가지고 있다는 사실이 해명된다.

더 이상 만족할 수 없다. 이러한 증후는 고유한 신체의 위험과 마찬가지로 인간들 사이에서 인간으로 실존하기 때문에 주어지는 위험을 나타낸다."(v. Weizsäcker[1927] 1987, 178쪽, 원문에서 강조됨)

철학 — 정신분석 — 철학실천

오도 마르크바르트는 그의 교수 자격 논문에서 정신분석이 철학적 관심을 끌고 있는 이유를 연구하였다. 거기에서 그는 "심리학주의의 회귀"[358]를 보았고, "정신분석의 특정한 범주 — 무의식, 억압, 억압된 것의 회귀, 대리 형성, 타협 형성, 승화, 보상, 퇴행, 고착, 방어, 저항, 건망증 해소 등 — 가 '어떤 관점에서 보면 철학적 범주'라는 것을 … 주장했다. **왜냐하면 그 범주는 정신분석적 요소가 되기 전에 철학적 요소였기 때문이다.**"[359]

더 새로운 연구에서 엘케 뵐미케Elke Völmicke는 자아, 의식, 무의식에 대한 철학적 언급과 정신분석적 언급 사이의 경계 기준을 탐구하기 위해 피히테, 셸링, 헤겔의 관념론적 이성이론에서 무의식의 개념이 가진 의미를 분석하였다.[360] 이 연구는 무엇보다도 셸링과 헤겔에서 "논리적 체계의 의도에서만 무의식에 대한 언급"이 등장하며, 사변적 이성철학이 "무의식의 개념을 완전히 **지식**의 자기운동 또는 내재적 역학을 위한 **계기**"[361]를 나타내는 기능 안에 흡수되어 있다는 것을 보여 준다. 그리고 '철학적 무의식'이 프로이트에서처럼 실체적이며 심리적인 장소도 아니며, 욕망의 늪 또는 특정한 에너지를 가진 체계를 나타내지도 않는다는

358 Marquard(1987) 11쪽. 각주 309번 참조.

359 같은 책, 2쪽(원문에서 강조됨).

360 Völmicke(2005) 21쪽.

361 같은 책, 22쪽(원문에서 강조됨).

것을 보여 줌으로써 뵐미케는 "비판적 이성철학을 성공적으로 메타심리학으로 대체했다고 강조하는 프로이트의 주장을 근거가 없는 것으로 거부하였다."[362] 잘 알려진 대로 프로이트는 그의 후기 강의들에서 "하나의 치료로서 [시작한] 정신분석" 자체를 청강자에게 "당신[그들]의 이익을 위해" 권하는 것이 아니라, "정신분석이 인간에게 우선적으로 문제가 되는 것, 즉 인간의 고유한 본질에 관해 우리에게 주는 정보와 진리의 내용 때문에 권하기를 원했다."[363] 심리학적이며 철학적인 관심을 가진 의사, 빅토르 폰 바이체커는 이에 상응하여 1926년 다음과 같이 말한다. "정신분석은 … 헤겔 이후 점점 침몰하는 철학이 가진 자리를 대신하고 있다." 다시 말해 "이제 세계 해석은 더 이상 사유하는 이성이 아니라 깊이 들여다보는 정신과 전문의의 눈에 의해 수행된다."[364] 그러나 폰 바이체커도 마찬가지로 — 완전히 뵐미커의 의미에서 — 이미 다음과 같이 주장한다. "개인 심리학적 유물론은 사실상 옳지 않다. 그것은 (헤겔의 의미에서) 객관적 정신의 발생도, 그 작용 방식도 파악할 수 없다."[365]

이에 반해 마르크바르트는 철학자로서 심리학자 프로이트를 능가하는 것은 중요하지 않았다. 그는 심지어 프로이트에게서 "무력함, 허황됨, … 분파주의와 철학적 딜레탕티슴의 경향"[366]을 본다. 그러나 — 아마도

---

362 같은 책, 18쪽.

363 Freud([1993] 2000) 584쪽 이하.

364 v. Weizsäcker([1926] 1987) 78쪽.

365 같은 책, 138쪽.

366 Marquard(1987) 16쪽.

바로 그 때문에 — 그는 왜 정신분석적 사유가 철학에 그렇게 관심을 끌 수 있었고, '문화 전반에서' 아주 큰 "일반적인 효력"[367]을 얻을 수 있었는지에 대해 자문한다. 마르크바르트가 집중적으로 연구한 "**현상은 프로이트의 정신분석이 아니라 그것에 대한 현대철학의 관심, 정신분석적 사고의 전제, 사고방식, 사고 수단을 수용하려는 철학의 경향**"[368]이다.

어떻게 "**철학적 요소가 … 철학적 타당성을 포기할 수 있었고, 정신분석적 정당성을 가질 수 있게 되었는지**"[369]에 대해 마르크바르트는 포괄적이며 세분화된 분석을 통해 제시한다. 이에 대한 사유 과정은 — 짧고 거칠게 요약한다면 — 다음과 같다. 18세기 변신론이 중단된 이후에 — 또는 "비존재로 인해 신을 무죄 판결하는 것"[370]이 완료된 이후에 — 인간은 세계 악, 실제로 존재하는 비이성과 악함에 대한 책임을 떠맡아야 했다. 이러한 책임 인수의 표현 — 동시에 책임 앞에서 도주하는 경향, 책임져야 할 것에 대한 회피 또는 배제를 포함하는 표현 — 이 선험철학 또는 역사철학이다.[371] 선험철학 — "자아에 대한 발생적이고 역사적인 이론"[372] — 은 선험적 자아를 주체, 근거에 놓여 있는 것, 존재자의 연관 중심으로 끌어들인다. 이렇게 함으로써 선험철학은 앞서 신에

---

367 같은 책, XI쪽.

368 같은 책, 16쪽 이하(원문에서 강조됨).

369 같은 책, 2쪽(원문에서 강조됨).

370 이 책 116쪽의 인용을 참조할 것.

371 "선험철학은 — 그 경향에 따라 — 역사철학이다. 선험철학은 자신의 [성립] 조건에 대한 생성의 철학으로서 자유의 철학이다."(Marquard 1987, 100쪽)

372 같은 곳.

게 전가된 세계 악의 원인에 대한 — 역사철학에서 일어난 — 신의 무죄 판결을 위한 기초를 제공한다.[373] 선험철학은 "변신론의 문제를 '선험적 연역'의 문제로 '세속화'하였다. … 이 선험철학은 자아를 '발생적으로', 다시 말해 자기 매개의 이성적 역사로서 파악한다."[374] 역사의 주체는 인간, 즉 선험적 자아이다. 이 자아는 이성이다. 그러나 전체를 관통하는 이성성의 요구는 — 개인의 삶의 여정에서와 마찬가지로 — 역사적 현실에서 완수될 수 없다. 역사의 과정에는 — 또는 자신의 전기에는 — 항상 다시금 비이성이 개방되기 때문이다. 이는 "**역사가 … 선험적 자아의 명백한 지배 영역이 아니다**"라는 것을 나타낸다. "역사가 그[선험적 자아]의 눈앞에서 악화된다면, 역사가 자아의 지배 아래에서 변절하고 자아에게서 빠져나간다면, 선험적 자아는 자신의 역사에 대한 주인으로 존재하는 것이 아니다."[375] 이러한 통찰의 결과로 선험철학은 자신의 이념과 그것의 실현을 분리시킨다. 다르게 말해서 선험철학은 "덕과 세계 운행"을 분리시킨다. 이러한 분리는 엄격하게 선험적이고 실천적인 이성 또는 도덕적 이성("목적의 철학")과 선험적이고 이론적인 이성, 또는 정확한 이성("수단의 철학")을 구별함으로써 가능해진다.[376] 이성

373 물론 이에 대해 덧붙여야 할 것은 '고전적' 역사철학(예를 들어, 헤겔)이 신으로부터 '벗어나려고' 한 것이 아니라 역사의 이성성 — 그런 점에서 항상 신의 의지 또는 그의 이성적 간계에 따라 세계가 운행한다는 것 — 에 대한 증명을 통해 신을 정당화하려고 시도한다는 사실이다. 그러므로 역사철학은 변신론의 문제를 자체에 수용하고 있다.

374 같은 책, 3쪽.

375 같은 책, 108쪽(원문에서 강조됨). 또는 "자기 집 안에 있는" 주인(Freud[1971] 2000, 284쪽).

376 같은 책, 110쪽.

은 이때부터 **"선험철학을 위해 근본적인 방식으로 사실상 수단을 그것의 목적과 분리하고, 목적을 그것의 수단으로부터 분리함을 제시한다."** 이 때문에 이성은 "자기 자신의 저편", 즉 자신의 고유한 이론이 도달하지 못하는 현실을 수립한다."[377] 이에 상응하여 **"선험적 이성은 … 단적으로 '비실용적' 이성으로 전락하며 그로 인해 실용적인 것, 비이성적인 것이 되도록 강요받는다."**[378] 결과적으로 **"선험철학은 … 사실상 그 반대가 된다. 다시 말해 선험적 자아의 무기력함은 비자아에게 전권을 맡긴다. 선험적 자아는 비자아에 대한 '간접적인 전권'을 가진다."**[379] 비자아 — 이성과 정신의 타자, 즉 자연 — 의 전권 위임은 우선 긍정적 의미에서 낭만적 자연철학에서 일어난다. 이 철학에서 자연은 "인간이 성취하지 못한 것을 성취한 것, 즉 조화, 정신, 자아, 이성적 역사로 존재한다."[380] **"낭만주의의 자연"**은 **"신성하며 구원하는 자연 …, 즉 '유기체'의 온전한 목적-수단-구조"**이다.[381] 그러나 현실 속에 나타나는 자연은 현실적인 역사가 순수이성의 역사로서 여겨질 수 없듯이 낭만주의적 이념에 거의 상응하지 못한다. 이 때문에 낭만주의의 자연은 탈마술화된다. **"낭만주의적 자연의 탈마술화는 욕망적 자연을 수립한다."**[382] 이로 인해 우리는 쇼펜하우어의 의지형이상학, 니체의 생철학, 프로이

377 같은 책, 114쪽(원문에서 강조됨).
378 같은 책, 115쪽(원문에서 강조됨).
379 같은 곳(원문에서 강조됨).
380 같은 책, 167쪽.
381 같은 책, 161쪽(원문에서 강조됨).
382 같은 책, 202쪽(원문에서 강조됨).

트의 정신분석에 도달하게 된다. 마르크바르트가 확신을 가지고 제시하고 있듯이 "정신분석은 선험철학적 자연철학의 사고방식을 변형한 것"[383]으로 볼 수 있다. "심층심리학은 셸링의 '역동적 물리학'의 유산이다."[384] 그리고 "**정신분석은 … '탈마술화된' 낭만주의적 자연철학**"[385] 또는 "독일관념론의 응집 상태"[386]이다. 이후에 마르크바르트와 유사하게 게르트 킴멜레Gerd Kimmerle가 이 논제를 대변하고 있다. 그에 따르면 특히 셸링 철학의 형태에서 독일관념론은 그의 의도에 반해서 "**자율적 이성의 해체**" 또는 "**주체 형이상학의 해체**"를 준비하였고, 이를 통해 "사고를 [거세하고]" "이성의 근거에 놓여 있는 의지의 지배를 존재 구조"로 요청하는 "무의식의 형이상학"을 위한 길을 개척하였다.[387]

그러나 욕망의 본성을 이성의 강력한 적수로 기술하는 정신분석은 이제 하나의 이론, 즉 '비이성의 철학'[388]일 뿐만 아니라 동시에 무엇보다도 치료의 실천이다. 이 실천은 자기 본성과의 잘못된 또는 부적합한 교섭으로 인해 인간이 겪는 고통을 치유하라는 요구를 강조한다. 이와 함께 — 자기 자신과의 올바른 교섭을 위한 실천철학적 물음과 함께 — 철학치료를 위해 매우 중요하며[389] 본 연구를 위해서도 깊은 관심을 가져

---

383 같은 책, 163쪽.

384 같은 곳.

385 같은 곳(원문에서 강조됨).

386 같은 책, XI쪽.

387 Kimmerle(1997) 225쪽(원문에서 강조됨).

388 Brandt(2003) 참조.

389 게르트 B. 아헨바흐는 철학실천을 위한 기본 교재에서 마르크바르트의 연구를 우선순위에

야 할 관점이 제시되고 있다. 한편에서 철학적 성찰이 근대의 정신분석적이고 정신병리학적인 관점에서 인간의 정신적 취약함의 증후로 여겨질 수 있다면, 다른 한편에서 정신분석의 성립과 그것의 이념사적 영향력은 철학의 약점 또는 진리의 병리학[390]을 위한 징표로서 이해될 수 있다. 따라서 마리오 에르드하임Mario Erdheim은 유명한 프로이트의 격언을 바꾸어 "**철학이 있었던 곳에서 정신분석이 생겨나야 한다**"[391]는 요구의 정식을 만들고 이것을 다음과 같이 주장한다. "철학사는 … 지혜의 몰락사"를 나타내며, 이에 따라 "정신분석은 지혜가 철학의 근대적 학문화에 직면하여 도피를 해야 했던 새로운 망명지로 볼 수 있다.[392] 철학은 이제 정신분석과 그것에서 생겨난 다른 심리치료 학파 또는 거기에서 이해된 개념들 — 질병 이론들과 치유 이론들 — 과의 대결에서 **자기 자신의 왜곡 형태**를 다시 발견할 수 있을 것이다. 그러나 형이상학적, 윤리적, 종교적, 인간학적, 나아가 법철학적 물음은 그것을 물음으로 발전시키기까지 어려움을 겪어 온 개인의 실존적 위기에서 인정되어야 한다."[393] 그리

놓는다. "나에게 오도 마르크바르트의 책은 철학치료 이론에 도달하고 싶은 사람이 통과해야 할 문이다."(in: Marquard, 같은 책, 499쪽 — 편집자의 후기) 마르크바르트는 철학실천이 '탄생'하기 전부터 이미 그 이념에 동의하였다. "의학과 심리학에서 그러한 [낭만주의적 자연철학의] 단초가 작용하고 있으며 굳건히 유지되고 있다. 그 단초는 현대에서도 존속하고 있을 뿐만 아니라 — 치유실천을 위해 거의 예상하지 못할 만큼 중요한 인상을 주며 — 소생하여 성장하고 있으며, 거기에서 새롭게 철학적 타당성을 얻고 있다."(같은 책, 177쪽)

390 이 책의 각주 355번 참조.

391 Erdheim(1990) 223쪽(원문에서 강조됨).

392 같은 곳. 지혜의 개념에 대해서는 이 책, 163쪽 이하 참조.

393 Achenbach([1983] 1984) 67쪽.

고 바로 이것을 위해 철학실천이 전력투구해야 한다.

철학과 치료학의 체계적이고 이념사적인 연관에 대한 해명을 통해 연구 과정은 현재 제시되고 있는 중심적인 두 개념, 즉 철학실천과 심리치료가 서로 연결되고 상호적 관계를 맺을 수 있는 지점에 도달하였다. 그러나 아직 철학적 생활상담의 의미와 목적에 대한 논의가 좀 더 추가되어야 할 것이다. 이 논의는 실천하는 철학자를 방문하는 사람이 그에게서 긍정적으로 기대할 수 있는 것과 연관된 관점에서 이루어져야 한다.

철학실천의 목적에 대해

위에서 기술한 왜곡의 문제 또는 원래의 철학적 계기를 치료적 범주로 — 마치 대리 형성으로 볼 수 있는 — 옮기는 것은 "그것[철학적 계기(저자 삽입)]이 결코 진리의 형태로서가 아니라 사회적 또는 심리학적 기능으로서, 치료제로서 경험된다는 사실"에서 성립한다.[394] 현재 증가하고 있는 철학에 대한 '일반적인 관심' — 이로부터 철학실천도 이익을 얻고 있다 — 은 분명히 진정한 철학적 필요가 아니라 오히려 세계관적이고 교화적인 필요에 따른 것이다. 그렇다면 그 관심은 철학에 대한 어떤 오해에서 생겨나고 있는 것이다. 왜냐하면 "철학의 과제는 인간이 자신의 영역에 적용하는 세계관에 대해서 그것을 승인하는 데 있는 것이 아니라 그것들을 정리하는 데 있기" 때문이다.[395] 이는 물론 극복하여 제거하자는 것도 아니며 무턱대고 '아무것도 아닌 것으로 간주하자'는 의미도 아니다. 오히려 철학은 "일관된 사고와 논증을 통해 저 [인간의] 영역을 지배하는 단순한 세계관을 해체"[396]해야 한다.

아도르노는 세계관을 "사물, 세계, 인간의 본질과 연관에 대한 표상들"로 이해한다. "이 표상들은 통일성, 설명, 최종적 대답을 추구하는 주관적 필요성에 맞추고, 이러한 주관적 인식의 필요를 만족시키기 위

---

394 Adorno(1973) 130쪽.

395 같은 책, 118쪽.

396 같은 곳. '세계관을 청산하는' 철학의 기능은 이 책 110쪽 이하에서 '자명한 것의 불명료함'으로 기술한 것과의 연관에서 살펴보아야 한다.

해 앞서 객관적 진리를 방치한다. 다르게 말해서 세계관의 영역은 체계로 고양된 억견[주관적 견해]의 영역이다. 세계관적으로 사고하는 자가 뚜렷하게 가지고 있는 일반적인 특징은 하나의 세계관을 '나의 세계관'으로 말하려는 경향이다."[397] 그러나 철학자에게는 주관적 견해의 확산이 아니라 — 물론 자신의 주관적 가능성의 범위에 포함된 — 객관적 진리의 해명이 중시된다. 따라서 철학은 항상 "세계관화에 대한 … 저항"이기도 하다.[398] 아도르노와 마찬가지로 하이데거도 철학을 세계관으로 파악하는 것에 반대한다.[399] 플라톤에서 헤겔에 이르기까지 '단순한 억견'ἡ δόξα은 항상 철학자의 비판 대상이었다.[400]

지난 여러 해 동안 유행이 된 '세계관 철학'의 형태로 빌헬름 슈미트에 의해 시작된 삶의 기술을 위한 운동을 들 수 있다. 그동안 이 운동과 관련하여 나온 수많은 문헌들은 "번지르르한 건강 제품 브로슈어와 심리마사지 광고지와 별로 구별되지 않는다."[401] 슈미트는 많은 것을 희생시키면서까지 삶의 기술을 위한 철학적 이념의 승리를 이끌어 냈다. 왜냐하면 그와 그를 따르는 사람들에게 "삶의 기술은 … 시대정신의 체인점으로, 지배적인 도덕의식의 대리점으로" 변질되었기 때문이다.[402] 이

---

397 같은 곳.

398 같은 책, 119쪽.

399 Heidegger([1929/30] 2판 1992) 3쪽(49쪽) 참조.

400 예를 들어, Politeia 476d 이하, Theaitetos 170a 이하(Platon 1991); Hegel([1807] 5판 1996) 85쪽 이하 참조.

401 Kersting(2007) 48쪽.

402 같은 책, 49쪽.

런 점에서 볼프강 케스팅의 주장은 옳다. 그는 "빌헬름 슈미트의 타협적 세계"[403]에 대한 분석에서 다음과 같은 결론에 도달한다. "삶의 기술 이론에는 꼭 필요한 진지함이 빠져 있다. 그 이론은 삶에서 나온 것이 아니다."[404] 슈미트의 색채가 강한 "확대된 일상성의 삶의 기술"[405]과 철학실천이 혼동되는 것을 막기 위해 아헨바흐는 이미 언급했듯이 철학실천의 이념으로서 "삶의 능력"이란 개념을 소개하였다.[406]

철학은 우리가 자명하다고 여기는 것을 무력화하고, 우리의 자기 이해를 동요시킨다. 철학은 우리를 편안하고 생각 없는 일상으로부터 몰아내고, 반성의 속박에 빠진 우리를 내적 파괴와 외적 마비의 위험에 노출시킨다. 철학은 우리를 현존재의 불안정과 심연에 직면하게 하여 무상함에 빠지게 만들며, 마침내 우리에게 '적어도 주관적으로는' 지지와 평안을 주는 세계관을 한 번도 인정하지 않는다. 그렇다면 철학적 생활상담이야말로 정신 건강과 생활 유지의 관점에서 가장 문제의 소지가 있는 것으로 보인다. 왜 문제를 가지고 있는 사람이 철학자의 실천소를 찾아가야 하는가? 철학자도 그 문제를 풀지 않고 오히려 그 물음을 가지고 더 힘들게 만들고 있지 않은가?[407] 왜냐하면 철학의 용무는 "해결을 쉽게 만드는 것이 아니라 과제를 더 어렵게 만드는 것"이기 때문이

403 같은 책, 38쪽.
404 같은 책, 88쪽.
405 같은 책, 38쪽.
406 Achenbach(2001, 2003) 참조.
407 Spaemann(1977) 18쪽.

다. 이러한 파악에 대해서는 다음과 같은 의심도 예상된다. 오도 마르크바르트는 인간은 “유한한 본질로 존재하는 것을 진지하게 수행할 수 없을 만큼 너무나 유한한 존재”라고 생각하고,[408] “인간을 즉각 자기 현존재의 유한성과 심각성에 대면시키는 것이 철학이라고 생각하는 것”은 아주 문제의 소지가 있다고 평가했다.[409] 왜냐하면 그렇게 살기 위해 “호화스럽게 사는 것보다 어렵게 사는 것을 받아들일 수 있는”[410] 생각이 대부분의 인간에게는 주어지지 않기 때문이다. 따라서 마르크바르트는 “우리가 짊어지고 있는 삶은 … [이미(저자 삽입)] 우리에게는 너무 무겁기” 때문에[411] 삶을 위한 철학의 기능은 오히려 “완화의 기여”[412]에 있다고 말한다. 그러나 더 이상 어렵지 않은 시절에도 현존재의 완화를 위한 치료가 계속해서 수행되어야 하는가에 대한 것도 마찬가지로 아주 정당한 물음일 것이다. 가벼운 삶이 어떻게 무게를 가질 수 있겠는가? “더 많은 의식으로 인해 더 많은 고통이 만들어질 수 있다는 논제”에 대해 아도르노는 “결코 동의할 수 없었다.”[413]

이미 앞에서 보여 준 것처럼[414] 병리학적으로 해석될 수 있는 철학함의 측면은 본래 철학함의 본질적 성과가 아니라 아주 근본적인 방식으

408 Marquard(1973) 56쪽.

409 같은 책, 170쪽.

410 같은 책, 171쪽.

411 Freud([1930] 2000) 207쪽.

412 Marquard(1973) 171쪽.

413 Adorno(1973) 194쪽; 이 책 각주 443번 참조.

414 이 책, 111쪽 이하, 52쪽 이하 참조.

로 인간 존재의 가능성인 인간의 실존, 그의 본성, 의식의 소유, 그의 자유와 **함께 주어진다.** 인간은 인간이기 때문에 자신과 그의 현존재에 절망하여 실존적 위기에 빠지며, 과잉 반성, 무와 무상성의 경험 또는 형이상학적 불안 속에서 자신을 상실하여 깊은 우울증에 빠져들며, 삶을 계속 끝없는 무거운 짐 또는 무의미한 형벌로서만 체험하는 일이 그가 철학하지 않을 때에도 매번 일어날 수 있다. 철학의 원동력은 아마도 자신의 고유한 존재 및 자기 자신으로 인한 고통의 경험을 위한 인간의 가능성과 관련된 본질적인 부분에서 주어진다. 인간 존재는 무엇보다도 '**어떻게-존재**', 즉 특정한 인간 존재를 의미한다. 인간의 본질은 한 때는 존재의 사실과 방식으로 알려졌다. **그러나 반드시 그렇게 존재할 필요는 없다.** 철학은 그러한 인간 존재의 가능성, 자유의 심연이 숙고되고 드러나는 장소이다. 따라서 철학은 병으로 기술될 수 있으며, 철학의 계기와 사유 형태는 의학적 언어로 증후, 장애 형성, 콤플렉스로 분류되어 의학 치료에 맡겨지고, 치료를 위한 업무 영역으로 개발될 수 있다. 이러한 치료적 세계상과 인간상으로의 경향은 20세기에 막강한 영향력을 가지고 관철되어 왔다. 오늘날 거의 모든 정상적-인간적 문제 — 작은 일상적인 불행, 출생(슬로터다이크), 세상의 삶, 늙음, 죽음이라는 큰 도전 — 가 질병으로 여겨지고, 그런 점에서 치료가 필요한 것으로 간주된다.[415]

---

415 이에 상응하여 그동안 태아치료, 출생치료, 부부치료, 가족치료, 학습치료, 작업치료, 노인치료, 죽음치료, 재생치료가 생겨났다. 이것들은 이후 기술적이고 매체적인 관점에서 호흡치료, 식사치료, 음악치료, 요리 및 빵 굽기 치료, 춤치료, 수면치료, 독서치료, 색치료, 향치

철학실천은 이러한 발전을 반성하면서 인간과 그의 삶에 대한 시선을 전횡적인 의학적 치료 관점의 편협한 안내와 제한으로부터 구출하려는 요구와 함께 등장하였다. 인간 존재의 문제들, 즉 고난과 도전, 기쁨과 슬픔, **열정**Leidenschaft[416]은 존재하는 것, 또는 존재할 수도 있는 것, 특별히 존재하는 것, 잘 존재하는 것, 모든 것에 앞서 존재하는 것으로 다시 파악되어야 한다. 다시 말해 그것들은 일차적으로 치료되어야 하고 가능한 빨리 제거되어야 하는 것이 아니라 **살아야 할 실존의 분량**이다. 산다는 것은 인간에게 한번 자신의 삶의 현실을 반성해 보고, **이론적이고 추상적으로** 사실상 무한하게 풍부한 가능성과 관계를 맺어 간다는 것을 의미한다. 이를 통해 인간은 그런 가능성 중에서 실현하기 위해 **실천적이며 구체적인** 노력을 기울일 가치가 있는 **자신의 최고 가능성**이 어떤 것인지를 이해하는 법을 배운다. 그러므로 궁극적으로 철학실천소를 찾아오는 사람을 위해 철학실천이 "발휘해야" 할 것이 무엇인가 하고 묻는다면 그것은 분명 자신의 가능성에 대해 평가하는 능력을 가지고, 그 가능성을 실현하는 법을 아는 깨달음에 도달하게 하는 것이라고 답할 것이다. 따라서 철학실천소를 방문하는 자는 무엇보다도

료 등을 통해 보충되고 있다.

416 'Leidenschaft'라는 개념은 18세기에 프랑스어 'passion'에 대한 번역으로 처음 통용되었다. 반대로 'Leid'(고통)와 'leiden'(고통을 겪다)이란 낱말은 8-9세기 이후부터 이미 알려졌다. 어미 -schaft는 고대 고지독일어 (gi)schaft(8세기) — Erschaffung(창조), Geschöpf(피조물) — 또는 중부독일어 schaft — Geschöpf, Gestalt(형태), Bildung(형성), Beschaffenheit(성질), Eigenschaft(속성) — 에서 유래한다(Pfeifer 4판 1999, 785쪽 이하, 1177쪽). 따라서 'Leidenschaft'란 낱말은 인간이 — 인간만이 열정에 사로잡힐 수 있는 한 — '고통 받도록 창조된 피조물'(zum Leid geschaffene Geschöpf)임을 뜻한다.

"당분간 불확실하더라도 '부담을 느끼지 않는' 사람들이다 — 왜냐하면 그들은 대략적으로 자신의 삶의 현실이 그러한 가능성에 들어맞지 않는다는 것을 예상하고 있기 때문이다."[417] 철학실천에서 중요한 것은 "잘 사는 법을 이해하는 것"[418]이다. 이것은 발전시키고 촉진시키는 능력, "우리를 삶에서 그리고 삶에 대해 정통하게 하여, 결국 삶을 모범적으로 다스리는 능력"을 의미한다.[419]

좋은 삶, 성취하는 삶, "올바른 삶의 개념은 지혜의 개념과 분리될 수 없기"[420] 때문에 철학실천은 지혜를 증명하는 장소로 여겨질 수도 있다. 지혜는 "완성되고 통일적이며 실천과 연관된 철학의 필요성을 은연중에 드러내는 모습"[421]으로 나타난다. 이러한 지혜가 개인적 삶의 형식으로서 철학실천의 이상 — 사랑의 목적이며, 갈망의 대상 — 이다. 철학자가 철학을 진지한 것으로 여기는 한, 그의 삶은 지혜의 구체적 형태를 완성시키고, **지혜롭게 존재하려는** 시도를 보여 준다. 이때 분명한 것은

---

417 Achenbach(1999) 3쪽.

418 Achenbach(2002) 8쪽, 여기에서는 독일어로 번역(별쇄본)하여 인용함.

419 같은 책, 11쪽. 방법은 보편타당하고 그때마다 단지 철학실천을 위해 적용될 수 있는 것으로 당연히 주어지는 것이 아니다. 왜냐하면 그것은 어떤 추상적인 앞선 조치 없이 개인에게 그때마다 '완전히 새롭고 구체적으로' 적용되어야 하기 때문이다. 그러므로 거기로 가는 길, 즉 '방법'에 대한 문제는 추구된 "삶의 능력"(아헨바흐)이 매개되고 '습득'될 수 있는 **방식**에 따르는 것으로서 너무 어렵고 까다로워서 이 연구의 틀에서도 여전히 계속 논구되어야 하는 문제이다. "그러나 확실한 것은 **치유력이 있는** 비판이 어떻게 가능한가라는 물음에 대해 철학실천이 대답해야 한다는 점이다. 그것은 좌절시키는 것이 아니라 확고한 기대를 강화시키고 낙담하게 하는 것이 아니라 용기를 불러일으키도록 잘못된 것을 지적하는 것이다."(같은 책, 8쪽, 원문에서 강조됨)

420 Adorno(1973) 132쪽.

421 Bloch(1969) 388쪽 이하.

그렇게 체험된 **존재**는 오히려 **생성**을 의미한다는 사실이다. 지혜의 개념에는 철학함의 본질적 계기를 위한 매개가 담겨 있다. 그 개념은 개체성과 일반성, 주관성과 객관성, 실천과 이론의 변증법을 포함한다. 지혜는 "구체적 진리", 즉 "본질적으로 개인과 상황에 연결되어" 있으며, 그 자체로 "**구체화된 지식**의 자격을 소유한 진리"이다.[422] 이러한 "지혜로운 진리"의 징표는 "**성취함에서 증명된다**는 것"이다.[423] 따라서 지혜는 즉각 철학실천의 '주도적 개념'으로 고찰될 수 있다. 왜냐하면 그것 — 철학실천과 지혜 — 은 개별적이고 구체적이며 그때마다 특별하고 일회적인 개인의 삶에서 **잘 살고, 올바르게 사는 것**으로서 객관적인 진리에 대한 노력을 만족시키려는 철학의 최고 요구를 행복하게 성취해 나가기 때문이다. 이런 점에서 **철학의 필요성**이 지혜의 개념에서 통찰될 수 있다. 다시 말해 이러한 통찰은 이 연구에서도 자주 일어나고 있듯이 "인간이 언제가 한번 철학을 필요로 하는 존재라든지, 인간은 형이상학에 의존하는 존재라는 등의 기초적인 인간학적 선언을 위해 목청을 높이지 않고"도 이루어질 수 있다.[424]

아도르노에게서 지혜에 대한 다음과 같은 규정이 제시되고 있다. "지혜는 의식의 주관적 전개를 함축하고 있는 의식의 객관적 전개이다. … 지혜는 객관성에 적합할 뿐만 아니라 — 의식에서 객관적 충족과 같

422 Assmann(1990) 7쪽, 18쪽(원문에서 강조됨).

423 같은 곳.

424 Achenbach(1984b) 58쪽. 철학의 필요성(Notwendigkeit)에 대한 언급이 나올 때 지적되어야 할 것은 'Not-Wendigkeit'이란 점에서 **필요함**(Nötigsein)과 함께 **위기를 전환시킬**(Not zu wenden) 능력도 암시되고 있다는 점이다.

은 것이 이루어지기 위해 — 이미 주체의 특정한 전개를 반성하는 의식의 형태이다."[425]

객관적 가능성에 자유롭게 대면하고 그것을 포착할 수 있기 위해서 필요한 "주체의 전개"가 바로 철학실천이 추구하는 것이다. 철학실천의 목적은 지혜, 즉 좋은 삶을 위한 능력이다. 그러나 이러한 진술은 즉시 다음과 같은 물음, 즉 어떤 — **좋고 올바른** — 삶의 형식이 주체에게 오늘날 — 탈근대Post-modern가 아니라 빈틈없이 '철저히 경제적으로 지배되는' 초근대Hypermodern를 나타내는 — 신자유주의적 후기 근대의 조건 아래 **객관적으로 가능한가** 하는 물음을 제기하게 만든다. 철학실천의 목적과 요구로서 지혜에 대한 안내를 할 때 다음과 같은 아도르노의 경고를 무시할 수 없다. "올바른 삶의 개념 자체가 오늘날 문제가 되고 있기 때문에 더 이상 지혜와 완전한 일치를 기대해서는 안 된다. 그것을 실현할 수 있는 가능성은 오늘날의 사회에 없다."[426] 왜?

위에서 철학적 사유가 "고대적 일상 세계"를 상실하고, 수도원과 대학으로 후퇴하면서 삶의 소외 — "정신의 불임" — 가 일어났다고 말한

---

425 Adorno(1973) 132쪽.

426 같은 책, 133쪽. 한스 에벨링(Hans Ebeling)은 이에 대해 다음과 같이 기술한다. 심지어 "기술의 구원론"은 비참, 고통, 병을 제거함으로써 "… [삶의(저자 삽입)] 실패, 죽음을 최선을 다해 막으려 한다." "이것이 성취될 수 없을 때 고통이 발생한다는 것을 기술의 구원론은 의식하게 만든다." 이는 기술의 구원론이 "이미 실패한 삶을 선포하고 있는 것과 다름없다. 기술의 구원론은 실패조차 지각하지 못하게 한다. 결국 이런 방식으로 기술의 구원론은 성공한 삶을 규정한다. … 기술적 힘은 … 삶을 재조직하며, 그로 인해 삶은 조작된 채로 유지된다."(Ebeling 2002, 45/47) 도로테 죌레도 이와 유사한 생각을 한다. "고통이 없는 삶의 이상, 무통의 착각은 지각 기관에 이르기까지 인간을 파괴한다."(Sölle, D. [2판 1973]: Leiden, Stuttgart/Berlin, 10쪽)

바 있었다.[427] 아도르노는 철학자의 세계 도피, 사유와 삶의 직접적 연관의 해체 또는 지혜의 개념에서 사유된 일반적인 — '전체적인' — 이론과 실천의 통일성에 대한 분리는 철학의 과실 또는 태만으로 간주될 수 있다는 것을 제시하였다. 그뿐만 아니라 그는 이미 일찍이 — "지혜로서 삶의 전체를 의미하는"[428] — 철학이 인간적 삶의 분업적인 사회조직을 통해 필연적으로 삶과 모순에 빠지고, 동시에 그 자체로 "분업적인 갈래가 되거나"[429] 또는 그렇게 되도록 강제되고 있다는 점을 지적하였다. 그러나 전체성과 절대성에 대한 철학의 요구 — "사람들은 본래 절대적인 것을 원할 때에만 … 철학할 수 있다"[430] — 는 분업적으로 충족될 수 없기 때문에 "철학은 자기 자신의 실현과 자기 자신의 대상을 위해 스스로 노력해 왔다."[431] 왜냐하면 분업적으로 조직화된 사회에는 본래 전체와 총체, 모두와 각자를 위해 — 전문적이거나 특정한 의미가 아닌 — 권한을 가질 것을 요구하는 철학자를 위한 자리가 없기 때문이다. **비-전문가**는 비전문적인 것을 위한 전문가로서 중요하지 않은 것, 불가능한 것, 전혀 불필요한 것 등을 위한 전문가로 여겨진다.[432] 이러한 고통스런 상황은 근대에서 첨예화되었다. 왜냐하면 "거짓말쟁이가 거짓

427 이 책, 143쪽 이하.

428 Adorno(1973) 187쪽.

429 같은 곳.

430 같은 책, 200쪽.

431 같은 책, 189쪽.

432 전면적으로 기능화된 세계, "관리되는 세계"(아도르노)에서 '전체적인 것'은 더 이상 의미를 가지지 못한다. 여기에는 단지 시작도 끝도 없는 조각과 그물망이 있을 뿐이다. 보토 슈트라우스는 이에 대해 "무시"(無始)라는 적합한 표현을 발견하였다(Strauß 1992).

말쟁이를 거짓말쟁이라고 부르는 공허함 속으로 철학자를 밀어내는 상황"[433]에서는 "모든 사유가 전략이 되어버리고"[434] 진리에 대해 진지한 물음은 별로 없기 때문이다.

철학실천은 지혜의 요구, 즉 올바른 삶을 위한 안내를 중개할 수 있는 지혜의 요구를 대변한다. 그렇다면 철학실천은 — 아도르노가 말하고 있듯이 — 어떠한 올바른 것도 허용하지 않는[435] 관계들, 우리가 그 아래 살고 있는 관계들의 강제를 자신이 어떻게 벗어나려고 하는지에 대해서도 명확히 해야 한다. "문제는 철학을 통해 전승되고, 철학이 자기 자신과 벌이는 단순한 놀이로 전락하지 않기 위해 확고하게 유지해야 할 올바른 삶의 개념이 여전히 생각될 수 있는가 하는 것이다."[436] 아도르노는 "불가능한 조건 아래 있는 사람에게 올바른 삶에 대한 지침을 제시하려는 사상의 요구"를 거부한다. 그리고 "사람들이 철학에서 배우거나 경험하는 것을 자신의 실존에서 만나는 억압과 필요와 일치시키는 것을 철학에 요구해서도 안 된다"고 생각한다.[437]

아도르노가 "잘못된 것 안에 올바른 삶은 없고", 근대의 조건 아래 "올바른 삶을 위한 가능성이 왜곡되었다"[438]고 생각했다면, 이와 반대로 아헨바흐는 자신으로부터 시작된 철학실천 '프로젝트'를 통해 **일반적**

433 Sloterdijk(1983) 9쪽.

434 같은 책, 12쪽.

435 "잘못된 것 안에 올바른 삶은 없다."(Adorno 1951, 59쪽)

436 Adorno(1973) 190쪽.

437 같은 책, 191쪽.

438 같은 곳.

으로 올바른 또는 잘못된 삶은 없고 모든 삶에 올바른 것과 잘못된 것이 속한다는 것과, 따라서 앎과 함께 지혜롭게 인도된 삶이 중요하다는 것을 보여 주려고 — 또는 오히려 실천적으로 '검증하려고' — 시도한다.[439]

> 관용, 그것은 언젠가 땅 위에 천국을 만들 것이다. 어둠 속에서 관용은 검은 것을 보지 않고, 암흑 속에서도 아주 약한 빛, 심지어 드러나지 않는 빛을 본다. 관용은 잘못된 것에서 올바른 것을 본다. 관용의 시선은 그렇게 보이는 것에 마음을 쏟는다. 숙고하는 사람에게서 관용은 애정으로 변한다. 그것을 나타내는 엄밀한 낱말이 사랑이다.[440]

사랑과 관련된 관용의 개념 — 이 개념이 오래된 은총의 개념을 기억나게 하는 것은 우연이 아니다 — 을 여기에서 더 자세하게 고찰하거나 전개하지는 않을 것이다. 이제 모든 본질적인 철학실천의 개념적 요소가 결집되었기 때문에 이 정도로 '철학실천이란 무엇인가?'라는 물음에 대한 숙고를 끝내야 할 것이다. 다음 단계에서 철학실천은 앞서 다루었던 심리치료와의 관계에서 논의될 것이다.

그렇지만 이 장의 결론으로 언급하고 넘어가야 할 것은 아도르노 자신이 잘못된 사회에서 올바른 개인적 삶이 불가능하다고 냉정하게 말한 것을 약간 수정하여 부드럽게 표현하고 있다는 사실이다. 우리 — 전

---

439 Achenbach(2003) 참조.

440 같은 책, 13쪽.

체성으로 인해 아무도 벗어날 수 없는 '나쁜 사회'의 불가피한 구성원 ― 가 처해 있는 사회적 상황에 근거하여 좋은 삶의 가능성이 구체적으로 "확실하게 지금 이 순간까지 충족되고 있지 않다고 할지라도 … 개념의 긴장은 [여전히] 인간에게 올바른 삶의 이념을 전달하는 일을 발휘해 왔다."[441] 이러한 이념으로 방향을 취하는 한 나는 많은 모순을 극복해야 하는 상황에 놓이게 된다. "나는 수많은 작업을 하면서 매일 결단하지 않을 수 없다. 거기에는 근본적으로 내가 제시하는 철학의 개념 및 이론과 사실상 서로 일치하지 않는 것이 있음을 알고 있다. 그러나 "그러한 [모순적인] 것에 순순히 굴복하기보다 그것을 반성한다면, 문제는 해소될 수 있을 것이다."[442]

> 사람들이 영역을 분리시키거나 아니면 무엇으로 인해 자신의 실존이 자기 자신 앞에서 동요하는지를 생각하지 않기 위해서 사유를 포기해서는 안 된다. 그 대신 사람들이 그것들[모순들]에 주목한다면, 우리를 무제약적으로 규정하는 ― 우리가 실존하고 있는 세계 안에서 우리가 그것으로부터 빠져나올 수 없는 ― 이율배반에 대해 단순히 자신을 내맡길 때보다 그것을 더 잘 처리할 것이다. 나는 우리 모두를 긴장시키고 있는 시간폭탄 속에서 우리 각자가 해낼 수 있는 실천을 과대평가하고 싶지는 않다. 그렇지만 사람들이 앞에서 언급

441 Adorno(1973) 133쪽.

442 같은 책, 193쪽.

한 반성을 수행한다면 아마도 자신의 실천에서도 계속해서 무엇인가를 변화시킬 수 있을 것이다.[443]

그렇게 된다면 바로 이것이 철학실천라고 할 수 있을 것이다.

이러한 실천을 살리기 위해서는 "특정한 형태를 가진 자아의 확고함"이 필요하다. 자아의 확고함은 무엇보다도 "… 오늘날 수많은 사람들에게서 사례로 드러나듯이 모든 가능한 의식의 층들이 서로 모순되어 대결함으로써 종합에 이르지 못하고 흩어져 있는 것을 자신의 의식 안으로 모아들이거나 통합할 수 있는" 능력에서 성립한다. … 분명히 철학적 의식은 본질적으로 사람들이 관여하고 있는 수많은 상황과 영역에서 드러나는 통일된 의식의 붕괴와 천박한 일반교양에 대면하고 있다. 특히 천박한 교양은 **체계가 되어버린 자아의 분열**을 사실상 그대

443 같은 곳. 나는 이 인용문을 좀 더 긴 해명을 통해 보충하지 않을 수 없다. 왜냐하면 나는 거기에 표현된 통찰이 여기에서 다루고 있는 주제를 위해 아주 중요하다고 생각하기 때문이다. "우리의 인간적 규정에는 단절이 있다. 다시 말해 철학의 유희적 측면 또는 지엽적인 특수한 과제가 아니라 분명 철학 자체의 과제에 속한 위기로서 생각해야 하는 것과 우리가 잘못된 삶이라고 판단한 것 사이에는 단절이 있다. 이 차이는 우리가 그것에 대해 반성하든 하지 않든 존재한다. 철학은 … 삶을 참을 수 없을 정도로 더 어렵게 만드는 일을 자신의 책임으로 여기며, 우리[철학자(저자 삽입)]는 사람들이 잘 표현하고 있듯이 무엇인가 사람들이 주기를 원할 때에 가능한 한 무엇인가 빼앗으려고 한다. 예를 든다면 노동의 기쁨이 그런 것이다. 사람들은 내가 언급한 객관적 모순이 아마도 우리가 그 모순을 의식하지 않고, 그 모순이 맹목적인 것, 신화, 운명, 사실처럼 우리를 덮쳐 올 때 우리가 그 모순 자체를 파악하고 — 사람들이 독일 관념론의 언어로 말하듯이 — 반성함으로써 그것을 극복할 때보다 훨씬 더 민감해질 것이라는 사실을 간과하고 있다. 이는 심리학이 우리에게 말하고 있는 것과도 상당히 일치할 것이다. 나는 더 많은 의식이 더 많은 고통을 만든다는 주장에 대해 간단히 동의할 수 없다. 나는 여러분이 그 주장을 좇는다면 잘못된 길로 빠질 수 있다고 생각한다."(같은 책, 193쪽 이하)

로 반영하고 있다."[444]

"자아의 확고함", "분열" 또는 방향 상실 — 후기 근대의 방향 부재 — 과 같은 개념들은 정신병리학적 범주와 연결된다.[445] 사실상 이는 뒷부분의 연구에서 제기되는 다음의 물음과 관련하여 중요한 의미를 가진다. 아도르노가 기술했던 것처럼 사회와 개인의 단절과 모순 및 왜곡과 규제에 대항하는 자아의 확고함은 심리치료의 개념에서 어떤 위상을 가지는가? 특히 오늘날 후기 근대사회에서 심리치료는 한편으로 치료의 임무를 맡고 있지만 동시에 비난과 허위의 원천이자 은신처이며, 또한 세속적 현혹의 주체이기도 하다. 거기에서 개별적 자아는 방치되고 있다. 이 사회는 유연하게 적응을 잘하고, 융통성 있게 역할에 잘 맞게 기능하며, 결국 그런 점에서 분열된 개인에게 관심을 가진다. 이런 사회에서 자아의 확고함은 어떤 위상을 가지는가?

사회학자 리처드 세넷Richard Sennett은 그의 책 『융통성 있는 인간』 — 영어판 원제목은 『성격의 침식』[446]이다 — 에서 근대의 융통성이 가진 가치가 무엇인지를 보여 준다. 여기에서 '침식'되는 성격이란 어떤 내적인 것이 아니다. 오히려 세넷은 타인에 대한 신뢰에서 보증되는 일

444 같은 책, 205쪽(저자의 강조). 오늘날 근대적 소크라테스가 융통성이 있고 사회적으로 성공한 사람들 중의 한 사람에게 길에서 말을 걸고 — 그들에게 통상적으로 무의미한 것으로 쉽게 의식되는 — 자신들의 본질, 행위, 활동의 근거에 대해 묻는다면 그는 아마도 다음과 같은 장면을 체험하게 될 것이다. "그들, 분주한 동시대인들에게 왜 그들이 그렇게 재미없는 것에 집착하고 있는지 묻는다면, 이 사람 저 사람 모두 다음과 같이 대답할 것이다. 방향 상실이 지배하기 때문이라고! …."(Strauß(5판 2005) 72쪽 이하.

445 예를 들어, Scharfetter(5판 2002) 72쪽 이하 참조.

446 Sennett(1998).

종의 자신에 대한 신뢰를 의미한다고 보았다. 이 신뢰는 상호적인 의무, 책임, 믿음 속에 있다. 융통성을 강요받는 사람이 처해 있는 상태를 세넷은 "표류"Drift라고 부른다. 어디로 가는지도 모르면서 정신없이 일에서 일로, 장소에서 장소로, 인간에서 인간으로 표류하는 것, 이것이 작동하는 자본주의의 조건에서 정상에 속하는 융통성 있는 인간의 운명이다. 세넷은 전면적으로 요구되는 결속력의 약화에 직면해서 지속적인 사회적 연관은 어떻게 유지될 수 있으며, 점차 늘어나는 우연성의 단편들을 어떻게 하나의 이야기로 엮을 수 있으며, 정체성 — 자아의 확고함 — 과 같은 것을 가능하게 하는 삶의 이야기로 변화시킬 수 있는지에 대해 묻고 다음과 같은 견해에 도달한다. 인간에게 "서로 염려할 수 있는 어떤 깊은 근거도 없다"고 한다면[447], 사회적 질서도 성립될 수 없다. 사회적 질서는 나아가 철저하게 교육된 개인적 정체성, 확고한 자아 — 좋은 성격 — 에 기초해서만 가능한 것이다.[448]

철학실천 — 당연히 심리치료도 마찬가지로 — 은 어쨌든 도전 앞에서 있다. 왜냐하면 이 세계는 "강한 자아를 강조하기에는 아주 어려운 상황" 속에 있기 때문이다. 이 세계에서 사람들은 "자아를 강하게 내세우지 않고 민첩하게 이리저리 융통성을 발휘하며 통합하지 않을 때 한

---

447 같은 책, 203쪽.

448 이 책, 205쪽 이하 참조. 여기에서는 기안니 바티모의 숙고에 근거하여 "좋은 성격" 또는 "좋은 기질"에 대한 니체의 사상을 다음의 물음을 통해 논의한다. 즉 어떻게 후기 근대의 조건 아래 — 니힐리즘의 지배 아래 — "'신이 죽은' 세계에서 노이로제 없이 사는 것"이 가능한가?(Vattimo[1985] 2판 2005, 35쪽 이하).

결 더 쉽게 살 수 있기" 때문이다.[449] 한스 에벨링의 다음의 글은 스스로 사유하는 개별자, **자아로 존재하기**라는 어려운 기획의 주도적인 동기와 모토로서 아주 적합하다. 이것이야말로 철학실천이 지지하고 활기와 용기를 불어넣어 이끌어 나가야 할 방향이다.

> 철학은 통로를 차단하지 않고 성을 쌓는 기술이다. 성은 모든 사람에게 개방되어 있지만 점령될 수는 없다. 모든 사람은 참여자로 초대되지만, 경기 규칙은 확고하다. 논쟁의 규칙도 있지만 동일화의 규칙도 있다. 논쟁만으로는 만족하지 않는다. 왜냐하면 논쟁의 특징은 합치가 아니라 차라리 분리이기 때문이다. 그러나 동일화를 위해서는 지적, 아이러니, 웃음이 필요하다. 군인으로서 철학자는 잘 웃을 수 있어야 한다. … 웃음은 계몽의 일차적 활동이며, 또한 최종 병기가 될 수 있다. … 확실히 초인간적 거리에서만 세계상황은 '웃기는 것'으로 불릴 수 있으며, 비인간적 거리에서만 인간적인 모든 것이 '가소로운 것'으로 불릴 수 있다. 그러나 철학이 초인간적인 것으로도, 비인간적인 것으로도 사용되지 않는다면 결국 철학에게는 아직 **'웃음'**이 남아 있을 것이다.[450]

449 Adorno(1973) 205쪽. **과학주의적 탈주체화, 인간의 전체적 객관화, 완성된 동물**, 또는 일차원적으로 사고하는 뇌과학자의 통속적인 유물론적 이데올로기를 통해 진전된 **완전한 기계**의 문제에 대해서는 여기에서 계속 다룰 수 없다(이에 대해서는 Brand 2006 참조).

450 Ebeling(2002) 45쪽 이하(원문에서 강조됨).

IV. 심리치료와 철학실천의 관계에 대해

“의미 없는 것에 의미를 부여하는 일을 멈춘다면
실존한다는 것은 완전히 무모한 시도일 것이다.”
— 에밀 M. 시오랑(Emile M. Cioran, 1979, 87쪽)

심리치료와 철학실천의 관계에 대해 묻는다는 것은 우선 이 관계의 가능 조건, 다시 말해 양자가 서로 관계를 가지게 되는 공통적인 요소, 양자를 만나게 하는 매개 그리고 양자가 속해 있는 영역 — 이 영역에서 양자는 서로 분리된 현실성으로서 맞서 있고, 서로 연관되며, 서로 관계를 맺어야 한다 — 에 대해 묻는 것이다. 심리치료와 철학실천은 얼마나 깊게 서로 관계하고 있는가? 양자의 연관은 어디에 있는가? 양자를 연결하는 요소, 즉 두 기관을 **비교할 수 있는 제삼자**Tertium Comparationis는 무엇인가? 그것은 두 기관을 그때마다 방문하는 인간들이다. 가장 일반적인 정식으로 말한다면 심리치료사와 철학실천가, 둘 다 인간들의 방문을 받는다. 이들은 자신의 삶 또는 자기 자신에게 어떤 방식으로든 문제가 생겨 전문적인 지원을 통해 문제의 해결점을 찾고, 자신이 문제로 느꼈던 삶의 현실에 대해 변화를 얻으려는 사람이다. 따라서 심리치료와 철학실천이 서로 관계를 맺기 위해서는 양자가 그때마다 충고와 도움을 찾는 사람들이 방문할 때 가져오는 물음과 문제를 어떻게 이해하는지, 양자가 어떤 문제의식을 전개해 왔는지, 어떤 방식으로 양자가 그러한 '인간의 문제'를 다루는지, 양자가 그때마다 특정한 문제의 좋은 해결로서 무엇을 이해하는지를 보아야 한다.

이를 수행할 수 있는 방법은 심리치료를 위한 진료와 철학상담의 구체적인 사례를 비교하고 분석하는 것이다.[451] 그러나 이 방법을 현재 본 연구에서 적용할 수는 없다. 먼저 그렇게 할 경우 경험적인 것보다, 특히 이론적인 것으로 이해되는 본 연구의 틀이 깨질 수 있다. 다음으로 다양하고 통일되지 않은 심리치료 학파들의 방향에 직면하여 어느 정도로 일반적인 **심리치료의 대표 사례**를 선택할 수 있는지가 문제될 수 있다. 적어도 가장 중요한 치료학파들, 즉 — 자체 내에서도 훨씬 더 다양화된 — 심층심리학, 행동치료, 인문주의적 치료와 같이 체계적 단초를 가진 치료-"클러스터"Cluster[452] 중에서 나온 전형적인 사례가 그때마다 철학실천과 비교될 수 있어야 할 것이다. 여기에서 결함을 가진 **대표성**의 문제는 철학실천에서 더 심각하게 나타난다. 철학실천은 어

451 심리치료와 관련된 문헌을 통해 그동안 — 프로이트 이후 통상적인 것이 된 — 많은 사례보고서가 출판되었다. 철학실천을 위해서는 여러 실천가가 해설한 몇 개의 실천보고서 모음집이 있다(Neubauer 2000, 91쪽 이하 참조). 이스라엘 실천가 리디아 B. 아미르(Lydia B. Amir)와 슬로미트 C. 슈스터(Shlomit Shuster), 미국 실천가 피터 B. 라베(Peter B. Raabe)가 각자 자신의 사례보고서를 이미 출판하였다(Amir 2003, 37쪽 이하, Shuster 1999, 127쪽 이하, Raabe 2001, 221쪽 이하 참조). 게르트 B. 아헨바흐의 것으로는 일기 형식으로 보존되고 있는 〈일상적 생각〉에 출판되지 않은 수많은 사례 메모가 있다.

452 Kriz(5판 2001), IX쪽. 심리치료의 주요 집단을 "4개의 클러스터로 용어상 정리하는 것"이 아주 납득할 만한 것임에도 불구하고 크리츠는 그 집단에 속한 개별적인 학파들의 방향에 대한 정리가 "결코 분명하게 분리되어 있지 않"으며, 오히려 "아주 자의적이며, 불만족스런 것"이라는 의구심을 제기한다(같은 곳). 왜냐하면 구체적인 치료 개념이 발전하고 정형화되면서 자주 다양한 흐름들이 융합되었기 때문이다.

떤 학파도 알지 못하며, 개별적인 계기, 의식적으로 필요하다고 여기는 이론적 불확정성과 개방성, 그와 연결된 구체적인 '가변성'의 배양을 역설한다. 그리고 그때마다 상담하는 철학자의 인격과 — 적어도 같은 비중으로 — 상담을 원하는 방문자의 인격이 무엇보다도 '본래의 취지대로' 구체적인 상담실천의 형태를 본질적으로 규정한다.[453] 이로 인해 철학실천에서 과학적 통계가 가진 의미의 대표성은 불가능하다. 이는 당장 **심리치료와 철학실천에 대해 각기 본질적인 것** — 이러한 것은 아직까지 현실적이고 구체적으로 '없는 것'처럼 보인다 — 을 규정하고 서로 연관시키려고 시도하는 본 연구의 전체적 관심사와 대립하는 반론으로 여겨질 수 있다. 그러나 이러한 반론은 범례성, 즉 방법적 용어로 타당성이라고 말할 수 있는 것과 그와 범주적으로 다른(통계적으로 중요한) 대표성에 대한 오해 또는 혼동에 기인한다. 이미 Ⅱ, Ⅲ장에서 각각 시도했던 것처럼 개념을 전개하여 한 현상을 개념으로 파악하는 일은, 현상의 현실적 사례에 앞서 확정될 수 있는 기준적인 구조에

453 심리치료에서도 방법보다 치료사의 성격 및 내담자와의 연관이 치료의 '효과적 동인'을 위해 중요하다는 통찰이 점점 더 인정을 받고 있다. 효과에 대한 연구는 개별 학파의 방향들 사이에 임상적으로 눈에 띄는 치료 성과의 차이가 없다는 것을 여러 측면에서 보여 주고 있다(예를 들어, Asay & Lambert 2001, 46쪽 이하 참조). 이에 반해 개별적인 치료사들 사이에 주목할 만한 차이 — 그들이 동일 학파의 방향에 속하고 있다고 할지라도 — 가 확인될 수 있다(Ogles 외 2001, 238쪽 이하, Najavits & Strupp 1994, Luborsky 외 1985). 그동안 심지어 "치료를 효과 있게 하는 내담자는 있어도 치료사와 기술은 없다"는 견해가 등장하였다(Tallman & Bohart 2001, 85쪽). 이러한 관점에서 치료사는 "후원 체계와 자원 제공자로서 기능한다."(같은 곳) 다시 말해 치료사는 내담자의 자기치유의 중개 형태로서 고찰된다. 치료의 성과를 위해 소위 내담자와 치료사와의 "어울림"이 결정적으로 중요하다(Orlinsky & Howard 1987 참조).

근거하여 범주화하고 통계적으로 추정하는 일과는 통약불가능한 다른 것이다.[454] 다른 한편으로 한 개념이 그 자체로 사실적인 현실 속에서 출현하지 않는다는 것, 다시 말해 실재적인 '사물'로서 발견될 수 없거나 앞서 제시될 수 없다는 사실과, 개념에서 사고된 것의 실재적이고 구체적인 예들 — **유형적인 범례** — 이 없다는 사실은 서로 모순을 일으키지 않는다. 그 예들은 개념이 의미하는 것을 명증하게 만든다. 이처럼 심리치료 활동과 철학적 실천의 범례적인 사례에 대한 분석에서 치료사 또는 철학실천가의 유형학을 발전시키고, 그때마다 실재적 유형 또는 이상적 유형을 서로 대비시킬 수 있다. 그러나 이미 말한 것처럼 현재의 연구는 그것을 위한 적합한 장소가 아니다. 따라서 본 연구의 요구와 방법에 적합한 다른 길이 제시되어야 한다. 이를 통해 철학실천과 심리치료가 서로 대화할 수 있을 것이다. 본 연구의 목표는 이것을 이론적이고 개념적으로 해명하는 데 있다. 이러한 배경에서 먼저 '실재로 현존하는' 심리학적 기관과 철학적 기관이 충분히 파악되고 평가될 수 있다. 이를 통해 다음에는 앞서 논의된 심리치료와 철학실천의 개념들이 동일한 추상적 차원에서 상호 관계를 맺을 수 있게 된다. 이러한 차원에 Ⅱ, Ⅲ장도 속해 있으며, 여기에서 양자의 관계는 변증법적으로 전개된다.

---

454 심리학적 방법론의 문제에 대한 상세한 논의는 Ⅱ장을 참조할 것.

심리치료와 철학실천의 변증법적 관계

심리치료와 철학실천 사이에서 이루어지는 생생한 대화, 상호적인 성과를 목적으로 하는 대화를 전개하기 위해서는 이들의 관계가 변증법적인 것으로 파악되어야 한다. 여기에는 두 개의 관점이 제시될 수 있다. 먼저 **철학실천은 심리치료의 한 형식**으로, 나아가 치료학파의 방향들을 종합하는 계속적인 단초로 파악될 수 있다. 반대로 **심리치료는 실천적 철학함, 또는 실천하는 철학의 변형**으로 이해될 수 있다. 이러한 변형은 왜곡되거나 단절된 것으로 보이는 유래와 발생에 대한 적합한 '가공 작업'을 어떤 과학주의적 자기 오해[455]로 인해 등한시 해왔지만[456] 비로소 자기 자신, 즉 자신의 진리에 대한 철학적 반성을 통해 — 철학실천으로서 — 성립되었다. 다음의 두 측면이 숙고되어야 한다. 먼저 어느 정도로 이 관계가 잘 부합하며 얼마나 정당한 것인지, 그리고 **심리치료와 철학실천을 변증법적 연관의 계기**로서 파악한다는 것이 도대체 무엇을 의미하는지를 일차적으로 드러내는 것이 과제이다.

심리치료와 철학실천이 동일한 현실의 계기들이라고 한다면 이는 **심리치료가 철학실천이며**, 동시에 **철학실천은 심리치료가 아님**을 의미한

---

455 Habermas(1968) 262쪽 이하 참조.

456 힐라리온 G. 페촐트(Hilarion G. Petzold)는 1999년 다음과 같이 기술한다. "심리치료 분야는 오늘에 이르기까지 … 그것의 역사, 동력, 메커니즘, 구조 또는 메타구조, 거기에서 작동하는 '담론'(푸코), 다시 말해 그것의 '과학적 집단무의식', 밑바닥에서 작용하는 영향력을 성실하게 해명하지 못했고, … 그것의 과학적 또는 전과학적(쿤) 상태를 세심하게 규정하지도 못했다."(Petzold & Orth 1999, 12쪽)

다. 이 계기들의 연관은 역동적인 운동, 즉 상호적인 포함과 배제 사이의 긴장을 통해 작동되는 운동이다. 여기에서 연구해야 할 주제가 전제하고 있는 것은 심리치료는 발전되지 않은 철학실천의 형태이며, 철학실천은 동일한 정신의 성장 과정에서 나온 심리치료를 위한 꽃봉오리의 개화로 여겨질 수 있다는 사실이다. 심리치료와 철학실천이 계기들로 등장하는 변증법적 관계는 다음과 같은 오해를 불식시킨다. 그 오해란 독립적인 제삼자로서 양자에게 공통적이며 그것에 양자가 다양한 변양變樣 또는 특징을 나타내는 실체적이고 본질적인 핵심이 있다는 것과, 이 핵심 — 최소공약수 — 을 찾기만 하면 실재로 다양한 양자의 형태들을 **하나**로, 즉 **하나의** 공동 근거, **하나의** 본질, **하나의** 실체, **하나의** 동일한 핵심으로 소급시킬 수 있다는 것이다. 여기에서 핵심은 통합적 지혜에 최종적 결론을 제시하는 것이다. 그러나 좋은 치료사 또는 상담자를 위한 그러한 지혜는 **하나**가 아니라 **다수**의 형태로 차별화되어 있다.

발생적으로 고찰한다면 지나간 거대 철학 — 독일관념론 — 의 내파 Implosion와 현실과 단절된 선험적 자아 이론이 심리학으로 포섭된 이후에 정신분석과 심리치료가 저 거대 이론의 어두운 잔여물로 파생되었다.[457] 그것들의 발생에 대한 반성과, 무엇보다도 심리치료의 목적, 요구, 기능에 대한 성찰은 이제 그것들에 대한 근본적인 변형을 초래한다. 그것들의 본질적 변화는 철학실천에서 일어난다. 바로 이러한 변화가 제시되어야 한다.

---

457 이 책, 152쪽 이하.

심리치료가 철학실천이라고 말한다면 언뜻 보기에 이는 대담한 주장처럼 보인다. 그만큼 양자를 동일시한다는 것은 가장 어려운 문제의 소지를 가진 것처럼 보인다. 특히 드러나지 않은 관심으로 인해 단순히 둘 중의 하나가 무비판적이고 무매개적으로 다른 것으로 설명되거나, 또는 다른 것으로 규정될 때 그와 같은 문제가 정당화와 관련하여 발생할 수 있다. 이는 결국 어떤 것을 다른 어떤 것이 가지고 있는 감추어진 동기의 의미에서 받아들이고 전략적으로 기능하게 하는 것이다.[458] 그렇지만 다른 한편으로 볼 때 개념적인 분석을 위해서는 이 외에 다른 가능성이 없다. 왜냐하면 "사고는 동일화를 의미하기" 때문이다.[459] 아

---

458 이에 대한 명예롭지 못한 예로 루츠 폰 베르더(Lutz v. Werder)의 무지하고 격식이 없는 저서, 『치유 — 심리치료로서 철학』이 있다(v. Werder 2006). 이 책에서는 신선하며 유쾌하게 "플라톤의 심리치료"(38쪽), "몽테뉴의 심리치료"(76쪽) 또는 "칸트의 심리치료 개념"(101쪽)이 다루어진다. 여기에는 이런 철학자들에게 당시 전혀 없었던 개념을 덧붙이는 것이 어느 정도로 정당한지에 대한 해명이 없다. 책의 주요 부분에서 폰 베르더는 부처 및 가장 잘 알려진 심층심리학자(프로이트, 아들러, 융)와 함께 플라톤, 세네카, 몽테뉴, 칸트, 키에르케고르, 니체, 하이데거 또는 푸코와 같은 사상가를 왜곡되고 김빠진 방식으로 — 따라서 그의 설명이 틀렸다고 말할 수도 없다 — 소개한다. 여기에 폰 베르더가 전개하거나 해명하지 않고 마치 '본질'처럼 정식화한 몇 개의 대표적인 문장을 제시한다. "플라톤은 … 이데아에 의한 고통으로부터의 구원을 발견하였다."(36쪽), "세네카는 … 고대의 노이로제 치료를 더욱 발전시켰다."(50쪽), "몽테뉴는 … 고령에 주는 고통의 자기치료와 자기분석을 고안하였다."(75쪽), "칸트는 … 고통과 광기에 대한 이성의 힘을 제시하였다."(100쪽), "키에르케고르는 불안과 절망에 대한 철학적 치료를 발견하였다."(123쪽), "쇼펜하우어는 … 부처와의 만남을 통해 무의식으로 인한 고통에 대한 첫 번째 철학자가 되었다."(132쪽), "니체는 … 신의 죽음에 직면하여 철학적 심리치료를 형성하였다."(146쪽), "에리히 프롬은 … 광기 어린 사회로부터 벗어나는 길을 발견하였다."(213쪽). 이 모든 문장에 들어 있는 작은 진리의 빛은 폰 베르더의 서투르며 성찰 없는 — 심하게 말하면 — '비철학적인' 헛소리에 의해 빛의 힘을 가지기도 전에 꺼지고 말았다.

459 Adorno([1966] 1975) 17쪽.

도르노처럼 하이데거도 동일성의 명제가 "최상의 사고 법칙으로 여겨진다고" 강조한다. 아도르노가 부정의 변증법에서 개념적 동일화의 권력을 비판한 것처럼 하이데거도 통상적인 형식논리학적 해명을 통해 동일성이 "A=A"로서 표현되고 있음을 지적한다. 왜냐하면 이 정식은 "A와 A의 같음"을 일컫기 때문이다. 이것이 의미하는 것은 "하나의 A가 다른 A와 같다"는 것이다. "그렇게 함으로써 그 명제가 말하고자 하는 A는 A이다, 즉 모든 A는 **그 자체로 동일하다**는 것이 감추어진다." 여기에서 "동일한 것은 같은 것이 아니다. **같은 것에서는 다양성이 사라진다. 동일한 것에서는 다양성이 나타난다.**"[460]

마지막 문장은 결정적으로 중요하다. 왜냐하면 사태연관의 변증법적 전개에서 전적으로 중시되는 것은 동일시되는 계기들의 차이를 동시에 보존하면서 사태 자체에 대한 고찰로부터 제시되어야 하는 매개의 타당함과 명증함이기 때문이다. 변증법적 연관의 발견과 해명을 통해 드러난 상호 매개된 연관의 계기들은 남김없이 또는 흔적 없이 사라지지 않는다는 상황을 고려해야 한다. 이 계기들과 그것들의 차이는 — 지양된 것으로서 — 유지되고 있다.

논리적이고 방법론적인 상론에 빠지지 않기 위해 이 부분에서는 다음의 사실만 지적하고 넘어갈 것이다. 헤겔과 함께 최고점에 다다른 '고전적' 동일성의 사상과 함께 '차이의 논리' — 예를 들어 니콜라우스 루만 — 도 있다. 다시 말해 차이를 동일성의 가능 조건으로 파악하고, "동

460 Heidegger([1957] 12판 2002) 9쪽 이하, 35쪽(저자의 강조).

일성과 차이의 **동일성** — 헤겔처럼 — 이 아니라 … 동일성과 **차이**의 차이"를 근본 원리로 하는 사유가 있다.[461]

심리치료와 철학실천의 관계가 변증법적인 것으로 발전된다고 한다면 이는 두 관점에서 일어난다. 다음에서는 이 두 관점을 다룰 것이다. 먼저 두 기관은 문화적이고 사회적인 기능의 관점 아래 상호 연관되어야 하며, 이어서 이론적이고 체계적인 위상의 관점에서 고찰되어야 한다.

문화적-기능적 관점

긍정적 관점에서 전개해야 할 논제를 말한다면 이는 다음과 같다. **심리치료는 철학실천이며, 철학실천은 심리치료이다**. 그러나 이 진술은 철학실천가와 심리치료사의 요구 및 자기 이해와 아주 모순되는 것처럼 보인다. 철학실천은 주창자의 이해에 따르면 "결코 치료가 아니며"[462] 사실 "심리치료의 대안"[463]으로 이해되어야 한다. 마찬가지로 많은 심리치료사들은 과학적으로 정초된 자신들의 전문성, 진료의 기술 능력, 방법적 특성화를 강조함으로써 분명하고 단호하게 순수한 상담으로부터 — 결과적으로 생활상담으로 이해되는 철학실천으로부터도 — 경계를 그으려고 시도한다.[464] 이럴 경우 '**심리치료는 철학실천이 아**

---

461 Luhmann(1984) 26쪽(원문에서 강조됨). 이에 대해서는 풍부한 자료를 제시하는 요한 디크만(Johan Dieckmann)의 『체계이론 입문』을 참조할 것, Dieckmann(2005).

462 Achenbach(1984c) 29쪽. 마찬가지로 안델스 린세트도 다음을 강조한다. "철학실천은 어떤 진료가 아니며 그 때문에 치료도 아니다."(Lindseth 2005, 19쪽)

463 Achenbach(1999) 3쪽. Shuster(1999)도 참조할 것.

464 무엇보다도 심리치료가 과학적, 목적합리적, 경제적으로 조직된 보건 체계의 합법적 부분

니다'라고 말하는 것도 타당하다.

그러나 치료와 상담[465], 심리(치료)학과 철학 또는 철학실천 사이에 경계를 긋는 일은 어려우며 뜨거운 문제로 논쟁이 되고 있다.[466] 이는 바로 그 경계가 양 진영의 심장처럼 각각의 중심, 즉 양자가 취하기를 원하고, 양자가 거주권을 요구하는 그런 지점을 지나고 있다는 증거를 나타낸다. 그런 점에서 이 경계는 서로 다른 전문 능력과 과제 영역 사이에 있는 것이 아니다. 오히려 문제가 되는 것은 두 의식 형식들 또는 정신 형태들, 즉 **동일한** 현실에 대한 서로 다른 이해와 취급 방식의 경계 또는 차이이다. 심리치료와 철학실천이 사실상 **양자택일**의 문제라면 하나가 다른 하나로 대치될 수 있다는 것을 전제한다. 왜냐하면 현실적으로 양자택일이 있다는 것은 어떤 하나를 위해 완전히 다른 것, 즉 통약불가능한 서로 다른 것이 있고 다른 원리에 순응한다는 것을 의미하지만, 그럼에도 불구하고 정확하게 그 자리를 차지할 수 있고 각기 다른 것 — 바로 다른 대안 — 의 기능을 인수할 수 있다는 것을 의미하며, 그런 점에서 그 다른 것을 자기 입장에서 왜곡시키거나 지양할 수 있다는 것을 의미하기 때문이다.

그러므로 심리치료와 철학실천의 경계는 사실상 양자가 획득하려

으로서 증명될 수 있을 때에만 자신의 단체에 대한 금전적인 요구가 정당화될 수 있기 때문에 당연히 그럴 수밖에 없다(이 책, II장 참조).

465 Grawe 외(5판 2001) 9쪽 이하 참조. 그라베는 "상담과 심리치료의 경계"를 위한 노력은 가상 전투이며, "현실에는 그런 경계가 없기 때문에 경계를 찾아 선을 긋는 일은 어렵다"고 말한다(같은 곳).

466 이에 대해서는 Schmidt(1995), Fenner(2005) 참조.

고 경쟁하는 각각의 — 공통적인 — 중심을 지나고 있다. 심리치료와 철학실천의 변증법적 연관 자체가 파악되고 수용될 때 비로소 양자의 경쟁 관계가 이해될 수 있다. 그리고 변화, 발전, 협력은 더 좋은 것과 더 참된 것이 자신을 관철시킬 수 있는 기회를 가지는 대결, 즉 원칙을 중시하는 대결의 관계에서만 가능하다. 여기에서 철학실천과 심리치료의 관계를 위해 전체적으로 상론되어야 할 것은 원칙적으로 개별 치료학파들의 상호 관계를 철저하게 제시하는 것이다. 심리치료라는 상위 개념 아래 평화적으로 공존하고 있는 개별 치료학파들은 너무 친밀하여 상대를 무시하는 일에 익숙해 있다. 그런 점에서 심리치료학파들은 변증법적 연관과 결속을 부정한다. 계획적인 상호적 '무간섭'은 클라우스 그라베가 비난한 것처럼 심리치료의 이론 형성과 훈련을 고착시키고 경직시킨다.[467] 고립된 치료의 단초를 일반적인 심리치료에 통합시키려는 그라베의 기획 — 개별 학파들로 조직된 작은 국가의 영토권을 제거하는 것과 연결된 기획 — 은 갈등을 유발시키며 자신을 고수하려는 치료학파들의 저항에 부딪힌다.

일견 철학실천에 대해 사람들은 "치료 담론에서 철학적 계기가 끼치는 사실상의 전염성"[468]은 심리치료사들에게 오래전부터 잘 알려져 있었다고 말할 수 있다. C. G. 융도 "우리 심리치료사가 본래 철학자 또는 철학적 의사이어야 하거나, 도리어 우리가 그렇게 되지 않으려 해도 이

467 이 책, II장 참조.

468 Achenbach(1984e) 93쪽.

미 그렇게 되어 있다는 것을 속일 수가 없다"라고 고백했다.[469] 최근에 힐라리온 페촐트는 심리치료 안에 확실히 철학적 의식이 있음을 보여 주었다. 이를 위해 그는 세 권으로 된 그의 주저에서 "통합치료"를 위한 1권의 제목을 『임상철학』*Klinische Philosophie*으로 정하였다.[470] 한편으로 — 위에서 인용하였듯이 — 철학실천은 치료가 **아님**을 강조하는 아헨바흐는 다른 곳에서 다음과 같이 기술하고 있다. "심리치료는 실천적 철학의 한 형식이다."[471] 한층 더 분명하게 그는 정신분석에 대한 관점에서 다음과 같이 말한다. "**철학실천은 정신분석이며, 그 자체로 그것에 대한 비판이다.**"[472]

어떻게 이것을 이해해야 할 것인가? 어떻게 Ⅱ, Ⅲ장에서 정리했던 심리치료와 철학실천의 실체적 차이에 직면하여 갑작스럽게 양자가 동일하며, 나아가 서로 대체될 수 있다고 주장할 수 있는가?

Ⅱ장에서는 프로이트의 정신분석 이후 근대 심리치료 내부에서 시작되었고, 그것이 100년이 넘도록 지금까지 발전하면서 이론, 실천, 기관의 차원에서 더욱더 분명하게 드러나고 있는 분열과 단절에 대해 주목하는 상세한 논의가 이루어졌다. 이론적이고 학문적인 관점에서는 법칙정립적인 학문과 개성기술적 학문의 차이가 중요하다. 여기에서는 정신과학과 자연과학 사이에서 영역적으로 난처함을 겪고 있는 심리

469 Jung(1958) 85쪽.

470 Petzold 2판 2003.

471 Achenbach(1984e) 93쪽.

472 Achenbach(1985) 113쪽(원문에서 강조됨).

학의 상황이 문제된다. 이는 대상의 직접적 모델화와 간접적 모델화[473]와 관련하여 "기초 문제"(위터만)로 논의된 심리학적 탐구의 딜레마에서도 나타난다. 이러한 딜레마가 오늘날 특히 양적 방법 또는 질적 방법 사이의 논쟁에서 탐구 이론의 담론을 규정하고 있다.

실천적, 행동이론적, 기능적 관점에서는 분열된 심리학의 구조 — 심리치료 활동을 위해 중요한 학문적 기초 — 가 심리치료의 사회적 기능에서와 마찬가지로 그것의 요구와 과제, 목적과 목표에 대한 논의의 형태로 나타난다. 한편으로 심리치료는 목적합리적이며, 의학과 그에 상응하는 질병 이론의 주도적인 형상에 방향을 두고 습득 가능한 기술과 규정적으로 수행되는 방식을 가지고 작동하는 **치유를 위한 진료**로서 파악된다. 이 진료는 진료에 맞게 적용되고 병리학적으로 평가된 심리적 상태의 형상 — 소위 "질병으로 평가된 장애"(센프와 브로다Senf&Broda) — 을 장애에 대한 정확한 전문성을 가지고 효과적으로 제거하거나, 또는 건강으로 정의된 정상 영역으로 인도해야 한다. 의학화, 목적합리화, 경제화라는 슬로건 아래 논의된 이념, 즉 국가적으로 검증되고, 보건정책으로 규제된 **전문 심리치료**의 이념[474]은 경제적이고 과학적인 합리화의 결과로 인해 "주체 없는 심리치료"(홀츠하이-쿤츠)로 특징지어졌다. 이러한 이념에 대립하여 심리치료에 대한 다른 생각이 제시된다. 이에 따르면 심리치료는 자기실현의 과정에 있는 인간들의 만남 장소로, 후원하

473 이 책, 38쪽 이하 참조.

474 이 책, 71쪽 이하 참조.

는 동반 기관으로 이해된다. 여기에서는 통찰과 의미 발견, 자기 인식과 인격 형성, 자유와 삶의 질의 획득 — 결국 단순히 건강만이 아닌 좋은 삶의 수행을 위한 능력 — 과 같은 것이 치료 목적의 중심에 놓인다.[475]

이처럼 심리치료에 대한 두 가지 파악은 화해할 수 없는 상태로 대립하고 있다. 이는 심리치료가 보건 제도 안에 위치하고, 사회정치적으로 규정된 과제와 권리를 가진 시설로 존재하고 존재해야 하는 한에서는 어쩔 수 없는 것이다.[476] 사회의 발전과 사회복지국가의 파산에 대한 근거 있는 충격적 예견에 직면하여 치유 및 건강 유지 — 다시 말해 사회적 기능의 보존 능력으로 노동력, 향유 능력, 즉 소비 능력 — 를 넘어서 개인의 행복을 위해 심리치료 비용까지 공동 책임으로 부가하는 것은 심리치료 자체가 정당하게 요구할 수는 것이 아니다. 일반 질병보험으로 처리할 수 있는 목록에 자기실현의 능력과 행복의 능력 획득이라는 항목을 집어넣는다는 것은 건강 개념이 대폭적으로 확대되고[477] 치료의 관할 영역이 넓어짐으로써만 가능하다. 이는 철학적 전통에서 '유다이모니아', 지혜, 삶의 기술 등과 같은 슬로건 아래 좋은 삶과 성취하는 삶의 수행이라는 관점에서 생각할 수 있는 모든 것이 치료를 위한 지식과 활동의 구성 요소로 여겨지고, 그와 함께 심리치료가 한때의 철학처럼 "행복한 삶에 대한 이론"[478]으로 여겨질 수 있어야 한다는 것을 의미한다.

---

475 이 책, 79쪽 이하 참조.

476 II장에서 논의된 센프와 브로다의 심리치료에 대한 정의를 참조할 것. Senf & Broda(3판 2005).

477 각주 140번에서 인용한 WHO의 건강에 대한 정의를 참조할 것.

478 Spaemann([1978] 1994).

그리고 행복한 삶을 건강한 삶과 동일한 것으로 생각하고, 그러한 삶을 모든 질병보험회사의 회원이 요청할 수 있고, 사회적 권리처럼 문서화된 요구로 여겨질 수 있는 형태로 범위가 확대된다는 것을 의미한다.[479]

두 가지 경향 — II장을 참조할 것 — 이 관찰될 수 있다. 한편에서는 심리치료의 능력을 질병으로 평가되는 장애의 진료에 국한하는 경제학적, 과학주의적, 전문적 제한 조치가 이루어지고 있고, 다른 한편에서는 모든 삶의 영역과 인간과 관련된 주제가 건강 유지를 위한 치료라는 명목 아래 건강 개념의 인플레이션과 남용 또는 의미 공간의 팽창이 일어나고 있다. 센프와 브로다는 "정신병에 국한되거나 그와 연관된 질병, 질병으로 평가되는 장애, 불편함에 대한 치료를 목적으로 하는 공적 보건 제도의 틀과 규칙에 … 경제성을 고려하여 투입되는 전문 심리치료"[480]를 요구한다.[481] 반면 클라우스 그라베는 "심리학의 참여 방법에 대한 평가 전환"[482]을 촉구한다. 왜냐하면 심리치료는 질병치료 — "장애 제거"[483] — 만이 아니라 WHO가 건강 확대를 위해 제시한 것처럼 "포

479 모든 것을 포괄하는 치료학의 이념에 놓여 있는 과도하며 비실재적인 면은 결과적인 실현을 통해 밝혀진다. 병리학으로 발전되는 근대적 정신은 건강이 최고의 선이 되고, 병과 죽음이 최고의 악이 되며, 따라서 치료가 인간적 실천 — 그런 점에서 오히려 시의 창작 Poésis에 가까운 실천 — 의 필연적이며 보편적인 양태로 드러난다. 이러한 근대적 정신은 개인의 복지 숭배와 건강 숭배처럼 정치적이고 사회적인 거대 치료의 시도, 세계 개선의 시도를 자신의 계기로 삼고 있다. 그러나 이러한 근대적 정신은 서서히 거짓으로 밝혀지고 있으며, 거기에서 드러나는 현실은 거짓된 측면을 더 이상 숨기지 못하고 있다.

480 Senf & Borda(3판 2005) 9쪽.

481 Grawe 외(5판 2001) 17쪽.

482 같은 책, 16쪽.

483 각주 140번 참조.

괄적으로 신체적, 정신적, 사회적 평안함"에 기여해야 하기 때문이다.[484]

말할 것도 없이 불투명한 심리치료의 개념[485]은 위에서 기술한 자기

---

484 겉보기에 매우 인간친화적인 것으로 보이는 이러한 파악을 통해 그라베는 어느새 '건강 테러'로 변질될 위험의 소지를 가진 — 478번 각주에서 언급한 — 병리학주의의 증개인으로 자신을 인정한다. 은닉된 개인과 사회의 병리학에 대한 올바른 지적이 정반대로 돌변한다. "현대에서 치료는 효과적인 지배이데올로기의 최종 형태이다."(Achenbach 1984년 이후, 116쪽) 빅토르 폰 바이체커는 40년대 말 그의 야심찬 저서 『병지학』(*Pathosophie*) 입문에서 다음과 같이 기술한다. "우리 인간들 중의 다수는 긴 생애 동안 건강하며, 가끔 여기저기가 아플 뿐이라고 하는 생각은 유감스럽게도 전혀 맞지 않다. … 우리 인생의 대부분은 아마도 병을 가지고 있거나 또는 병에 연루되어 있다. … 우리의 무디어진 감각이 권태롭거나 불만족스런 기분이 형태가 아니라 정도에서만 큰 병과 구별된다는 착오를 일으키고 있음을 간과하게 만든다. … 병든 것은 아름답지 않은 것이며, 올바르지 않은 것이기도 하다. … 사람들은 삶 전체를 질병과의 부단한 전쟁으로 생각할 때 병의 본질을 가장 잘 이해한다. 건강한 시간에는 다른 수단을 가지고 이 전쟁을 계속하고 있는 것이다."(v. Weizsäcker [1956] 2005, 14쪽 이하) 우리는 이러한 질병과의 전쟁에서 점점 더 예리해진 과학적, 사회적, 정치적, 법적 무기를 사용하는 것에 익숙해졌다(몇 가지 예만 든다면 출생 이전의 진단, 반금연 운동, 의무적인 건강 체크, 질병보험회사에서의 위험 분류 등과 같은 것이 그런 것이다). 페터 슬로터다이크는 다음과 같이 주장한다. "현대의학은 … 주체와 그의 질병 사이에 적대적 연관 이외에 어떤 다른 연관도 있을 수 없다는 선험성에 발을 내딛고 있다. 이에 따르면 주체를 '돕는다'는 것은 공격자인 질병에 대한 승리를 위해 주체를 돕는다는 것을 의미한다. … 임상에서는 질병이 주어진 시기에 자기 자신과 맺는 개인의 필연적이며 진정한 연관, 그리고 자신의 실존에 대한 표현일 수 있다는 생각을 인정하지 않는다."(Sloterdijk 1983, 630쪽 이하) 모든 측면에서 요구되는 건강에 대한 시각을 가지고 아헨바흐는 이와 연결된 행복의 법칙과 심리치료의 치유 요구에 대해 정당하게 다음과 같이 묻는다. "제멋대로 자신의 아픔, 슬픔, 실망을 '심리적 결함' 또는 비정상으로 지각하고 이와 관련하여 전문적인 마음의 수리를 통해 완화되기를 기대하는 인간들은 어떤 (의식적으로 숨겨 온) 훈련 계획을 수행해 왔는가?"(Achenbach 1984d, 106쪽)

485 사람들은 심리치료라는 개념이 그것이 성립된 이후 서로 다른 치료학파들 내에서 비변증법적이며 심지어 고립된 발전으로 인해 점차적으로 애매한 상태에 처하게 되었다고 확실히 말할 수 있을 것이다. 치료학파들은 자신들의 이론과 개념을 서로 비춰 보고 해명하는 대신에 오히려 매번 자기 치유 개념의 그늘 안에 들어오지 않는 다른 것을 추방시키고 잊어버리려고 한다. 방법적 통합이라는 구호 아래 진행된 이러한 노력들은 지금까지 어떤 적합한 해결안을 내놓지 못하고 있다.

모순적인 해석을 통해 이상한 잡종의 키메라가 된다. 그리고 동시에 기관으로서의 심리치료는 상호 대립하면서 발전하는 경향으로 인해 분열되어 서로 낯선 것으로 보이기도 한다. 심리적 질병, 정상적 고통, 정상성으로 인한 '철학적' 고통 사이의 이행이 연속적인 것이라고 할지라도 예전부터 심리치료는 이론적이고 개념적으로, 그리고 기관의 형태로 정착되어 아주 과도한 요구를 받고 있다. 이는 심리치료가 '모든 것' — 건강과 행복 — 에 권한을 가진 것처럼 보이며, 동시에 그 자체로 완결되고, 이론적이고 실천적으로 적합한 시설로서 보건 체계 안에 머물려고 하는 한 그럴 수밖에 없다. 다르게 말해서 건강과 행복을 불충분한 매개에 의해 연관된 것으로 생각되고, 그 둘이 계속 하나인 것으로 여겨져 사고와 느낌에서 더 이상 구별할 수 없게 된다면 둘 다 피해를 입게 된다.

심리치료가 무엇이며, 무엇이어야 하는지에 대한 이해가 지금까지 개별 치료학파들 — 이에 따라 부분적으로 질병 이론과 건강 이론, 치료 목적과 치유 개념들이 근본적으로 서로 다르다 — 마다 다르다. 그에 대한 이해는 학파 방향의 설립자로까지 소급되는 것으로서 거의 자율적이고, 폐쇄적이라고 말할 수는 없지만 신앙고백과 같은 조직의 형태를 통해 반대의 자극으로부터 보호되어 방해받지 않고 전개될 수 있었다. 그럼에도 불구하고 모든 학파의 방향은 심리치료라는 상위 개념을 공유하고 있다. 여기에서 심리치료는 구체적으로 배후에 감추고 있는 것에 대한 어떤 암시도 포함하고 있지 않은 상표일 뿐이다. 기관으로서 심리치료는 잘못된 권한 부여로 인해 과도한 요구를 받고 있지만 이에 대해 거의 반성하지 않고 있다.

이로 인해 환자 또는 내담자도 마찬가지로 과도한 요구를 받고 있다. 왜냐하면 이들도 치료사를 방문하기 전에 치료사가 자신의 직명 아래 또는 자신의 '일'로서 제공하는 능력과 과제를 어떻게 이해하고 있는지 알아야 하기 때문이다. 환자 또는 내담자가 치료사와 그의 치유 이론에 대해 논의할 수는 없다. 왜냐하면 "정신분석의 근본 규칙에 대한 의미를 논하려는 사람은 심지어 분석될 수 없고, 가능한 치유 성과를 위험하게 만들 수 있기" 때문이다. "전문 치료의 선택은 … 이미 그때마다 전제된 규칙에 대한 암묵적이며 원칙적인 동의를 포함한다. 그리고 사람들이 치유되기를 원하는 한 그러한 규칙의 합법성에 대해서는 논쟁하지 않는다. 치유를 원하는 사람은 — 마치 자동적으로 — 체득하지 않고 받아들여야 하든지, 또는 이전에 자기학습을 통해 체득한 규범적인 연관 체계를 어쩔 수 없이 인정하게 된다."[486] 동시에 환자 또는 내담자는 어떤 치료사를 방문하는 것이 가장 좋은지를 결정하기 위해 도대체 자신의 문제가 무엇인지를 사실상 알아야 한다(그러나 많은 잠재적인 내담자들에게는 바로 그것이 문제가 된다 — 그들은 당장 자신들에게 무엇이 문제가 되고 있는지를 모른다).

과학적이고 경제적인 합리성의 압박 아래 심리적 건강이 무엇인지 또는 어떤 형태의 건강이 사회복지국가의 후생사업에 적합한지, 그리고 그것이 어떻게 — 증명 가능한 것으로 — 획득될 수 있는지에 대한 보편타당한 해명이 사회적으로 점점 더 강하게 요구되고 있다. 이 요구

486 Macho(1985) 32쪽.

는 이제 치료학파들로 하여금 상호 대결과 비판적 자기반성을 하도록 만든다. 이때 혼란스럽고 부적합한 또는 신화적인, 특히 모순적인 건강에 대한 생각들과 치유의 요구들 중에서 어떤 것이 심리치료사들 사이에서 통용되고 있는지가 부분적으로 분경하게 드러난다.[487]

그러나 비대해진 건강 개념과 아직 가공되지 않은 전통적 생활 세계를 보완하려는 병리학적 접근 속에 담긴 거짓은 많은 심리치료자에 의해서도 지각되고 있는 것으로 보인다. 클라우스 그라베는 심리치료가 "치유하는 측면으로의 환원을 통해 가장 내적인 핵심에 속하는 … 어떤 것이 삭감되고 있다"[488]고 말한다. 이 때 그는 어쨌든 심리치료의 '가장 내적인 핵심', '본질'이 건강과 질병 저편에, 모든 치유의 요구 저편에 놓여 있는 어떤 것이 속해 있다고 전제한다. 왜냐하면 "보다 더 행복한 삶과 불행한 삶 사이의 가치를 형성하는 심리치료의 효력이 [건강보다(저자 삽입)] 훨씬 더 의미 있기" 때문이다.[489] 이와 유사하게 크리스토프 크라이커Christoph Kraiker는 모든 치료적 노력의 중심 목표가 질병의 치유가 아니라 "한편으로는 지식과 이해의 획득을 통한 행복의 증가

487 이에 대해 "심리치료에서 보다 더 새로운 방법적 통합의 선구자"(Petzold 2판 2003, 표지)로서 여겨지는 힐라리온 폰 페촐트에 의해 저술된 심리치료에 관한 책이 있다. 이 책은 "심리치료에 놓여 있는 수없는 신화와 이데올로기의 힘, 그리고 신화와 이데올로기로서의 심리치료, 힘의 전략으로서의 심리치료"에 대해 언급한다(Petzold & Orth 1999, 14쪽). 이 책에서 페촐트는 다시 "심리적이고, 정신적 건강은 … 한 민족(民族)의 최고선"(같은 책, 367쪽)이라고 기술함으로써 그러한 진술 안에 담긴 신화적이고 이데올로기적인 성격을 꿰뚫어 보지 못하고 있다.

488 Grawe 외(5판 2001) 7쪽.

489 Grawe 외(5판 2001) 677쪽.

에, 다른 한편으로는 활동 능력과 자기 신뢰"에 있다고 본다.[490] 그러나 건강, 질병, 치유와 관계가 없고, 행복이나 덧없이 흘러가서 파악하기 힘든 인간 존재의 문제와 연관된 것에 왜 보건 체계의 재정이 지원되어야 하는가? 그런 것은 **근본적으로 어떤 의학적 범주**와 연관된 것도 아니며, 심지어 병리학적이고 보건학적인 개념의 축과 반대의 성격을 가진 것이다. 왜냐하면 중환자는 아주 행복한 순간들을 체험할 수 있지만, 반대로 많은 건강한 사람들은 건강함에도 불구하고 우리가 행복이라고 부르는 것이 결여되어 있을 수 있기 때문이다. 도대체 왜 이러한 행복한 삶의 관점에서 치료 — 치유를 위한 진료와 환자를 위한 돌봄 — 가 논의되어야 하는가?[491]

심리치료의 기관은 갈림길에 놓여 있는 것처럼 보인다. 심리치료는 사실상 단지 치료와 그것에 의한 환자 진료의 독점적인 권한에 자신을 제한하든지, 아니면 명확하게 생활상담으로 자신을 인식한다. 이때 심리치료는 치유의 요구에서 벗어나 "기존에 설립된 의료 체계 안에 통합됨으로써 … 인정되는 것이 중요하다는 인상"[492]조차 포기한다.

토마스 마초는 — 모든 치료가 질병 이론에 기인하고 있기 때문에 — "환자 개인은 … 모든 치료학에서 순전히 자명한 것으로 전제된 판단 규범의 특수한 경우로 보이며, … 개인이 치유되는 것이 아니라 병이 치

490 Kraiker(1998) 17쪽.

491 독일의 심리치료법에는 명백하게 다음의 내용이 적시되어 있다. "심리치료의 연스 과정에는 치료 이외에 사회적 갈등의 해소 및 극복 또는 그 밖의 목적을 대상으로 하는 심리학적 활동이 속해 있지 **않다**."(§ 1 Abs. 3,3 PsychThG, 저자의 강조)

492 Grawe 외(5판 2001) 7쪽.

유된다는 것"을 제시하였다.[493] 여기에 치유를 목적으로 하는 모든 치료의 체계적 결합이 있다. "그들의 치유 의도는 [의사와 치료사를] 제한하며, … 인간을 자명하게 여겨지는 일반적인 것의 사례와 경우로 환원시킨다. 이처럼 피할 수 없도록 포기하게 만드는 힘에서 … 벗어날 수 있는 유일한 방법은 치유의 전문 능력에 대한 모든 요그로부터 근본적으로 결별하는 것이다." 왜냐하면 "치유의 요구로 인해 **질병**은 사라지지만 **병든 인간**은 남아 있기" 때문이다.[494] 그러므로 철학실천은 질병 이론도 건강 이론도 가지고 있지 않다. 그렇다고 해서 확고하게 짜 맞추어진 어떤 실증적 이론을 가지고 있는 것도 결코 아니다.[495] 철학실천은 명백하게 갖가지 치유의 요구를 포기하고, "어떤 판단 규범도 앞서 설정하지 않으며 전적으로 개별성에 집중한다. 철학실천은 우선적으로 인간을 예외자로서 주시하며 사례로 브지 않는다. 바로 이 때문에 철학실천은 그 이름에 진정으로 걸맞은 일반적인 것에 접근할 수 있다. 다시 말해 사례들이 산출되고 확장되는 규칙을 인식할 수 있다."[496]

심리치료는 사실과 진리의 측면에서 동일한 개념을 사용하면서도 대부분 반성하지 않고 서로 다른 실천을 하고 있다. 치유를 위한 진료와 생활상담은 친근하며 심지어 서로 연결되어 있지만 근본적으로 다르다. 이와 함께 심리치료는 이중적으로 전문 능력을 넘어서는 위험에 빠

493 Macho(1985) 33쪽.
494 같은 책, 34쪽(원문에서 강조됨).
495 이 책, 110쪽 이하 참조.
496 Macho(1985) 36쪽 이하.

져 있다. 한편으로 심리학적 치료사에게는 의료적 합법성이 결여되어 있고, 다른 한편으로 심리치료 개념은 이론과 반성에서 확연한 결핍을 드러낸다. 이는 "행복한 삶의 이론으로서 철학"(슈페만)이 가진 2500년의 전통과 비교해 볼 때 현저하게 드러난다.[497] 이러한 심리치료의 상황은 여하튼 불만족스런 것으로 여겨질 수밖에 없다. 심리치료 내부에서 일어난 뚜렷한 분열은 필연적으로 자신을 넘어 본질적인 변형을 초래하고 있다. 심리학의 '신경과학적 전환'(그라베), 의학 및 신경과학으로만 치닫고 있는 대학교 심리학 연구의 방향, 인문학 또는 철학에 방향을 둔 치료학파의 환자 및 연수생의 감소, 신경학적이고 행동주의적인 이론의 성과 또는 소위 — 점점 더 개선되는 정신병의 약과 마찬가지로 — "신경심리치료"[498]의 탄생은 진보하는 심리치료의 의학화를 증명한다. 그리고 그 결과 심리치료의 중재적 계기는 제거되고 있다.[499]

심리치료의 정신의학화 과정으로 인해 할 수 없었던 것, 그리고 많은 치료사들에게 — 이들이 보건 정책의 강요로 인해 거의 공개적으로 드러내지 못하고 있지만[500] — 아주 본질적이며, 이들의 자기 이해를 위해 "가장 내적인 핵심"에 속하는 것이 철학실천에서 '새로운 오랜 고향'처

497 심리치료의 내적 체계에 대한 이론적 결핍의 문제는 이 책에서 더 자세하게 논의될 것이다(이 책, 205쪽 이하 참조).

498 Grawe 외(2004).

499 이에 반대하는 활동으로 많은 연수 기관들은 이미 자신들의 훈련 목록에 확장된 분과를 수용하고 (비치료적) 심리상담사를 위한 추가 교육을 제공하였다. 따라서 이러한 요구는 정규적인 질병보험회사의 진료 목록에 속하지 않는다.

500 가장 큰 '비판적 잠재력'을 아직도 많은 정신분석가가 소유하고 있는 것처럼 보인다(예를 들어, Lohmann 1997 참조).

럼 발견될 수 있고 비로소 자유롭게 전개될 수 있다. 심리치료는 — 임시적으로 환자로 여겨지는 — 인간을 치유만 하는 것이 아니라 건강-질병-관계를 넘어서 '완전히 정상적인' 삶을 성취하는 틀을 제공해야 한다. 그렇게 하려면 심리치료가 이러한 요구의 함의를 제대로 반성해야 한다. 이를 통해 자신의 이론적 도그마와 실천적이고 방법적인 제한 및 기관의 형태로 인한 고착화로부터 자유로울 수 있다. 이렇게 함으로써 심리치료는 앞서 지적한 변형을 반성하고, 피할 수 없는 것처럼 보이는 사회 정책을 따르지 않고 계몽적이고 중개적인 자극과 '반정신의학적' 계기를 살릴 수 있다. 이를 통해 심리치료는 다른 것, 최선의 것으로서 철학실천이 될 수 있다.

앞서 언급한 심리치료 개념에서 나타난 분열과 현실화된 단절의 상황에 대한 분석, 즉 신경학적이고 정신의학적인 방향과 — 철학실천에서 강조되는 — 상담 개념으로 형성된 구분이 서로 분리되어 있다는 분석은 심리치료와 철학실천 사이의 변증법적 연관에 대한 언급을 한 걸음 뒤로 물러서게 하는 것처럼 보인다. 심리치료의 현재 모습과 발전 및 그 이념에 놓인 불명료함에 직면하여 철학적 개념으로 '깨끗하게' 철학실천으로의 변증법적 변동이 이루어질 것처럼 말할 수 없다. 오히려 중요한 것은 복합적이며 역동적인 사건이다. '심리치료는 철학실천이다'라는 논제는 이런 점에서 다음과 같은 심리치료의 형태에만 연관된 것처럼 보인다. 즉 심리치료의 우선적인 활동은 심리적 장애를 위한 가장 효과적인 치유가 아니라 대화를 통해 상담을 원하는 사람들 — 이들은 단순한 건강과 적합한 조건, 또는 주관적 안녕이 충분한 조건을 나타내지 못한다는 것을 알고 자기 삶의 성취를 염려한다 — 과 함께하는 것이기 때문이다. 그러나 여기에서 제공되는 단순한 실용적 권한의 분할 — 심리치료는 심리적으로 병든 자를 배려하고, 철학실천은 혼란에 빠진 건강한 자를 배려한다 — 의 유혹에 성급하게 굴복되어서는 안 된다. 오히려 Ⅱ장(58쪽 이하)에서 먼저 다룬 심리적 질병 개념에 대한 분석을 기억할 필요가 있다. 거기에서 제시된 것처럼 심리적 질병은 "자신의 존재로 인한 고통"(홀츠하이-쿤츠) 또는 객관성의 부담으로 인한 고통으로 파악될 수 있다. 객관성은 주체성의 한 계기이기 때문에 모든 주체가 짊어져야 하는 것이다.[501] 심리적 질병의 근본 특징은 **자기 자신으로 인한 고통, 즉 자기를 의식하는 주체로 존재한다는 객관적 사실에 대한 참을 수 없는 느낌(그것에서 생겨나는 모든 것)** 속에 있고, 그런 점에서 '마음의 고통'은 **체험한 실패** 또는 **실패한 체험**을 나타낸다. 이 체험은 객관성에서만 충족되는 주체의 자기실현의 경향에 따르는 것이다. 자기실현의 요구는 필연적으로 주체성의 개념과 연결되어 있다. 구체적인 주체는 의식되든 의식되지 않든 "자기실현의 경향"[502]을 가진다. 왜냐하

---

501 Ⅱ장에서 자세하게 논의했듯이 고통 자체는 이미 인간 존재, 즉 병든 자든 건강한 자든 피할 수 없는 본질적 특징이다. "고통은 주체에게 부담으로 주어지는 객관성이다. 고통은 가장 주관적인 것으로 경험하는 것이지만 고통의 표현은 객관적으로 매개된다." (Adorno[1966] 1975, 29쪽) 그러므로 심리적 질병 — 병에 걸린 주체성 — 은 본래 '고통으로 인한 고통'을 나타낸다. 주체가 필연적으로 그것으로 인해 고통을 겪고 있는 객관성은 세 가지 측면을 가진다. 첫째, 반성적 자기 이해 — 이러한 가능성의 현존이 항상 주체 존재의 본질적 특징이다 — 의 이행에서 주체에 의해 산출된 자신 자신의 '객관성'. 둘째, 항상 이미 현존하며, 다른 주체들에 의해 '만들어진' 세계의 객관성, 즉 주관적 의식에 침투하는 정신. 셋째, 주체로서 거기에 존재해야 하는 사실적인 객관성.

502 형태심리학자 쿠르트 골드슈타인(Kurt Goldstein)으로 소급되는 **자기실현**의 개념은 칼 로

면 주체는 객관화되거나 객관화될 수 있는 한에서만 주체로 **존재하기** 때문이다. 자신과 타인을 위한 객체가 없다면 아무것도 없을 것이다.

그러므로 위의 모든 언급에서 추론될 수 있는 것은 **질병에 걸린 주체성**의 관점에서 고찰되어야 하는 심리적 질병이 항상 객체성으로의 소급을 통해서 치유될 수 있다는 사실이다. 심리적으로 고통을 겪는 자는 본질적으로 **객관화하는 주체**로서 — 구체적인 보편성으로서 — 이해되어야 한다. 주체가 병드는 것은 주체가 주체성에 도달하지 못한 객체로 갑자기 나타날 때이다. 여기에서 주체는 자기 자신의 변증법에 얽혀 자신의 것이지만 이해되지 않고, 그런 점에서 낯선 힘으로 등장한다. 현존재의 주체적이고 개별적인 계기와 객관적이고 보편적인 계기가 화해할 수 없는 대립으로, 서로 낯선 측면으로 체험된다. 그리고 주체는 지양할 수 없는 모순의 구현으로서 — **불가능한 것**으로 — 만 자신을 체험한다. 주체성과 객체성의 연관 — 구체적 주체의 진리로서 여기에서는 완전히 개별적으로 파악되어야 하는 진리에 대한 물음[503] — 은 진정한 철학적 물음이 된다. 그러므로 심리학적 치료 실천과 대비되는 철학적 실천의 권한은 내담자를 건강한 자와 병든 자로 분리하여 경계 짓는 것이 아니다. 이러한 분리야말로 아주 의심스러운 것이며 실천적으로 수행되어서는 안 되는 것이다.[504] II장(71쪽 이하)에서 상세하게 다루었을 뿐만

저스(Karl Rogers)에게 인성 이론과 거기에 기초한 인격 중심적 대화치료의 치료 개념을 위한 중심축이 되었다(예를 들어, Rogers 1987 참조).

503 심리적 질병을 "진리의 병리학"이라고 규정하는 빅토르 폰 바이체커를 기억할 것!(이 책, 150쪽 참조).

504 다그마 펜너(Dagmar Fenner)는 상담과 치료의 차이에 대한 분석(Fenner 2005, 118쪽 이

아니라 여기에서도 반복하고 있는 마음의 고통이라는 주제에 대한 숙고를 통해 이제 논의는 비로소 철학적 반성의 수준에 이르렀다. 여기에서 마음의 고통은 **주체성의 실패**로서 파악되며, 다만 주체가 필연적으로 객관화, 자기실현과 연관되어 있기 때문에, 다시 말해 주체성과 객체성이 인간 존재의 계기이기 때문에 가능한 것이다. 이러한 철학적 반성은 심리학적이고 심리치료학적인 이론 형성과 거리를 두고 있지만 치료를 필요로 하는 사람, 즉 고통을 겪는 주체의 문제에 적합하며, 그들의 현재 모습을 있는 그대로 파악하여 좋은 해결에 도달할 수 있게 하기 위해서는 필수불가결한 것이다.

따라서 다음에는 심리치료와 철학실천의 관계가 체계적 관점에서 연구되어야 한다. 이때 다루어야 할 중요한 물음은 다음과 같다. 단순한 **심리학적 실천**으로서 심리치료가 구조적으로 얼마나 과도한 요구를 받고 있으며, 그 때문에 심리치료가 필연적으로 **철학적 실천**으로 변화되는가? 심리치료는 자신의 존재로 인한 고통 — 자기 자신에 대한 인간의 위기 — 을 단지 견디는 것만이 아니라 좋은 삶을 위한 결실로 만들어야 한다. 이를 위해서는 그때마다 개인적인, 즉 주관적인 형태로서 구체적인 고통이 주체 존재의 일반적인, 즉 객관적인 성향에서 이해되어야 한다. 다시 말해 이성적이며 의미를 가진 삶의 계기로서 인식될 수 있어야

하 참조)에서 이와 유사한 결론에 도달하면서 다음과 같이 기술한다. "사람들은 계속해서 심리치료는 치유하고, 철학적 실천은 상담하며, 심리치료는 심리적 문제에, … 철학적 실천은 정신적 문제에 집중하거나 아니면 — 좀 더 단순화하여 — '진단' 대 '대화' 또는 '알약 아니면 플라톤'이라는 단적인 이분론을 확고한 것으로 유지하면서 역사의 수레바퀴를 반대로 돌리기를 원한다."

한다. 이를 통해 개인은 — 항상 객관적인 위기를 반영하고 있는 — 불확실한 주체성의 조건에 상응하여 행복을 성취하는 삶의 풍부한 객관적 가능성을 가지고 주체적 결핍을 중재할 수 있는 능력을 얻게 된다.

체계적 관점

"치료의 목적이 삶의 목적은 아니다"[505]라는 말이 타당하다고 할지라도 많은 치료사와 그들의 학파들은 다음과 같은 점에서 클라우스 그라베와 일치하는 것처럼 보인다. 즉 그들이 하는 직업 활동의 "가장 내적인 핵심"에는 "보다 더 행복한 삶과 불행한 삶 사이의 차이를 형성하는"[506] 물음과 문제가 속해 있으며, 따라서 "행복의 증가"[507]가 심리치료의 본질적인 관심사라는 것이다. 당연히 건강한 삶은 병든 삶보다 행복한 삶이 될 수 있는 더 큰 기회를 가진다. 그러나 '행복을 증가시키는' 요인에 대한 논제가 심리치료에서는 고려되지 않는다. 오히려 심리치료에서는 자신의 삶을 그렇게 만들어 행복한 삶이라고 불리는 것에 기여할 수 있게 하는 주체의 능력이 중시된다. 심리치료가 그것의 관심사로부터 — 심지어 그것이 치유를 위한 진료가 아니라 심리학적 상담으로 등장할지라도 — 원칙적으로 '행복의 능력'에 대한 그러한 요구를 충족시킬 수 없다고 주장하려면 다음과 같은 것이 확증되어야 한다. 왜 **심리학적 실천**은 성취하는 삶의 수행, 좋은 또는 행복한 삶의 수행을 위한 물음에 대해 답을

505 Kottje-Brinbacher/Birnbacher(1999) 29쪽.

506 Grawe 외(5판 2001) 17쪽.

507 Kraiker(1998) 17쪽.

하지 못하는가? 이러한 물음을 가진 '진료'를 위해 요구되는 전문 능력이 심리학적 실천가로서 심리치료사에게는 구조적으로 결여되어 있는가?

심리학은 마음 또는 "심리적 현상",[508] 다시 말해 "인간적 체험, 표상, 행동의 기능과 구조"[509]에 대한 학문이다. 심리학에서는 항상 **활동**이 아니라 인간의 **행동**에 대한 언급이 강조된다. 여기에서 행동은 주관적 체험, 표상, 나아가 의식적 또는 무의식적 — 자의적, 충동적, 인지적 — 과정의 기능으로서 고찰된다. 심리학의 대상은 "주관적 삶의 진행"[510] — **주체 자체** — 이다.

주체의 본질에는 자기 자신을 자신의 (주관적) 고찰 대상으로 만드는 것이 속하며, 주체는 그것이 주체로 있는 한 필연적으로 자신을 객관화하고, 동시에 다른 주체들, 세계, 정신의 객체성과 연관을 맺는다. 그러므로 주체성과 객체성은 계기들이며, (전체적인) 주체는 주체와 객체의 통일성을 드러낸다. 그러므로 심리학은 항상 '**반쪽 주체**'만을 대상으로 가진다. 이는 심리학이 한 번의 지적을 통해 간단히 수정할 수 있는 실수가 아니라 필연적으로 심리학의 개념에서 제시되는 체계적인 '결함'을 나타낸다. 왜냐하면 마음은 주체 — 바로 마음 — 의 **내적인 것**, **주체내부**Endosubjekt일 수밖에 없기 때문이다. 심리학에서는 자신의 분석을 위해서 객체들 이외에는 다룰 수 없다. 왜냐하면 심리적인 것은 직접 파악될 수 없고 역사적 세계에 드러나는 외부 작용에 근거해서만 간접

508 Brentano(1874), 재인용 Scheerer(1989) 1626쪽.

509 Heister(1995) 396쪽.

510 Pauli(1927) 12쪽.

적으로 개방될 수 있기 때문이다. 객체들에서 주체성 — 내적인 것의 원리 — 은 자신의 물질적 표현을 발견한다. 반대로 객체들은 주관적인 것의 객관적, 사실적, 인과적 조건으로서 상정된다.

심리학에서 중요한 것은 항상 주체의 내부 공간에서 진행되는 — 주체내부적— 과정에 대한 인식일 뿐이다. 다시 말해 객관적으로 관찰할 수 있는 인간적 삶의 사건에 기초해 있는 심리적 기능과 구조일 뿐이다. 이것은 **표현의 형태**[511]로 모사되거나 구체화되며 그런 것으로서만 파악될 수 있다. 객관적인 것 자체에 대해 심리학자는 그것이 심리적, 주체내부적 과정의 기능 또는 조건을 나타내는 한에서만 관심을 가진다.[512] 주체의 외적 측면 — **주체외부**Exosubjekt — 즉 주체의 객관적 현실은 두 영역으로 분할되거나 또는 심지어 두 측면으로 전개되며 각각 정신 개념과 자연 개념으로 불린다.

---

511 "표현 형태의 범주"는 객관적 해석학의 주요 개념을 나타낸다. 이 해석학에서는 "경험할 수 있는 사회과학, 정신과학, 문화과학의 세계가 제시하는 자료 전체"가 제시된다(Oevermann 2002, 3쪽). 표현 형태는 "우리가 거기에서 삶의 실천으로 자신을 구체화하는 심리적, 사회적, 문화적 현상들"이다(같은 책, 1쪽). "방법적으로 파악할 수 있는 구체화로서 … 듣고, 느끼고, 냄새 맡고, 맛보고, 볼 수 있는" 인간적 실천의 모든 표명은 표현 형태로서 여겨지며, 그때마다의 실천에 대한 "프로토콜"로서 고찰될 수 있다. 이것은 다시금 읽을 수 있는 "텍스트"로서 이해될 수 있는 것이다. 왜냐하면 모든 표현 형태는 "객관적 의미 구조와 뜻의 구조"에 의한 것으로 규정되거나 또는 "객관적 뜻에서 의미를 발생시키는 규칙을 통해 산출"되기 때문이다(같은 책, 2쪽). 그 규칙은 "'문법성, 논리성, 도덕성, 이성성'의 보편적 규칙"이다(Reichertz 1988, 12쪽).

512 주관적 과정에 대한 이러한 객관적 조건과 기능은 예를 들어, 인종심리학과 사회심리학의 경우에서는 문화적이고 사회적인 성격을 가진 것이거나 정신생리학의 경우에서는 물리적 자연에 대한 것일 수 있다. R. 파울리(Pauli)는 이에 상응하여 심리학을 "객관적 … 사건과 법칙적 연결 속에서 주어지는 주관적 삶의 진행에 대한 학문"으로 규정한다(Pauli 1927, 12쪽).

그러나 주체의 외적 측면은 원칙적으로 심리학의 주제가 되지 않는다. 정신, 즉 문화와 사회의 역사적 영역은 **심리학 자체**에게는 정확히 자연, 즉 물리적 사실성의 영역과 마찬가지로 외적 측면이다. 비록 양자, 즉 정신과 자연이 필연적으로 심리학의 가능 조건을 나타냄에도 불구하고 그렇다.[513] 정신적 대상, 즉 객관적 정신의 형태는 물리적 대상들과 마찬가지로 심리학적 탐구를 위한 주체내부적 사건, 즉 심리적인 것을 파악하기 위한 목적의 매개, 수단일 뿐이다. 객관적 정신의 개념 아래 포섭된 문화적이고 사회적인 태도, 구조, 체계, 규범, 가치, 작품 전체는 심리학의 이해에서 — 자연의 사실과 유사하게 — 주관적이고 심리적인 내적 발전의 외적 조건 전체만을 나타내며, 비로소 **내면화되고** 주체에 의해 동화된 **심리적 실재**로서, 심리학적으로 즉시 기술될 수 있다.

객관적 정신 그 자체는 심리학에 의해 파악될 수 없다. 그것은 과학적 개념 저편에 있다. 따라서 거기에는 **주체의 진리**를 판단할 어떤 심리학적 기준도, 어떤 심리학적 규범도 없다. 심리학적 언어로는 **객관적으로 증명된 것으로 확보된 주체성**의 어떤 척도 또는 모범도 정식화할 수 없기 때문에 **주체의 진리**, 구체적이고 객관적인 삶의 올바름은 심리학의 주제가 아니다. 심리학에는 그것을 위해 필요한 객관적이고 **심리외적인** 주체 영역의 개념이 결여되어 있다. 심리학은 올바른 삶의 물음에 대해 아무것도 말할 수 없다. 이는 진리가 모든 경험적 학문에게

513 정신과학과 자연과학 사이에 있는 심리학의 곤란한 입장에 대한 자세한 논의는 II장을 참조할 것(33쪽 이하).

— 또는 강조된 **증명**이란 의미에서 — 불가능한 주제인 것과 마찬가지이다. 우선 “어떤 문제의 해결로서, 물음에 대한 올바른 대답으로서 ‘통용’되는”[514] 진리라는 낱말의 일상적 사용에도 불구하고 진리는 — 하이데거가 보여 주었듯이 — “무엇보다도 … 그것에 근거하여 명제가 구성되고 검증되는 기준의 역사적이고 역운적歷運的인 전수傳受이다. 우리는 이러한 진리와 어떤 ‘학문적’ 관계도 가질 수 없다. 우리는 그것을 실험적으로 증명 또는 반박할 수 없다.”[515] 오히려 진리는 모든 경험과 모든 증명의 가능 조건이다. 따라서 경험 학문들에게 진리의 물음은 그들의 탐구 영역에서 배제해야 하는(학문이론에 전권을 위임해야 하는) 문제이다. 이를 통해 경험 학문들은 그들의 탐구 영역을 **경우로 있는 것의 구성 요소**, 즉 단순한 정보 및 가설로서 받아들이고, 그것들이 도출되는 사실적인 것의 순수한 자료 생산에만 제한시킬 수 있다. 그러나 그러한 가설의 **올바름**은 역사적으로 타당하게 여겨지는 진리의 해석 규칙에 따라서만 규정된다. 다시 말해 규칙은 측량하고 계산하는 합리성의 지배 아래 현존하며 어떤 개연성을 가진 것으로 상정되거나 부정을 통해서ex negativo 주장될 수 있다.

과학적 심리학의 개념과 마찬가지로 과학의 진리 능력에 대한 반성은 심리학적 생활상담 또는 **심리학적 실천으로서 심리치료**가 가지는 구조적 한계에 대한 물음에 대답하기 위해서 필요하다. 이는 심리치료

514 Vattimo([1985] 2판 2005) 27쪽.

515 같은 책, 28쪽.

에서 주체의 진리가 문제가 되고, 주체성의 자기증명과 성취가 중요시될 때 특히 그러하다. 심리치료가 "가장 사적인 개인의 관심에 대한 심리학의 적용 방식"[516]을 나타내는 한에서 그것은 삶을 충족시키는 능력의 고양을 위해 무엇을 수행할 수 있는가? 심리상담을 통해 얻을 수 있는 나의 심리적 성향에 대한 해명 — 다시 말해 나의 주체외부적 경험에 일치하는 주체내부적 기능, 구조, 과정에 대한 인식 — 이 얼마나 "행복의 증가"(크라이커)를 위한 능력을 나에게 부여하는가?

성취하는 행복한 삶을 위한 노력이라는 관점에서 — 심리치료로서 — 심리학의 중요성에 대한 물음에 적합한 대답이 주어질 수 있어야 한다. 이를 위해서는 위에서 여러 번 언급한 주체의 진리, 즉 심리학이 그것에 대해 무능력한 것으로 간주되는 것이 본래 무엇을 의미하는지가 우선 해명되어야 한다. '주체의 진리'라는 정식은 **삶과 체험의 관계**를 주제로 한다. 이 주제는 사실적 현존재 — 객체성 — 와 주체성의 관계, 그리고 주관적 활동에서 발원하고, 현존재(주체 존재)에서 제시되는 동시에, 주체의 삶을 객관적으로 규정하는 사태연관의 느낌과 표상의 관계가 가진 질적 내용에 대한 물음과 연결된다. 그러므로 이러한 관계의 질적 내용은 느끼는 것과 느껴진 것, 표상하는 것과 표상된 것, 사고하는 것과 사고된 것, 의지와 행위 등등의 연관에 대한 것이며, 나와 나에 대해 내가 가지고 있는 것의 관계에 대한 것이다. 철학적으로 말해서 그것은 자기 개인의 관점에서 본 사태와 개념의 관계에 대한 것이다.

---

516 Grawe 외(5판 2001) 762쪽.

객관적 삶의 내용과 주관적 체험의 차이는 — 존재론적 차이라는 개념을 빌린다면 — **심리학적 차이**라고 부를 수 있다.[517] 이제 이러한 심리학적 차이가 지양될 수 있는지, 어떻게 — 생동하는 동일성으로 — 지양될 수 있는지에 대해서 물어야 할 것이다. 예를 들어, 이러한 동일성으로의 지양은 로저스가 주장하는 대화적 심리치료의 이상처럼 보인다. 여기에서 추구되는 개인의 "일치"는 체험의 흐름에서 지속하는 자기 자신과의 일치를 의미한다.[518] 아니면 그런 의미에서 **참된 주체**가 되는 것이 원칙적으로 불가능하지 않을까 하는 물음이 제기된다. 기안니 바티모도 참된 주체를 "화해한 주체" 또는 "해방된 주체"로서 기술한다. 이는

---

517 그러나 여기에서 심리학적 차이라고 불리는 것은 볼프강 기거리히(Wolfgang Giegerich)가 그의 『아니무스(*animus*)-심리학』에서 그 개념에 부여한 강한 유사형이상학적 의미에서 이해되어서는 안 된다. 기거리히는 심리학적 차이를 "인간과 마음, 인간학(인간에 대한 지식)과 심리학(마음에 관한 지식) 사이의 차이"로 이해한다(Giegerich 1994, 76쪽). 여기에서 마음은 기거리히에게 본래 인간적인 것이 아니라 — 쇼펜하우어의 의지(물 자체)와 유사한 — 일종의 절대적, 신적(원형적) 근원과 토대의 성격을 가진다. 이런 점에서 그의 아니무스-심리학은 아니무스-신학 — 또는 아니무스-존재론 — 이 된다. 예를 들어 꿈에 대해 그는 다음과 같이 기술한다. "꿈은 … 일반적으로 실재로 꿈꾸는 자, 환자 또는 인간에 대해 말하지 않는다. 꿈은 — 일차적으로 아니면 최종적으로 — 그 속에서 진행하는 것도, 장애 또는 내적 발전의 가능성도 주제로 다루지 않는다. **자신의 영원한 즐거움을 위해 자기 자신을 넘어 자기 자신과 말하는 것이 마음이다.**"(같은 곳, 저자의 강조)

518 이러한 이상은 "주도적인 생각"으로서 "치료 과정"의 최종 단계를 드러내며, "온전히 자신을 전개하는 인간, '**온전히 기능하는 인간**'을 나타낸다."(Rogers 1983, 39쪽). 그러나 치료과정과 그 목적에 대한 로저스의 이념, 특히 그의 단초를 위해 중요한 자기(Selbst)의 이론에 대한 이론적 기초와 해명은 옹색한 것으로 여겨질 수밖에 없다. 그 이유는 무엇보다도 로저스가 진부한 심리학적 용어에 사로잡혀 있기 때문이다. 니콜 슈미트(Nicole Schmidt)는 철학과 심리학의 "분리역사"에 대한 자신의 연구에서 이런 문제를 보여 주었다. 이에 따르면 심리학은 전체적으로 개별 학문으로 출발하면서 "[철학과] 분리의 방식을 통해 **반성을 봉쇄**할 수 있었지만 그 결과 오늘날도 여전히 실험 중이다."(Schmidt 1995, 원문에서 강조됨) 이는 분명히 일반 이론의 약점으로 드러나고 있다(이 책, 26쪽 이하).

"결국 자기의 경험을 그것의 의미와 동일한 것으로 체험하는 것이 성취되고, 더 이상 실존과 의미, 존재와 존재해야 함, 사실과 가치의 긴장 관계 속에 살지 않고 삶의 모든 순간에 두 용어의 완전한 일치가 실현되는" 주체를 의미한다.[519] 동시에 이러한 주체는 바티모에 따르면 "주체성으로부터 해방된 주체"일 수도 있다.[520]

이러한 사상, 또는 더 좋게 말해서 어떻게 자신의 주체성으로부터 해방된 주체가 구체적으로 사유될 수 있는가에 대한 물음은 — 주체의 학문으로서 — 심리학을 위해서도, 마찬가지로 심리치료를 위해서도 최고로 관심이 있는 문제임에 틀림없다. 그렇지 않을 경우 그것은 '기괴한' 문제가 될 것이다. 왜냐하면 한편으로 주체성의 지양은 낱말의 가장 참다운 의미에서 심리학을 대상이 없는 것으로 만들 수 있기 때문이다.[521] 다른 한편으로 바티모는 하이데거와 연결하여 주체성의 극복을 **견디어 냄**Verwindung, 즉 주체성에 제한된 불편함으로부터 주체를 회복시켜

519 Vattimo([1985] 2판 2005). (객관적으로 현존하는) 주체와 주체성 사이의 심리학적 차이에 대한 관점과 함께 받아들여진 인간학적 관점에는 존재자-신-론적 관점(각주 516번 참조)이 상응한다. 이 관점은 존재와 존재자, 본질과 실존, 개념과 사태의 관계를 고찰하고, 그것의 일치를 절대자, 신, 진리에서 찾는다. 그리고 자신의 주체성으로부터 해방된 주체가 심리학적 차이를 극복하거나 인내하는 것처럼 바티모는 자신의 니힐리즘적이고 해석학적인 "몰락의 존재론"과 "약한 존재"라는 중심 개념을 통해 역사적인 "**무한으로의** 소급", 즉 존재 역사의 연속성에서 존재론적 차이를 지양하거나 '용해'시키려는 것처럼 보인다(Vattimo[1985] 2판 2005, 65쪽 이하, [1985] 1990, 121쪽 이하).

520 같은 곳.

521 주체를 자기조직화의 과정을 위한 네트워크로 기술하는 협력설과 체계이론이라는 새로운 패러다임의 방향으로 나아가는 심리학의 발전이 '주체성으로부터 해방된 주체'를 심리학의 대상으로 삼을 수 있는지가 여기에서 검증될 수 있을 것이다.

치유에 이르게 한다는 의미로 이해한다.[522] 여기에는 치료적 측면이 암시되고 있다. 바티모는 "인문주의의 위기"에 대해서 말한다. 이 위기는 "궁극적으로 어떤 극복이 아니라 '견디어 냄', 인문주의로부터 인간이 치유되도록 인간을 부르는 요청"을 의미한다.[523] 인간이 그것으로부터 치유되어야 할 인문주의란 포스트 모던 철학자들이 진단하고 있는 "주체성의 과도한 역할과 자기로부터 시작하려는 의지"[524] — 다시 말해 자신 안에 세계의 선험적 근거를 두려는 의지, 또는 근거에 놓여 있는 주체의 이성 원리를 위한 의지 — 이다. 이에 대해서 한스 블루멘베르크 Hans Blumenberg는 "직립보행의 과장"[525]이라는 은유를 발견하였다.

사람들은 바티모에 의해서 시도되고 있는 세기적인 주체의 치료학이 여기에서 다루는 심리치료와 철학실천의 관계, 또는 그때마다 생활상담의 수행 능력에 대한 주제를 위해 몇 가지 시사점을 줄 수 있다는 기대를 가지고 있다. 그런 점에서 그의 사상을 적어도 여기에서 짧은 별론의 방식으로 다루어야 할 것 같다.

바티모는 니체의 초인에 대한 해석으로부터 출발하면서 주체성으로부터 해방된 주체로서의 인간에 대해 기술한다. 이 주체는 자신이 아무것도 아니라는 것을 안다. 어쨌든 실체적으로 근거에 놓여 있는 것이라는 전승된 개념의 의미를 가진 것도 아니다. 이 주체는 "사람들이 변

---

522 Vattimo([1985] 1990) 참조.

523 같은 책, 47쪽.

524 Sloterdijk(1988) 44쪽.

525 Blumenberg(1979) 15쪽.

증법적 방법으로 되돌아갈 수 있는 어떤 제일 원인"이 아니라 "표층 현상",[526] "대낮의 몽유병자",[527] 꿈꾸는 자이다. 꿈꾸는 자는 자신에 대해 — 주체, 본질, 실체, 근원 등으로 — 꿈을 꾸다가 "갑자기 이 꿈에서 깨어나지만 그가 바로 꿈을 꾸었다는 것과 … 그것이 사라지지 않도록 하기 위해 다시 꿈을 꾸어야 한다는 의식을 위해서만 깨어 있는 자"이다.[528] 왜 그런가 하면 꿈꾸는 자는 **그 뒤에 아무것도 없으며**, 모든 것이 "가상, 도깨비불, 유령의 춤, 더 이상 아무것도 아닌 것"이라는 사실과, 그 "가상이 … 작용하고 살아 있는 것 자체"이며, 또한 그가 "인식하는 자로서 지상의 춤을 지연시키는 수단이며, 그런 한에서 현존재의 확고한 질서에 속한다"는 사실을 인식하기 때문이다.[529] 다시 말해 이 주체는 덧없는 대상, 주체-객체-연관의 저편에, 선과 악의 저편에 있는 근거 또는 신적 계기가 없는 현상으로 자신을 인식하고 인정하며, 자유롭게 부유하는

526 Vattimo([1985] 2판 2005) 43쪽. 주체를 "표층 현상"이라고 말하는 것은 프로이트의 세 심급이론을 자연스럽게 연상시킨다. 이에 따르면 의식적 "자아"는 바로 "표층 존재", 즉 "심리기구의 **표층**", "그것"(Es)의 "상부에 있는 경계층"으로 "아래로" 흐른다(Freud [1923] 2000, 288, 294쪽). 그러나 분명히 알아야 할 것은 바티모가 주체에 대해 말할 때는 의식적 부분과 마찬가지로 무의식적 부분 전체를 고려하고 있다는 점이다. 따라서 '위와 아래'라는 은유법은 여기에 더 이상 맞지 않는다. 이런 의미에서 심층심리학의 (의미론적) 가능 조건을 나타내는 주체의 심층구조는 없다. "주체는 자신을 해방시킬 수 있는 것으로 여기는 진정한 구조를 가지고 있지 않으며, 나아가 주체는 소위 문화가 거기에서 성립된다고 하는 왜곡과 억압의 저편에서 감지해야 할 충동 또는 원망과 같은 해방시키는 생동하는 활동의 의미를 전혀 가지고 있지 않다."(Vattimo[1985] 2판 2005, 55쪽) 그런 점에서 주체는 본래 표층 현상이 아니며 오히려 사이 현상 또는 경계 현상이다. 물론 어떤 '사이'인지, 무엇에 대한 경계인지에 대한 물음이 제기되어야 할 것이다.

527 Nietzsche([1882] 1999, 423쪽).

528 같은 책, 417쪽.

529 같은 곳.

그의 실존 — "인간, 관습, 법, 전승된 사물의 평가를 넘어 자유롭게 겁도 없이 부유하는 그런 존재"[530] — 을 실험으로 파악하고 포착한다.

> 신의 죽음을 인식한 이러한 인간의 상황 — 그것은 근대 인간의 상황이다 — 은 … 자기 자신과 사물에 대한 지배 형식인 **오만함**Hybris을 통해 탁월하게 드러나는 상황이다. '이 오만함은 오늘날 자연에 대한 우리의 전체적인 입장, 즉 기술과 안심할 만한 기술자와 엔지니어의 발명에 의한 도움으로 우리가 자연에 폭력을 가하는 모습이다. … **오만함은 우리 자신**에 대한 우리의 입장이다. 왜냐하면 우리는 동물에게도 허용할 수 없는 실험을 우리 자신에게 하고 있기 때문이다. …'(니체, 「도덕의 계보」, 『전집』 3권, 336쪽) **초인**은 이러한 오만함을 의식적으로 실천한다. 반면 전통적인 인간은 이 사실을 자유로운 결단 또는 빈번하게 사회적 지배 논리를 통해 강요된 가장假裝에 근거하여 항상 거절해 왔고, 그 때문에 시시한 존재와 노이로제 환자가 되었다.[531]

바티모는 이제 사실상 불가피한 근대 인간의 오만한 상태에 직면하여 그것으로부터 벗어나거나, 또는 차라리 그 안에서 "'진정한' 인간성, … 즉 형이상학과 도덕을 통해 강요된 모든 제한이 전혀 없는 인간성의 탈환"[532]을 위한 가능성을 증명하려고 시도한다. 이 가능성은 "개체성을

---

530 Nietzsche([1878] 1999) 55쪽.

531 Vattimo([1985] 2판 2005) 47, 51쪽(원문에서 강조됨).

532 같은 책, 54쪽.

현실적으로 다양성 — 풍부한 삶 — 으로 경험하는 길"을 열어 준다.[533] 니체와 연관하여 바티모는 이러한 진정한 인간성의 가능성을 즉시 근대 인간의 한 가능성으로 본다. 왜냐하면 근대 인간은 오만함을 "실천하는 초-인이기도 하며, 무엇보다도 '좋은 성격'의 인간이기 때문이다. … 이 인간은 형이상학의 확실성을 이기적인 반항도 하지 않고 포기하였다."[534] 다시 말해 신도, 영원한 참된 존재도 없고, 오히려 이편의 가시적 세계가 전부이자 변할 수 있는 가상이 현실적인 것이고, 도덕의 이념은 단지 환상 — "도덕은 그것이 당위로 있는 한 분명히 우리의 고찰 방식을 통해 종교와 마찬가지로 파기된다."[535] — 이라는 "인식의 파급효과", 즉 이러한 통찰의 작용은 니체에 따르면 "인간의 기질에 의해" 결정된다. 이 기질은 "지금까지 두려워하기만 했었던 많은 것을 연극을 보듯이 즐기면서 자연에서처럼 칭찬, 비난, 질투도 없이 인간들 속에서 함께 살아가면서" 형성된 것임에 틀림없다.[536] 좋은 성격을 가진 인간은 "강인하고 부드러우며 근본적으로 명랑한 마음"을 가지고 있으며, 그의 "표현 속에 어떤 불평하는 소리와 감정의 억누름을 담지 않는다. … 그는 오랫동안 사슬에 묶여 있던 늙은 개와 인간에게 잘 알려진 성가신 속성을 가지고 있지 않다."[537] 니체는 계속해서 "좋은 성격"을 "구속된

533 같은 책, 62쪽.
534 같은 곳.
535 Nietzsche([1878] 1999) 54쪽.
536 같은 곳.
537 같은 책, 55쪽.

정신들" — 객관정신?! — 의 "근본명제와 조화되면서 성립된 습관을 통해 본능이 되어 버린 확신의 구속성"[538]으로 기술한다.

> 사람들은 좋은 성격이 아이에게서 볼 수 있듯이, 기존의 것에 의한 구속성을 깨닫는 것이라고 말한다. 아이는 구속된 정신들의 편에 서서 싹트고 있는 공동 정신을 가장 먼저 폭로한다. 그러나 이 공동 정신의 토대에서 아이는 이후에 자신의 국가 또는 신분을 위해 쓸모 있게 된다.[539]

"기존의 것에 의한 구속성"이라는 좋은 성격에 대한 이념과 연결시켜 바티모는 "더 이상 형이상학적 주체의 이해와 분리되는 새로운 인간성의 이상", 나아가 "'신이 죽은' 세계에서 노이로제 없이 살 수 있는" 가능성을 찾는다.[540] 근대 인간에게 신, 절대적 가치, 그리고 "관철할 수 있는 힘과 강함, 정해짐, 영원성, 전개된 현실성과 같은 특징을 가진 것으로 생각되는 존재"[541]는 더 이상 없다. 그리고 근대 인간 자신, 즉 "주체는 … 자기를 정당하게 해방시킬 수 있는 진정한 자기의 구조를 가지고 있지 않다."[542] 그렇다고 해서 근대 인간이 "어떤 방향 노선도 없이" 살아야

538 같은 책, 192쪽.

539 같은 곳.

540 Vattimo([1985] 2판 2005) 31, 35쪽 이하.

541 같은 책, 63쪽.

542 같은 책, 55쪽.

한다는 것은 아니다. “언어로, 다양한 ‘언어’로, 다시 말해 응용 기술로, 인간적 경험의 틀로 투명하게 우리에게 전달되는 전통과 소식은 점점 더 결정의 영역, 합리성의 기준, 더 좋게 말해서 이성성의 기준을 위한 윤곽을 그려 주고 있다.[543] 여기에서 우리는 삶을 위한 방향을 잡을 수 있다.

이제 여기에서 논의의 진행은 정확하게 본래적 주제로 소급하는 물음, 즉 인간에게 좋은 삶, 성취하면서 행복하게 살도록 도와주어야 할 **방향**에 대한 물음에 도달한다. 이 물음은 심리상담으로서의 심리치료가 방황하는 인간에게 좋은 삶의 관점을 가진 방향을 얼마나 중개해 줄 수 있는가 하는 것이었다. 방황하는 인간의 실존적 난관은 수행해야 할 삶과의 연관에서 “자신의 존재로 인한 고통” — 주체성으로 인한 고통 — 으로 표현되었다. 그러나 사실상 이때 심리치료 또는 심리상담이 “가장 사적인 개인의 관심에 대한 심리학의 적용 방식”으로 존재하는 한 그것은 본래 개인에게 자신의 심리적 구조, 주체내부적 기능, 구조, 과정에 대한 통찰을 제공하는 것 외에는 더 이상 아무것도 할 수 없다. 그것들은 자신의 체험, 즉 자신의 객관적 현존재에 대한 주체외부적 경험에 의존하는 것이다. 확실히 심리학적 지식, 무엇보다도 심리적 기술 능력은 치료사를 위해서 뿐만 아니라 상담자 — 또한 철학적 상담자 — 를 위해서도 필요하다. 확실한 관점을 가지고 자기 마음의 기능 방식, 즉 객관적인 성격으로 현상하는 내적인 메커니즘을 아는 것이 많은 내담자에게도 도움이 될 수 있다. 그러나 이러한 성격 — 그리고 삶에 대한

543 같은 책, 35쪽 이하.

성격의 영향 — 이 어떻게 좋은 삶이 되는지에 대해서는 내적 구조와 과정의 인식은 실제로 결정적으로 중요한 것이 아니다. 왜냐하면 이것들은 외적 영향의 좋은 점에 대하여 어떤 정보도 주지 않기 때문이다. 그리고 이 성격은 현실 자체에 대한 태도로서 '외적인 것', 세계 내의 객관적 현존재와 연관되어 있다. 무엇보다도 심리학의 내적 시각은 성취하는 삶을 위한 척도가 아니며, 올바른 삶을 위한 표준이 아니다. 성격의 방향과 그에 따라 수행된 삶의 방향이 향하고 있는 것, 일반적으로 사는 데 도움이 되는 좋은 점은 내적 반성, 내면으로의 침잠을 통해 발견될 수 있는 것이 아니라 '외부 세계', 모범, 실례가 되는 인물들과 그들의 이야기, 행위, 작품에서만 발견된다. 그러한 인물들은 **강한 인상을 주며,** — 기존의 것과의 대결과 변혁을 통해 — 인간 자신이 누구인지, 인간이 행하고 성취하려고 했던 것이 무엇인지에 대한 예견을 중개한다.

한스 쿠주스Hans Kudszus는 간결하게 다음과 같이 주장하였다. "자기 자신을 깊이 알려고 하는 자는 자신을 벗어나야 한다."[544] 이와 관련하여 다시 니체가 인용될 수 있다. 그는 한편으로 "너 자신이 되어라! 네가 지금 행동하고, 생각하고, 욕망하는 것은 결코 너가 아니다"[545]라는 명언으로 자기계몽과 자기실현을 통한 외적 규정으로부터의 해방을 강조하는 심리치료적 명령을 앞서 제시하였다. 그런 동시에 그는 내적인 것에 대한 단순한 시각, '순수한 자기'에 대한 집중이 **인간 자신이 본래**

544 Kudszus(1970) 15쪽.

545 Nietzsche([1874] 1999) 338쪽.

누구이며 어떻게 존재하는지를 깨닫기에는 별로 적합하지 않다는 문제를 인식하였다.

> 그렇다면 어떻게 우리는 우리 자신을 … 발견하는가? 인간은 어떻게 자신을 아는가? 인간은 어두운 곳에 깊이 감추어진 자이다. 토끼가 일곱 개의 가죽을 가졌다면 인간은 일곱에 칠십을 곱해 가죽을 벗기려 해도 '지금 이것이 바로 진정한 너다. 그것은 더 이상 껍질이 아니다'라고 말할 수 없을 것이다. 특히 그런 식으로 인간을 끌고 와서 가까운 길에 있는 그의 본질의 구덩이 아래로 강제적으로 밀어 넣는 것은 괴롭고도 위험한 시작이다. 거기에서 그는 어떤 의사도 그를 치유할 수 없을 정도로 너무 쉽게 상처를 받는다. 이것으로 끝나지 않는다. 우리의 본질에 대한 모든 증명들, 즉 우리의 우정과 적의, 우리의 시선과 손자국, 우리의 기억과 우리가 망각한 것, 우리의 책과 우리의 펜 자국이 우리의 본질을 증언한다 해도 무슨 소용이 있는가? 그러나 가장 중요한 심문을 위한 수단이 남아 있다. 젊은 영혼은 다음과 같은 물음을 가지고 삶을 뒤돌아본다. 너는 지금까지 무엇을 진정으로 사랑했는가? 너의 영혼은 무엇에 애착을 가졌는가? 너의 영혼은 무엇을 통달하고 그로 인해 기뻐했는가? 애모했던 일련의 대상들을 네 앞에 나열해 보라. 그러면 그것들이 너에게 그것들의 본질과 결과를 통해 너의 본래적인 너 자신의 법칙, 근본 법칙을 증명할 것이다. 이 대상들을 비교하여 보라. 어떻게 어떤 것이 다른 것을 보충하고 확대하고 능가하고 미화했는지, 어떻게 이것들이 네가 지금까

지 너 자신에게로 딛고 올라가는 사다리를 형성했는지를 보라. 왜냐하면 너의 참된 본질은 너 자신 안에 깊숙이 감추어져 있지 않고, 헤아리기 어려울 정도로 훨씬 더 너 위에 또는 적어도 네가 익숙하게 나라고 여겼던 것 위에 놓여 있기 때문이다. 너의 참된 양육자와 교육자는 너의 본질이 가진 참된 근본 의미와 근본 내용이 완전히 비양육적이고 비교육적인 것이었음을 너에게 알려줄 것이다. 그러나 … 너의 양육자는 너를 해방시키는 자가 되는 것 이외에 어떤 것도 원하지 않는다. 그리고 이것이 모든 교육의 비밀이다. 교육은 예술적인 팔다리, 밀랍 같은 코, 안경 쓴 눈 … 을 부여하지 않는다. 오히려 교육은 해방시키는 것이다.[546]

그라베가 생각하듯이 이렇게 해방시키며 성격을 형성하는, 그런 점에서 객관적이고 정신적이며 "문화적인 심리치료의 기능"[547]이 있어야 한다. 이 기능은 "관련된 인간의 자기의식을 개발하고 계속 발전시키는 데 본질적인 기여"[548]를 할 수 있다. 따라서 심리치료는 방향을 부여하고, 상담을 원하는 자들에게 능력을 주며, 그때마다 좋은 것과 참된 것 또는 "이성성의 기준"(바티모)을 인식하게 하는 데 봉사해야 한다. 이 기준은 그들에게 삶의 표준으로서, 어려운 상황에서는 위치를 알려 주는 기준점으로서, 위기에서는 버팀대로서, 나쁜 것에 빠지거나 자기 자

546 같은 책, 340쪽 이하.

547 Grawe 외(5판 2001) 762쪽.

548 같은 책, 7, 762쪽.

신을 망각할 유혹에 빠질 순간에는 기억으로서 적용될 수 있다. 그렇다고 한다면 심리치료 상담은 내적 주관의 심리학적 계몽에 제한될 수 없고, 오히려 객관적인 것, 정신적이고 문화적인 역운, 즉 "기존의 것"과 전승을 통해 우리에게 말하고 있는 "좋은 정신들의 근본명제"(니체)를 상담실천의 본질적인 계기로서 고찰해야 한다.

그러나 페터 슬로터다이크는 "어머니의 역사가 자식들을 자주 비참할 정도로 어려움에 빠지게 했으며", 따라서 "우리에게 전통으로 돌아가도록 명령하는 것"은 많은 경우에 "경멸처럼 보일" 수밖에 없다는 "명백한 사실"을 지적하였다. 예를 들어 "독일인으로서 20세기 중간에 태어난 사람은 폭탄으로 파괴된 집에서 살아남은 자처럼 민족적 전통의 품에서 기어 나왔다. 황무지를 물려받은 그러한 상황에서 스스로 [사실상 **무에서** 새롭게 주체의 힘으로] 시작할 수 있는 능력이 뜻하지 않게 새로운 의미를 얻었다."[549] 슬로터다이크는 강한 주체성의 덕은 낡은 것이 될 수 없다고 생각한다. 이 덕 자체는 심리치료를 통해 강화될 수 있는 것이다. "왜냐하면 폐허의 전승 속에 있다는 것을 의식하는 사람들에게는 스스로 새롭게 시작할 수 있는 힘으로 도피하는 것밖에 다른 것이 없기 때문이다. 그들은 자기 존재의 보다 순수한 원천으로 되돌아가려고 해야 한다. … 자기규정, 자기실현, 자기정초는 인간이 고차적 문화를 시작하면서 악한 전통으로부터 자유롭게 되는 것에 대한 관심

549 Sloterdijk(1988), 45쪽 이하.

을 가지지 않았더라면 위대한 인간의 구호가 될 수 없었을 것이다."[550]

바티모가 "기억의 철학"[551]이 가진 "연약한 사유"라고 부르는 "하이데거와 가다머가 제시하는 전승의 존지론"[552]에 대한 이러한 이의 제기는 정당하다. 그럼에도 불구하고 근대적인 "주체성의 과도한 역할"과 "직립보행의 과장"에 직면해서도 유한한 주체가 결코 영점에서 시작할 수 없다는 사실은 유지되고 있다. 직립보행의 과장은 특히 20세기 경악스런 사건의 본질적 조건이었으며, 그로 인해 많은 사람들이 오늘날 "폐허의 전승" 또는 "아무것도 믿을 수 없는 전통" 속에 놓이게 되었다. "자기 존재의 보다 순수한 원천"은 주체의 내부에서 생겨나지 않는다. 오히려 자기 밖 어디에서 또는 구체적인 개별자로서 그의 시대 이전에 있다. 따라서 중요한 것은 좋은 전통과 나쁜 전통을 구별하고 카오스처럼 멸망을 위협하며 밀려오는 격류 속에서도 "좋은 정신들의 근본명제"를 붙잡는 것이다. 왜냐하면 "성공한 전통에서 올바를 수 있는 것 — 좋은 전승의 흐름에 편승하는 것 — 이 실패한 전통에게는 자살행위이며 잘못된 것"이기 때문이다.[553] 따라서 전래된 객관정신과 비정신 Ungeist — 문화적이며 친숙한 지역 — 에 대한 판단력과 취미를 개발하는 것이 이름에 걸맞는 생활상담을 위해서는 필수적인 것이다. 이런 상담은 심리학적 실천일 수만은 없고 철학적 실천이어야 한다. 이 실천은

550 같은 곳.

551 Sloterdijk(1988), 47쪽.

552 Vattimo([1985] 2판 2005) 69쪽.

553 같은 책, 45쪽.

대화 방식을 통한 반성의 실천이며, 인간을 심리학적 체계에서만 고찰하여 그의 주체성으로 환원시키지 않고, 그의 문제와 어려움을 그 자체로, 즉 단순히 주관적으로만 체험되는 것이 아니라 객관적으로 주어진 것으로서 진지하게 받아들이는 해석이다. 이 해석 ― 인간적인 것이 철학에게 전혀 낯선 것이 아닌 한 ― 은 어떤 측면도 배제하지 않고 인간을 그때마다 구체적인 전체성과 개방성에서 자기 현존재의 주관적, 심리적 조건과 객관적, 정신적, 문화적, 사회적 조건 및 사실적, 물리적 조건이 가진 다양한 측면과 관점으로 확대시켜 이해하려고 시도한다.

심리치료사 페졸트와 오르트는 이것을 다음과 같이 기술한다.

> 사람들이 문화비판적 연구를 심리치료의 체계에서 이끌어 낼 때마다 거기에서 그들은 핵심적인 내용을 획득한다. 이때 획득하는 것은 심리적인 마음이 아니다. … 바로 여기에 심리치료에 대한 그들의 이해와 함께 전적으로 임상심리학에 뿌리를 두고 있는 많은 연구자들의 오류가 있다. 이 오류는 그러한 경험심리학의 배경을 … 심리치료의 유일한 기초로 만들려고 시도할 때 일어난다.[554]

따라서 심리치료와 철학실천의 관계에 대한 논의의 핵심은 다음과 같은 정식으로 명백하게 정리될 수 있다. 비로소 심리치료는 철학실천으로서 본연의 모습을 가진다. **철학실천은 심리치료의 진리이다.**

---

554 Petzold & Orth(1999) 40쪽.

V. 정리 및 결론

> "침묵을 언어로 옮기지 못한다면 더 이상 말하지 않게 되는 상태가 점점 더 확장될 것이다.
> 이런 상태에 사는 사람들은 말이 없다는 것을 다행으로 여기며 좋게 생각할 것이다.
> 그들의 무언(無言)은 구조를 알 길 없는 두려움을 감추고 있다.
> 그렇지만 두려움도 언어의 구조에 속한다.
> 이러한 상태를 드러내는 일은 쓸데없는 것처럼 보인다.
> 그러나 우리는 이 상태가 많은 사람들에게 언어로 인한 혼란에서
> 벗어나는 유일한 구원이 된다는 것을 알고 있다."
>
> — 클라우스 하인리히(Klaus Heinrich, 1982, 42쪽 이하)

Ⅳ장의 마지막 문장은 연구 전체를 관통하는 다음의 결론으로 정식화되었다.

철학실천은 심리치료의 진리이다.

결론적으로 축약된 의미를 가진 이 문장을 해명하기 위해서는 아직 한 번 더 심리치료에 대한 규정으로 돌아가 보아야 한다. 이 규정은 심리치료의 선조인 지그문트 프로이트가 1890년 부여했던 것이다. 그 첫 부분은 이미 이 책을 시작하면서(24쪽) 인용되었다

> 심리적 진료는 **마음의 진료**를 의미한다. 그러므로 사람들은 이 개념에서 심리적 삶의 병적 현상에 대한 진료가 이해되고 있다고 생각할

> 수 있다. 그러나 이것은 낱말의 의미가 아니다. 오히려 심리적 진료는 마음으로부터의 진료, 우선 직접적으로 인간의 마음에 영향을 주는 수단을 가진 — 마음 또는 신체의 장애를 위한 — 진료를 의미한다. 그러한 수단은 무엇보다도 말이다. 그리고 말은 마음의 진료를 위한 본질적인 작업 도구이기도 하다. 일반인은 몸과 마음의 병적 장애가 의사의 '단순한' 말에 의해 제거될 수 있다는 것을 아마도 이해하기 힘들 것이다. 그들은 마술을 믿으라는 요구를 한다고 생각할 것이다. 그렇다고 해서 그들이 잘못된 것은 아니다. 우리의 일상적인 이야기에 들어 있는 말은 퇴색한 마술 이외에 다른 것이 아니다. 그러나 … 적어도 이전에 있었던 마력魔力의 일부를 말에 다시 돌려주어야 할 필요가 있다.[555]

말이 본래 유일한 철학자의 "작업 도구"라는 사실 — 언어 안에 살고 있는 한에서만 그는 철학자로 존재한다 — 은 굳이 강조할 필요가 없다. 특히 철학은 "마법을 걸려는 것에 맞서 … 우리의 언어를 수단으로 — 즉 말을 통해 — 대항하는 투쟁"[556]이다. 철학은 잘못된 이야기 또는 잘못된 사고로 인한 이러한 '마법화'를 진리의 언명을 통해 — 즉 '반마술화'를 통해 — 지양하려고 시도한다. 여기에서 이러한 **진리의 언명**은 전통 형이상학의 의미를 가진 절대적 참, 다시 말해 그것으로 돌아가

---

555 Freud(1890[2000] 17쪽, 원문에서 강조됨).

556 Wittgenstein([1953] 1984) §109(이 책, 110쪽 이하 참조).

서 해명해야 할 실체적으로 최종적인 것 또는 근원적인 것과 연관되지 않는다. 오히려 오늘날 철학자의 참된 말은 "혼란, 위조, 불의를 일으키는 새로운 행동에서 … 양산되는 거짓에 대해 파산선고"를 내리는 것에 집중되고 있다.[557] 진리는 사태와 맺는 우리의 관계에 속한 특징을 가진다. 그리고 이 양자 — 우리와 우리가 관계하는 사태 — 는 지속적인 변화 아래 놓여 있다. 우리가 사태와 (그리고 우리 자신과) 관계를 맺을 수 있는 가능 조건은 언어이다. 우리는 사태에 대해 말할 수 있는 한에서만 사태와의 관계를 가진다. 따라서 진리는 말하는 존재로서 우리의 상황, 즉 현존재에 속하는 특징을 가진다.

잘 알려진 것처럼 가다머는 "**이해될 수 있는 존재는 언어이다**"라고 생각했다. 여기에서 "언어에 도달함은 … 두 번째 현존재를 얻는다는 뜻이 아니다. 오히려 무엇으로 드러나는 것은 그것에게 고유한 존재가 속한다. 그러므로 언어로서 존재하는 모든 것에게는 존재함과 자신을 드러냄이라는 차이를 자신 안에 포함하는 사변적인 통일성이 문제되고 있다. 그러므로 이 차이는 그냥 차이로 존재해서는 안 된다."[558] 클라우스 하인리히는 언어를 다음과 같이 부정적인 관점에서 규정하였다. "언어는 … 침묵 그 자체인 비존재에 대한 저항이다. … 언어는 비존재에 대해 '아니오'라고 말하는 것이다."[559]

---

557 Vattimo([1985] 2판 2005) 53쪽 이하.

558 Gadamer(6판 1990) 478쪽 이하(원문에서 강조됨).

559 Heinrich(1982) 43, 100쪽.

해석학적 존재론[560]에서 기획된 것처럼 존재에 대한 해석적 구조의 통찰 및 존재와 언어의 등가성을 배경으로 하는 철학실천에서는 **좋은 아이러니**의 태도와 좋은 성격을 형성하는 것이 중요했다. 좋은 성격은 명백한 냉소주의로부터 거리를 두고, 모든 것에서 발견되는 형이상학적 무근거에 직면해서도, 나아가 전면적으로 매체화된 세계에서 — 이 세계는 모든 것을 교환가치로 측량한다 — 무절제한 의미와 무의미를 양산하는 현존재의 자유분방한 해석에서도 노이로제 없이 살 수 있는 능력을 부여한다.

이에 대해 심리치료의 발전은 다른 방향으로 향하고 있다. 심리학의 '신경과학으로의 전환'이 미치는 영향 아래 클라우스 그라베는 미래의 심리치료사는 "특정한 삶의 수행을 의도적으로 조성함으로써 신경구조의 변화를 유도하는 전문가"가 될 것이라고 예견한다. 왜냐하면 "모든 심리치료에서 중시되는 것이 신경 자극 준비의 변화"이기 때문이다.[561] 여기에서 **특정한 삶의 수행을 의도적으로 조성하는 것** — 또는 아마도 머지않아 약물로 또는 신경외과적으로 '고전적' 심리치료보다 훨씬 더 많은 효과를 얻을 수 있는 **신경 자극 준비의 변화** — 에 대한 구체적인 기술들은 부차적인 것이다. 결정적으로 중요한 것은 오히려 그라베가 말한 다음과 같은 "확신"이다. "전통적인 치료학파의 개념들은 오늘날

---

560 바티모는 "근원적 해석학"에 대해서도 말한다(Vattimo[1985] 2판 2005, 59쪽). 자세히 살펴보면 그의 논의는 무엇보다도 가다머와 연결되어 있다(예를 들어, Vattimo[1985] 1990, 140쪽 이하 참조).

561 Grawe(2004a) 1쪽.

심리치료를 위해 더 이상 적합한 토대를 제시하지 못하고 있다. … 그동안 심리학에서뿐만 아니라 신경과학에서도 이러한 개념들에 대한 완전한 포기를 가능하게 또는 심지어 명백하게 하는 토대가 완성되었다."[562] "신경심리치료로의 전환"은 언어를 매개로 하는 대화의 방식으로 정신의 영역에서 수행된 마음의 진료가 경향에 따라 무언無言의 — 말도 없으며 따라서 정신도 없는 — 기술로 환원된다는 사실을 함의하는 것처럼 보인다. 그러나 마음의 진료는 유일하게 주관적인 것과 객관적인 것, 삶에 대한 참된 해석과 거짓된 해석, 유의미한 것과 무의미한 해석들 사이에서 진행되는 해석학적 놀이가 일어날 수 있는 곳이다. 그러나 무언의 기술은 완전히 인간 존재의 주체내부적이고 **생리학적인** 측면만을 강조한다. 주체내적인 것, 이전에 심적인 것이라고 말한 것은 결국 물리적인 것, 다시 말해 뇌에 불과한 것이다. 심리학적 이념의 철저한 신경과학적 전환 — 주체내적 공간, 즉 뇌에 대한 순수생리학적 설명[563] — 은 심리치료에서 해석학적 계기를 배제시킨다. 그러나 심리치료는 자기 자신으로 인해 고통을 겪는 현존재의 이해, 즉 포괄적인 주-객-연관, 해석적인 기획투사, 심리적이고 주관적인 은유 체계, 정신적이고 객관적인 은유 체계, 사실적이고 물리적인 은유 체계 내의 해명을 중시하지 않는다. 그런 점에서 심리치료는 더 이상 심리치료가 아니다. '**프쉬케**'라는 개념은 뇌의 동의어만을 나타내는 것만이 아니라 "은유적인 활동"의 개

562 Grawe(2004b) 443쪽.

563 이 책, 205쪽 이하 참조.

인적 영역, "은유의 전쟁터", 구체적인 개별자에게서 이루어지는 해석의 놀이터를 가리키기 때문이다.

신경 이론적 개선 조치의 문제보다 마음을 정신의 기관으로서 돌보며, 이해하고 이해하기를 원하고 자신의 물음과 현존재의 문제를 단순히 해결하지 않고, 확실한 의미에서 **참된** 것으로 보존하여 결실을 맺기를 원하는 사람들은 심리치료의 빈자리에 등장한 철학실천소를 방문한다. 이들은 "관리된 세계"(아도르노)에서 순조롭게 기능하는 삶, 즉 작동모듈, 흥미모듈, 건강모듈에 의해 기술적 방식으로 통제된 프로그램으로 최대한 마찰 없이 되풀이되는 삶을 결핍으로 느끼거나 또는 삶의 가치가 없는 것으로 여긴다. 그리고 이들은 자신의 절망을 '치료해서 없애는 것'이 아니라 반성하고 깊이 숙고하며, 그런 점에서 반대 세계의 번쩍임으로써 그 절망을 견디어 내려고 한다. 이런 사람들이 미래에도 있게 될 것인지, 또는 철학실천이 현실성 없는 이념으로 증명될 것인지는 본 연구의 틀에서는 여전히 열려 있을 수밖에 없는 물음이다.

역자 후기

이 책에서 소개되고 있는 "철학실천"Philosophische Praxis은 기존의 심리학적 치료와는 달리 인간의 자연적 소질인 철학함을 통해 삶의 대처능력과 삶의 충족능력을 배양하여 정신적 어려움과 고통을 극복하는 데 도움을 주는 철학적 생활상담을 말한다. 이러한 철학실천의 개념은 근대 이후 심각한 정신적 위기에 직면하고 있는 현대인을 위한 심리치료의 새로운 대안으로서 아헨바흐Gerd B. Achenbach 박사가 창안하였다. 그는 1980년 5월 1일에 독일 베르기슈 글라트바흐Bergisch Gladbach에 동일한 이름의 철학실천(소)을 열고 이듬해 "철학실천학회"를 창립하였다. 이후 철학실천은 유럽을 넘어 세계 전역으로 확대되면서 1997년에는 여러 국가에 설립된 많은 철학실천학회가 참여하는 "국제철학실천학회"IGPP로 발전되었다. 오늘날 철학실천은 세계 곳곳에서 많은 상담자들을 배출하고 있으며 각각의 상담소에 따라 철학여행, 철학카페, 연수활동, 개인상담, 부부상담, 집단상담 등 다양한 형태로 운영되고 있다. 최근 철학실천은 세계 여러 대학에서 철학전공과 연관된 과목으로 개설되고 강연 및 세미나 등을 통해 빠르게 확산되고 있다.

철학실천은 그 성립 배경과 고유한 이념의 특징으로 인해 심리치료

분야에서 큰 반향을 일으키고 있다. 지금까지 심리치료는 자신이 속한 학파 및 기관의 폐쇄성으로 인해 이론적 도그마와 실천적이고 방법적인 제한으로부터 자유로울 수 없었다. 이러한 문제점에 대한 인식과 함께 철학실천은 오늘날 심리학의 과학화와 근시안적 보건제도로 인한 심리치료의 한계를 지적하고 상담과 치료가 본래 다루어야 할 본질적인 것을 제시하고 있다는 점에서 주목을 받고 있다. 무엇보다도 철학실천은 인간 삶의 근본적인 조건과 좋은 삶의 성취가 무엇인지에 대한 반성을 요구한다. 이러한 요구는 인간을 질병의 대상으로만 보는 것이 아니라 인간 존재를 전체적으로 조명함을 통해 충족된다. 이러한 비판과 요구를 담아내려고 한다는 점에서 철학실천은 기존의 심리치료의 이론과 방법의 한계를 극복하려는 상담가와 치료사들에게 중요한 단초를 제공하고 있다.

또한 철학실천은 철학을 삶의 세계로 이끌어 내어 상담을 위한 중심계기로 삼고 있다는 점에서 지금까지 수도원이나 상아탑에 머물러 있어 온 학술적인 철학에 경종을 울리고 있다. 본래 인간의 고통은 의학의 문제만이 아니라 철학의 문제였다. 고대에서 철학은 영혼의 정화와 질서, 죽음의 예비학, 좋은 삶과 행복을 중심 주제로 다루었다. 그러나 아헨바흐가 "질병공포 콤플렉스"를 지적한 것처럼 철학은 언제부터인가 이러한 주제를 의식적으로 멀리하면서 삶과 동떨어지기 시작했으며 이론적으로만 실천을 논하는 지경에 이르렀다. 실천의 상실이 가져온 철학의 이러한 무기력함에 대해 철학실천은 오히려 철학에 막중한 과제를 부여하며 철학의 전통을 생동적이며 일상적인 영역으로 이끌어 내려고 시도한다. 이러한 시도에서 아헨바흐는 철학실천의 '에토스'τὸ ἦθος로서 숙고하는 삶, 개방시키고 결단하는 삶을 강조한다. 이런 점에서 철학실천은 대학의 철학전공자에게 직업적인 상담자의 역할을 부여할 수 있는 기회를 제공하고 있다. 현재 많은 대학의 철학과들이 학생들의 진로 모색을 위해 철학실천과 철학을 접목시켜 전문적인 상담가를 양성하는 일에 적극적으로 참여하고 있다.

최근 국내에서도 "힐링"의 열풍과 함께 사람들이 정신적 건강에 많은 관심을 가지게 되면서 그만큼 "인문학"에 대한 열기도 뜨거워지고 이에 호응하는 다양한 심리치료와 관련된 저서들이 쏟아져 나오고 있다. 대학에서는 관련 연구를 기획하는 사업이 추진되고 특성화를 위해 관련 학과의 연계전공이 개설되고 있다. 철학분야에서도 철학상담 및 치유와 연관된 학회가 만들어지고 전문적인 연구와 연수활동이 전개되고 있다. 이러한 과정에서 철학실천은 항상 대표적인 철학상담 및 심리치료의 형태로서 등장하고 있다. 그럼에도 불구하고 국내에는 아직 철학실천을 중심 주제로 다룬 문헌들은 거의 없는 실정이며, 철학실천은 그와 관련된 여러 이론들을 소개하는 입문서에서 짧게 인용되거나 부분적으로 다루어지고 있다. 그리고 이러한 철학실천에 대한 논의조차 철학을 심리치료의 방법과 이론으로 실용화한 미국과 캐나다의 철학상담 — 최근 국내에 번역서가 출판되어 관련 논의에서 상대적으로 많이 다루어지고 있는 편이다 — 의 관점에서 비교되거나 비판적인 평가를 통해 전달되고 있다.

그런 점에서 이 책은 철학실천에 대해 현장의 목소리를 직접 들을 수 있다는 점에서 의의가 크다. 저자는 인문주의적 심리상담 과정을 거쳤을 뿐만 아니라 아헨바흐의 제자로서 철학실천(소)에서 훈련을 받았으며 — 이 책에서 철학실천의 철학적 함의와 철학과의 관계를 해명하는 부분을 통해 보여주듯이 — 철학에 대한 깊은 식견을 가지고 있다. 저자는 철학실천이 철학으로 포장된 삶의 기예 또는 감동과 재미를 선사하는 유익한 대중적 교양처럼 여겨지는 것을 거부한다. 이 책이 어렵게 느껴지는 것도 그런 이유 때문일 것이다. 철학실천은 어떤 욕구를 충족시켜 주는 것이 아니라 마음과 정신, 안과 밖, 주체와 객체의 관계 속에서 고통을 겪는 인간 현존재에게 요청되는 상황과 연결된 것이다. 이러한 고통은 우연적인 것이 아니라 인간이 본래적으로 겪어야 하는 실존의 분량이다. 이처럼 철학실천은 자명하게 여겨지던 것들이 흔들리고 일상적이고 평균적인 것들에 대해 의문시하면서 생겨나는 물음으로부터 출발하여 이 물음과의 대결에서 자기와 타인, 그리고 세계를 본래적으로 이해하려는 철학적 사유, 즉 철학함에서 이루어진다. 이러한 철학실천은 철학에 쉽게 접근할 수 있도록 제공되는 입문 과정이 아니며 철학사와 철학자에 대한 지식을 습득하는 과정도 아니다. 이 책은 철학으로 포장된 상담 프로그램이나 매뉴얼을 소개하는 것이 아니라 스스로 철학함을 작동시키는 작업과 관련되어 있다. 다시 말해 이 책은 철학함을 스스로 자신의 과제로 인식하고, 나아가 그런 인식을 일깨우는 소명을 가진 자들을 위한 것이다.

이 책에서 저자는 철학실천의 정체성과 생활상담으로서 그것이 가지는 근본적인 의의를 "심리치료의 진리는 철학실천이다"라는 정식을 통해 제시하고 있다. 이를 위해서 먼저 심리치료의 근본적인 의미에 대한 성찰이 요구된다. 마음"의" 치료로서 심리치료는 마음에 대한 치료인 동시에 마음에 의한 치료이다. 이미 여기에는 마음이 치료의 대상으로만 여겨져서는 안 되며 그것이 가능하기 위해서는 마음이 스스로 자신을 치유할 수 있어야 한다는 중요한 치료의 원리가 담겨 있다. 이 원리는 전통적인 심리치료의 역사를 분석하고 해체하는 중요한 계기로 적용된다. 이와 관련하여 저자는 오늘날 주축을 이루고 있는 심리학적 치료가 물리적 객관주의를 강조해 온 근대 이성철학의 산물이며 정신분석 또한 그로부터 파생된 비이성의 철학임을 주장한다. 이에 대해 저자는 결국 그러한 경향으로 인해 신경생리학과 뇌 과학으로 전환하고 있는 정신의학이 인간의 고통을 기계적이고 개량적으로 규정함으로써 인간을 반쪽 주체로 대하고 있다고 비판한다. 나아가 저자는 철학실천의 관점에서 인간을 인격적 존재로 파악하려는 현대 심리치료와 상담조차도 인간을 특정한 모델로 규정하는 내적 체계에 매여 삶의 현상 자체를 올바로 통찰하지 못하고 있다고 지적한다.

이러한 비판과 지적을 통해서 강조되는 것은 어떤 이론과 실천이든 인간 존재를 전체적으로 조명할 수 있어야 하며 그것에 합당한 상담과 치료가 수행되어야 한다는 점이다. 그러한 대안으로서 철학실천을 제시하기 위해 저자는 심리학 및 정신분석과 철학실천의 관계를 재설정한다. 이 때 가장 중요하게 여겨지는 것이 철학의 과제와 역할에 대한 인식이다. 철학실천을 위해 철학은 자신 밖에 중심을 가지며 현실에서 문제를 가져오고 항상 현실과 연관되어야 한다. 동시에 철학적 전통은 현실 속에서 자신의 진리성을 증명해야 하며, 현실 속에서 변화되는 기회를 얻을 수 있다. 이런 점에서 철학실천은 인간의 삶과 세계를 생활상담의 관점에서 철학의 고유한 과제와 연결시킨 것이다.

그동안 철학실천의 정체성과 관련하여 다른 상담이론들로부터 받아온 방법과 이론의 무규정성에 대한 비판도 여기에서 해명될 수 있다. 그러한 비판의 내용은 오히려 철학실천의 정체성을 보여 주는 중요한 원리이다. 철학실천의 **무규정성**은 근대 자연과학적 인간상에 기초하여 오늘날까지 지배적인 형태로 발전되고 있는 정신의학과 실증적이고 실용적인 방법에 관심을 보이는 — 철학을 포함하여 인문주의적 관점을 수용한 — 심리치료의 편협한 안내와 제한으로부터 벗어나려는 **규정적** 요구를 반영한 것이다. 철학실천의 이론과 방법은 없다. 철학실천에서 요구되는 것은 철학함일 뿐이다. 철학함은 어떤 도구와 매체를 가지고 단순히 얻어질 수 있는 것이 아니라 인간 현존재의 실존적 상황에 따라 매 순간 일어나는 것이다. 그렇다면 철학실천은 철학함에서만 자신의 이론과 실천을 말할 수 있다.

마지막으로 저자는 철학실천이 다양한 기존의 심리치료와 단순한 대립 구조의 설정을 통해 자기 정체성을 유지하려는 것이 아님을 분명히 밝힌다. 양자는 생산적인 대화를 통해 상호적인 성과를 추구하는 변증법적 관계를 가져야 한다. 이는 철학실천이 심리치료의 방향을 종합해내는 심리치료의 한 형식이어야 하며, 심리치료는 실천적 철학함으로 이해되어야 한다는 것을 의미한다. 이러한 변증법적 관계에서 심리치료는 암묵적으로 수용하고 있는 과학주의적 한계를 철학적으로 반성해야 하며, 철학실천은 심리치료에 대한 긍정적인 영향을 현실 속에서 증명해야 한다.

역자는 그동안 "치유의 철학"과 "철학적 치유"를 포괄하는 "임상철학"이라는 주제를 연구하면서 철학상담에 관한 이론 및 이와 관련된 심리상담 및 정신의학의 분석들(인문주의적 심리상담, 실존분석, 현존재분석 등)을 다루고 있다. 여기에서 말하는 "치유의 철학"은 처음부터 철학에 부여된 고유한 과제를 말한다. 본래 철학은 직접적으로든 간접적으로든 다양한 방식으로 영혼의 건강과 삶의 행복 등을 중심 주제로 다루면서 심리치료와 상담에 관여해 왔다. 그리고 "철학적 치유"는 현대철학의 응용 분과로서 현대인이 직면한 정신적 위기에 적합한 치유의 대안 및 이를 위해 전통 철학을 새롭게 전유하는 작업, 그리고 기존의 이론들에 대한 비판 및 그에 대한 정초 작업을 포함하는 메타이론적 시도를 의미한다.

이러한 연구와 관련하여 아헨바흐의 "철학실천"은 매우 중요한 단초를 제공하고 있다. 그러나 국내에서는 아헨바흐 박사가 직접 쓴 번역서들을 거의 발견할 수 없었다. 그의 주저라고 할 수 있는 『철학실천 입문』은 강연문과 메모 등의 방대한 자료를 묶어 놓은 것이어서 거기에서 철학실천의 핵심적인 주장과 내용을 정리해 내기는 쉽지 않았다. 그리고 다른 저서들은 주제 중심의 소책자들이어서 철학실천의 윤곽을 그려 내기 어려웠다. 그러던 중에 2010년 출판된 이 책을 만나게 되었다. 아헨바흐 박사가 쓴 서문에서 확인할 수 있듯이 이 책은 철학실천의 의의를 명료하게 전달하고 있을 뿐만 아니라 철저한 학문적 글쓰기를 통해 그 중심 내용들을 상세하게 정리해 주고 있다. 이 책은 아직도 독일에서 철학실천의 개념을 집중적으로 소개하는 몇 안 되는 문헌 중의 하나로 남아 있다. 5년 전 주제와 관련된 특성화 사업을 수행하면서 연구를 위해 번역했던 원고를 여러 번 다듬어 이번에 출간을 하게 되었다. 분량이 많지 않은 책이지만 수많은 상담 전문가들의 견해와 난해한 철학자들의 인용을 담고 있는 연구 저서이기에 다른 입문서의 번역처럼 쉽지 않았으며, 아주 긴 문장과 쉽게 읽히지 않는 부분들이 많아 가독성을 높이려고 많은 노력을 기울였다. 그래도 여전히 부족함은 남아 있을 것이다. 그럼에도 불구하고 이 책이 철학상담 및 심리치료에 관심 있는 독자들과 관련 분야의 연구자들에게 조금이나마 보탬이 되기를 바라는 마음으로 세상에 내놓기로 하였다. 이 책이 출판되기까지 함께 공부하면서 자료 확인과 윤문에 여러모로 도움을 준 대학원생들에게 고마움을 표한다. 그리고 책의 필요성과 중요성을 인정하며 출판을 선뜻 맡아 주시고 세심한 교정과 편집으로 정성스럽게 책을 만들어 주신 경북대학교출판부 편집진께도 감사를 드린다.

2016년 5월

김재철

참고문헌

ACHENBACH, G. B. ([1982a] 1984): Philosophie nach Tisch – oder: Wer ist Philosoph? - In: ders. (Hg.): Philosophische Praxis, Köln, S. 13-22.

ACHENBACH, G. B. ([1982b] 1984): Der Philosoph als Praktiker. Ein Gespräch mit Arnold K. D. Lorenzen. - In: ders. (Hg.): Philosophische Praxis, Köln, S. 5-12.

ACHENBACH, G. B. ([1983] 1984): Die Eröffnung. - In: ders. (Hg.): Philosophische Praxis, Köln, S. 63-68.

ACHENBACH, G. B. (1984a): Philosophie, Philosophische Praxis und Psychotherapie. - In: ders. (Hg.): Philosophische Praxis, Köln, S. 81-96.

ACHENBACH, G. B. (1984b): Philosophische Lebensberatung. Kritik der auxiliaren Vernunft. - In: ders. (Hg.): Philosophische Praxis, Köln, S. 51-62.

ACHENBACH, G. B. (1984c): Philosophie als Beruf. - In: ders. (Hg.): Philosophische Praxis, Köln, S. 23-36.

ACHENBACH, G. B. (1984d): Herausforderung der akademischen Philosophie durch die Philosophische Praxis. - In: ders. (Hg.): Philosophische Praxis, Köln, S. 97-109.

ACHENBACH, G. B. (1984e): Philosophie, Philosophische Praxis und Psychotherapie. - In: ders. (Hg.): Philosophische Praxis, Köln, S. 81-96.

ACHENBACH, G. B. (1984f): Selbstverwirklichung. Therapeutische Ambition und philosophischer Begriff. - In ders. (Hg.): Philosophische Praxis, Köln. S. 111-126.

ACHENBACH, G. B. (1985): Der verführte Ödipus – Psychoanalyse und Philosophische Praxis. - In: Achenbach, G. B., Macho, Th. H. (Hg.:) Das Prinzip Heilung. Medizin, Psychoanalyse, Philsophische Praxis, Köln, S. 86-126.

ACHENBACH, G. B. (1999): Kurzgefasste Beantwortung der Frage. Was ist Philosophische Praxis? Privatdruck.(http://www.achenbach-pp.de/cont/philosophischepraxis.asp)

ACHENBACH, G. B. (2001): Lebenskönnerschaft, Freiburg i. Br..

ACHENBACH, G. B. (2002): Philosophical Practice opens up the Trace to Lebenskönnerschaft. - In: Herrestad, H., Holt, A. & Svare, H. (ed.): Philosophy in Society, Oslo, S. 7-16.

ACHENBACH, G. B. (2003): Vom Richtigen im Falsche. Wege philosophischer Lebenskönnerschaft, Freiburg i. Br..

ADORNO, T. W. ([1962] 1963): Wozu noch Philosophie. - In: ders.: Eingriffe. Neun kritische Modelle, Frankfurt a. M., S. 11-28.

ADORNO, T. W. ([1966] 1975): Negative Dialektik, Frankfurt a. M.

ADORNO, T. W. (1951): Minima Moralia. Reflexionen aus dem beschädigten Leben. Berlin /Frankfurt a. M.

ARDORNO, T. W. (1973): Philosophische Terminologie, Bd. 1, Frankfurt a. M.

ARDORNO, T. W. (1998): Metaphysik. Begriff und Probleme, Frankfurt a. M.

AMBÜHL, H., STRAUSS, B. (1999): Therapieziele – Ein "dunkles Kapitel" der Psychotherapieforschung? - In: Ambüh, H., Strauß B. (Hg.): Therapieziele, Göttingen/Bern/Toronto/Seattle, S. 7-14.

AMIR, L. B. (2003): Philosophical practice: A method and three cases. - In: Practical Philosophy, Vol. 6(1), p. 36-41.

ARISTOTELES ([3]1989): Metaphysik. Griechisch-deutsch, Neubearbeitung der Übersetzung von Herrmann Bonitz, Erster Halbband: Bücher I (A) - VI (E), hrsg. v. Horst Seidl, Hamburg.

ARISTOTELES ([4]1985): Nikomachische Ethik. Auf d. Grundlage d. Übers. v. Eugen Rolfes hrsg. von Günther Bien, Hamburg.

ASAY, T. P. & LAMBERT, M. J. (2001): Empirische Argumente für die allen Therapien gemeinsamen Faktoren: Quantitative Ergebnisse. - In: Hubble, M.A.; Duncan, B. L. & Miller, S. D. (Hg.): So wirkt Psychotherapie. Empirische Ergebnisse und praktische Folgerungen, Dortmund, S. 41-81.

ASSMANN, A. (1990): Was ist Weisheit? Wegmarken in einem weiten Feld. - In: Assmann, A. (Hg.): Weisheit, Archäologie der literarischen Kommunikation III, München, S. 15-44.

BECKERMANN, A. ([2]2002): Analytische Einführung in die Philosophie des Geistes,

Berlin/New York

BINSWANGER, L. (1947): Ausgewählte Vorträge und Aufsätze, Bern, Bd. I.

BLANKENBURG, W. (1992): Psychiatrie und Philosophie. - In: Kühn, R. & Petzold, H.(Hg.): Psychotherapie & Philosophie: Philosophie als psychotherapie? Paderborn, S. 317-341.

BLOCH, E. (1969): Philosophische Aufsätze – Zur objektiven Phantasie, Frankfurt a. M.

BLUMENBERG, H. (1979): Arbeit am Mythos, Frankfurt a. M.

BLUMENBERG, H. (1986): Lebenszeit und Weltzeit, Frankfurt a. M.

BÖHME, G. (2003): Leibsein als Aufgabe. Seibphilosophie in pragmatischer Hinsicht, Reutlingen.

BRANDT, D. (2003): Philosophie der Nichtvernunft? Re- und Dekonstruktion von Freuds Theorie des Unbewussten. - Internet-veröffentlichung: http://www.philopage.de/papers/Daniel_Brandt_Philosophie_der_nichtVernunft.pdf(abgerufen am 12.01.2007)

BRANDT, D. (2006): Das Noumenon Gehirn – Von der Abgründigkeit der Hirnforschung. - In: e-Journal Philosophie der Psychologie, Nr. 4(www.jp.philo.at/texte/BrandtD1.pdf, abgerufen am 20.03.2006)

CAMUS, J. & PAGNIEZ, P. (1904): Isolement et psychothérapie: traitement de l'hystérie et de la neurasthénie; pratique de la rééducation morale et physique, Paris

CIORAN, E. M. (1979): Vom Nachteil Geboren zu sein, Frankfurt a. M.

DESCARTES, R. ([1685] 1915): Meditationes De Prima Philosophia/Meditationen über die Grundlagen der Philosophie mit sämtlichen Einwänden und Erwiderungen, zum erstenmal vollst. übers. u. hrsg. v. Arthur Buchenau, Hamburg, S. 1-78.

DIECKMANN, J. (2005): Einführung in die Systemtheorie, München

DILL, A. (1990): Philosophische Praxis. Eine Einführung, Frankfurt a. M.

DILTHEY, W. ([1894] [4]1964): Ideen über eine beschreibende und zergliedernde Psychologie. - In: Gesammelte Schriften, Stuttgart, Bd. V, S. 139-240.

DILTHEY, W. (1983): Texte zur Kritik der historischen Vernunft, hrsg. von H.-U. Lessing, Göttingen.

DRÜE, H. (1963): Edmund Husserls System der phänomenologischen Psychologie, Berlin.

EBELING, H. (2002): Soldat Philosoph, Würzburg.

ERDHEIM, M. (1990): Der Psychoanalytiker als Weiser. - In: Assmann, A. (Hg.): Weisheit, Archäologie der literarischen Kommunikation Ⅲ, München, S. 223-230.

FENNER, D. (2005): Philosophie contra Psychologie? Zur Verhältnisbestimmung von philosophischer Praxis und Psychotherapie, Tübingen.

FRANKL, V. E. ([1959] 2002): Grundriß der Existenzanalyse und Logotherapie. - In: Logotherapie und Existenzanalyse. Texte aus sechs Jahrzehnten, Weinheim & Basel, S. 57-184.

FRANKL, V. E. ([11]2005): Ärztliche Seelsorge, Wien.

FRANKL V. E. (1950): Homo patiens Versuch einer Pathodizee, Wien.

FREUD, S. ([1917] 2000): Vorlesungen zur Einführung in die Psychoanalyse. - in: Mitscherlich, A. et al. (Hg.): Sigmund Freud Studienausgabe, Frankfurt a. M., Bd. I, S. 34-445.

FREUD, S. (1960): Briefe 1873 – 1939, Frankfurt a. M.

FREUD, S. ([1912-13] 2000): Totem und Tabu. Einige Übereinstimmungen im Seelenleben der Wilden und der Neurotiker. -In: Mitscherlich, A. et al. (Hg.): Sigmund Freud Studienausgabe, Frankfurt a. M., Bd. IX, S. 287-444.

FREUD, S. ([1915] 2000): Das Unbewusste. - In: Mitscherlich, A. et al. (Hg.): Sigmund Freud Studienausgabe, Frankfurt a. M., Bd. Ⅲ, S. 119-174.

FREUD, S. ([1923 2000]: Das Ich und das Es. - In:Mitscherlich, A. et al. (Hg.): Sigmund Freud Studienausgabe, Frankfurt a. M., Bd. Ⅲ, S. 282-325.

FREUD, S. ([1925] [4]1983): Selbstdarstellung. - In: Gesammelte Werke, hrsg. v. Anna Freud et al., Bd. XⅣ, S. 31-96.

FREUD, S. ([1927] 2000): Die Zukunft einer Illusion. - In: Mitscherlich, A. et al. (Hg.): Sigmund Freud Studienausgabe, Frankfurt a. M., Bd. IX, S. 139-189.

FREUD, S. ([1930] 2000): Das Unbehagen in der Kultur. - In: Mitscherlich, A. et al. (Hg.): Sigmund Freud Studienausgabe, Frankfurt a. M., Bd. IX, S. 197-270.

FREUD, S. (1890 [2000]): Psychische Behandlung (Seelenbehandlung). - In: Mitscherlich, A. et al. (Hg.): Sigmund Freud Studienausgabe, Frankfurt a. M., Ergänzungsband, S. 17-35.

FREUD, S. (1917 [2000]): Vorlesungen zur Einführung in die Psychoanalyse. - In: Mitscherlich, A. et al. (Hg.): Sigmund Freud Studienausgabe, Frankfurt a. M., Bd. I, S. 37-445.

FREUD, S. ([1933] 2000): Neue Folge der Vorlesungen zur Einführung in die Psychoanalyse. - In: Mitscherlich, A. et al. (Hg.): Sigmund Freud Studienausgabe, Frankfurt a. M., Bd. I, S. 449-608.

GADAMER, H.-G. (1993): Über die Verborgenheit der Gesundheit. - In: Über die Verborgenheit der Gesundheit. Aufsätze und Vorträge, Frankfurt a. M., S. 133-148.

GADAMER, H.-G. ([6]1990): Wahrheit und Methode – Grundzüge einer philosophischen Hermeneutik, Tübingen.

GASSER, R. (1997): Nietzsche und Freud, Berlin/New York.

GEHLEN, A. ([1940] 1993): Der Mensch. Seine Natur und seine Stellung in der Welt. Textkritische Edition unter Einbeziehung des gesamten Textes der 1. Auflage von 1940, hrsg. v. Karl-Siegbert Rehberg, Gesamtausgabe Bd. 3 (zwei Teilbände), Frankfurt a. M.

GEORGE, S. (1928): Das neue Reich, Berlin.

GIEGERICH, W. (1994): Animus-Psychologie, Frankfurt a. M.

GÖDDE, G. (1999): Traditionslinien des ‚Unbewussten'. Schopenhauer – Nietzsche – Freud, Tübingen.

GRAWE, K. (1994): Was sind die wirklich wirksamen Ingredienzien der Psychotherapie? Einführungsreferat auf dem Psychotherapiekongress 1994 in Hamburg. - In: E-Journal des DPI (http://www.psychotherapie.org, abgerufen am 20.05.2006)

GRAWE, K. (1995): Grundriss einer Allgemeinen Psychotherapie. - In: Psychotherapeut, Vol. 40 Nr. 3, S. 130-145.

GRAWE, K. (1998): Psychologische Therapie, Göttingen/Bern/Toronto/Seattle.

GRAWE, K., Donati, R. & Bernauer, F. (52001): Psychotherapie im Wandel – Von der Konfession zur Profession, Göttingen/Bern/Toronto/Seattle.

GRAWE, K. (2004a): Von der Verhaltenstherapie zur Neuropsychotherapie? - In: Newsletter des Bundesverbandes der Vertragspsychotherapeuten(http://www.bvvp.de/news04/vt_nt_grawe.htm, abgerufen am 01.04.2007)

GRAWE, K. (2004b): Neuropsychotherapie, Göttingen/Bern/Toronto/Seatlle.

GRIMM, J. & W. (1899): Deutsches Wörterbuch, Bd. 10, Leipzig.

GUTKNECHT, Th. (2004): Auf dem Weg zur Philosophie Philosophischer Praxis. Ansprache auf der 8. Internationalen Konferenz zur Philosophischen Praxis in Sevilla am 21. April 2004.(http://www.igpp.org/papers/sevilla_-_ansprache.pdf,abgerufen am 01.12.2006)

GUTKNECHT, Th. (2005): Das Philosophische Philosophischer Praxis. - In: Burckhart, H. & Sikora, J. (Hg.): Praktische Philosophie – Philosophische Praxis, Darmstadt, S. 185-206.

HADOT, P. (1996): Die innere Burg. Anleitung zu einer Lektüre Marc Aurels, Frankfurt a. M.

HEGEL, G. W. F. ([1801] 5 1996): Differenz des Fichte'schen und Schelling'schen Systems der Philosophie. - In: Werke in zwanzig Bänden (Theorie-Werkausgabe). Auf der Grundlage der Werke von 1832-1845 neu ed. Ausg., Frankfurt a. M., Bd. 2, S. 9-138.

HEGEL, G. W. F. ([1802] 1968): Über das Wesen der philosophischen Kritik überhaupt, und ihr Verhältniß zum gegenwärtigen Zustand der Philosophie insebesondere. - In: Gesammelte Werke, Bd. 4, hrsg. v. Hartmut Buchner u. Otto Pöggeler, S. 117-128.

HEGEL, G. W. F. ([1803] 1968): Ueber die wissenschaftlichen Behandlungsarten des Naturrechts, seine Stelle in der praktischen Philosophie, und sein Verhältniß zu den positiven Rechtswissenschaften. - In: Gesammelte Werke, Bd. 4. hrsg. v. Hartmut Buchner u. Otto Pöggeler, S. 415-485.

HEGEL, G. W. F. ([1807] 5 1996): Phänomenologie des Geistes. - In: Werke in zwanzig Bänden (Theorie-Werkausgabe). Auf der Grundlage der Werke von 1832-1845 neu ed. Ausg., Frankfurt a. M., Bd. 3.

HEGEL, G. W. F. ([1812] 2 1999): Wissenschaft der Logik – Das Sein, Hamburg.

HEGEL, G. W. F. ([1821] 5 1996): Grundlinien der Philosophie des Rechts oder Naturrecht und Staatswissenschaft im Grundrisse. - In: Werke in zwanzig Bänden (Theorie-Werkausgabe). Auf der Grundlage der Werke von 1832-1845 neu ed.

Ausg., Frankfurt a. M., Bd. 7.

HEGEL, G. W. F. ([1833-36] 1985): Vorlesungen über die Geschichte der Philosophie Ⅱ – In: Werke in zwanzig Bänden (Theorie-Werkausgabe). Auf der Grundlage der Werke von 1832-1845 neu ed. Ausg., Frankfurt a. M., Bd. 19.

HEIDEGGER, M. ([1922] 2003): Phänomenologische Interpretationen zu Aristoteles. Ausarbeitung für die Marburger und die Göttinger Philosophische Fakultät, Stuttgart.

HEIDEGGER, M. ([1927] ^{18}2001): Sein und Zeit, Tübingen.

HEIDEGGER, M. ([1929/30] ^{2}1992): Die Grundbegriffe der Metaphysik. Welt – Endlichkeit – Einsamkeit(Gesamtausgabe Bd. 29/30), Frankfurt a. M.

HEIDEGGER, M. ([1938] ^{7}1994): Die Zeit des Weltbildes. - In: Holzwege, Frankfurt a. M., S. 75-113.

HEIDEGGER, M. ([1943] ^{15}1998): Was ist Metaphysik? Frankfurt a. M.

HEIDEGGER, M. ([1947] ^{10}2000): Über den Humanismus Frankfurt a. M.

HEIDEGGER, M. ([1954] ^{9}2000): Die Frage nach der Technik. - In: Vorträge und Aufsätze, Stuttgart, S. 9-40.

HEIDEGGER, M. ([1955] ^{11}2003): Was idst das – die Philosophie? Stuttgart.

HEIDEGGER, M. ([1957] ^{12}2002): Identität und Differenz, Stuttgart.

HEIDEGGER, M. (1969): Zeit und Sein. - In: ders.: Zur Sache des Denkens, Tübingen, S. 1-25.

HEINRICH, K. (1982): Versuch über die Schwierigkeit nein zu sagen, Frankfurt a. M/ Basel.

HEINTEL, P. & MACHO, Th. H. (1991): Praxis, Philosophische - In: Witzany, G. (Hg.): Zur Theorie der Philosophischen Praxis, Essen, S. 67-82.

HEISTER, G. (1995): Psychologie. - In: Mittelstraß, J. (Hg.): Enzyklopädie Philosophie und Wissenschaftstheorie, Stuttgart/Weimar, Bd. 3, S. 396-401.

HENRICH, D. (1999): Bewußtes Leben. Untersuchungen zum Verhältnis von Subjektivität und Metaphysik, Stuttgart.

HERODOT (^{4}1971): Historien. Deutsche Gesamtausgabe, übertr. v. A. Horneffer, neu hrsg. u. erl. v. H.-W. Haussig, Stuttgart.

HERZOG, W. (1984): Modell und Theorie in der Psychologie, Göttingen.

HOFFMANN, S. O. & HOCHAPFEL, G. ([5]1995): Neurosenlehre, Psychotherapeutische und Psychosomatische Medizin, Stuttgart.

HOLM-HADULLA, R. M. (2004): Psychotherapie als kreativer Gestaltungsprozess. - In: Lang, H.: Was ist Psychotherapie und wodurch wirkt sie? Würzburg, S. 69-84.

HOLZHEY-KUNZ, A. (2002): Das Subjekt in der Kur - Über die Bedingungen psychoanalytischer Psychotherapie, Wien.

HOSSENFELDER, M. (1985): Die Philosophie der Antike 3. Stoa, Epikureismus und Skepsis. - In: Röd, W. (Hg.): Geschichte der Philosophie, Bd. Ⅲ, München.

HUSSERL, E. ([1936] 1954): Die Krisis der europäischen Wissenschaften und die transzendentale Phänomenologie. Eine Einleitung in die phänomenologische Philosophie. - In: Gesammelte Werke (Husserliana), hrsg. v. Walter Biemel, Den Haag, Bd. VI.

JUNG, C. G. (1958): Psychotherapie und Weltanschauung. - In: ders.: Praxis der Psychotherapie, Gesammelte Werke Bd. 16, Zürich, S. 82-89.

JÜTTEMANN, G. (1983): Psychologie am Scheideweg: Teilung oder Vervollständigung? - In: Jüttemann, G. (Hg.): Psychologie in der Veränderung. Perspektiven für eine gegenstandsangemessene Forschungspraxis, Weinheim, S. 30-65.

JÜTTEMANN, G. (1991): Systemimmanenz als Ursache der Dauerkrise "wissenschftlicher" Psychologie. - In: Jüttermann, G., Sonntag, M., Wulf, Chr. (Hg.): Die Seele. Ihre Geschichte im Abendland, Weinheim, S. 340-363.

JÜTTEMANN, G. (1992): Psyche und Subjekt. Für eine Psychologie jenseits von Dogma und Mythos, Reinbek.

KANDE, E. R., SCHWARTZ, J. H., JESSE, Th. M. (Hg.) (1996): Neurowissenschaften – eine Einführung, Heidelberg/Berlin/Oxford.

KANT, I. ([1765] 1968): Nachricht von der Einrichtung seiner Vorlesungen in dem Winterhalbenjahre von 1765-1766. - In: Werkausgabe in zwölf Bänden, hrsg. v. Wilhelm Weischedel, Frankfurt a. M., Bd. Ⅱ, S. 903-918.

KANT, I. ([1781] 1968): Kritik der reinen Vernunft 1. - In: Werkausgabe in zwölf

Bänden, hrsg. v. Wilhelm Weischede, Frankfurt a. M., Bd. III.
KAPLAN-SOLMS, K. & SOLMS, M. (2003): Neuro-Psychoanalyse, Stuttgart.
KERSTING, W. (2007): Die Gegenwart der Lebenskunst. - In: Kersting, W. & Langbehn, C.: Kritik der Lebenskunst, Frankfurt a. M., S. 10-88.
KIMMERLE, G. (1997): Der Fall des Bewußtseins. Zur Dekonstruktion des Unbewußten in der Logik der Wahrheit bei Freud, Tübingen.
KOTTJE-BIRNBACHER L. & BIRNBACHER, D. (1999): Ethische Aspekte bei der Setzung von Therapiezielen. - In: Ambühl, H., Strauß, B. (Hg.): Therapieziele, Göttingen/Bern/Toronto/Seattle, S. 15-31.
KRAIKER, Ch. (1998): Formen der Psychotherapie – Ein Überblick. - In: Kraiker, Ch. & Burkhard, P. (Hg.): Psychotherapieführer, München.
KRIZ, J. (1999): Von der "science-fiction" zur "science". Methodologische und methodische Bemerkungen zur Frage der „Wissenschaftlichkeit … Psychotherapieverfahren". - In: Report Psychologie, 24, S. 21-30.
KRIZ, J. (2000): Perspektiven zur "Wissenschlaftlichkeit" von Psychotherapie. - In: Hermer, M. (Hg.): Psychotherapeutische Perspektiven am Beginn des 21. Jahrhunderts, Tübingen, S. 43-66.
KRIZ, J. (52001): Grundkonzepte der Psychotherapie, Osnabrück.
KRIZ, J. (2005): Von den GRENZEN zu den PASSUNGEN. - In: Psychotherapeutenjournal 1/2005, S. 12-20.
KUDSZUS, H. (1970): Jaworte, Neinworte. Aphorismen, Frankfurt a. M.
KUDSZUS, H. (2002): Das Denken bei sich, Köln.
KUHN, Th. S. (²1976): Die Struktur wissenschaftlicher Revolutionen, Frankfurt a. M.
LANG, H. (Hg.) (³2003): Wirkfaktoren der Psychotherapie, Würzburg.
LEIBNIZ, G. W. ([1714] 1885): Principes de la nature et de la grâce, fondés en raison. - In: Gerhardt, C.I. (Hg.): Die philosophischen Schriften von Gottfried Wilhelm Leibniz, Berlin, Bd. 6.
LINDSETH, A. (2005): Zur Sache der Philosophischen Praxis. Philosophieren in Gesprächen mit ratsuchenden Menschen, München.
LOHMANN, H.-M. (Hg.) (1997): Das Unbehagen in der Psychoanalyse, Giessen.

LÜBBE, H. (Hg.) (1978): Wozu Philosophie? Stellungnahmen eines Arbeitskreises, Berlin/New York.

LUBORSKY, L.; MCLELLAN, A. T; WOODY, G. E; O'BRIAN, C. P. & AUERBACH, A. (1985): Therapist success and its determinants. - In: Arch. Gen. Psychiatry, Vol. 42(6), p. 602-611.

LUHMANN, N. (1984): Soziale Systeme. Grundriß einer allgemeinen Theorie, Frankfurt a. M.

LÜTKEHAUS, L. (1992) (Hg.): Arthur Schopenhauer. Der Briefwechsel mit Goethe und andere Dokumente zur Farbenlehre, Zürich.

MACHO, Th. H. (1984): Gedankenorganisation. - In: Achenbach, G. B (Hg.): Philosophische Praxis, Köln, S. 161-176.

MACHO, Th. H. (1985): Das Prinzip Heilung. Überlegungen zu einer fraglichen Kategorie in Medizin, Psychoanalyse und Philosophischer Praxis. - In: Achenbach, G. B., Macho, Th. H. (Hg.): Das Prinzip Heilung. Medizin, Psychoanalyse, Philosophische Praxis, Köln, S. 11-47.

MACHO, Th. H. (2003): Zur Ideengeschichte der Beratung, Manuskript(http://www.igpp.org/papers/Th_Macho_Beratung.pdf, abgerufen am 26.02. 2007)

MADER, N. (1999): Nomothetisch/idiographisch. - In: Sandkühler, H. J. (Hg.): Enzyklopädie Philosophie, Hamburg, S. 955-957.

MARQUARD, O. (1973): Schwierigkeiten mit der Geschichtsphilosophie. Aufsätze, Frankfurt a. M.

MARQUARD, O. ([1980] 1995): Der angeklagte und der entlastete Mensch in der Philosophie des 18. Jahrhunderts. - In: ders.: Abschied vom Prinzipiellen. Philosophische Studien, Stuttgart, S. 39-66.

MARQUARD, O. ([1981] 1995): Abschied vom Prinzipiellen. Auch eine biographische Einleitung. - In: ders.: Abschied vom Prinzipiellen. Philosophische Studien, Stuttgart, S. 4-22.

MARQUARD, O. (1984): Zur Diätetik der Sinnerwartung. Philosophische Bemerkungen. - In: Achenbach, G. B. (Hg.) Philosophische Praxis, Köln, S. 145-160.

MARQUARD, O. (1987): Transzendentaler Idealismus, Romantische Naturphilosophie,

Psychoanalyse, Köln.

MARQUARD, O. (1989): Praxis, Philosophische. - In: Ritter, J. & Gründer, K. (Hg.): Historisches Wörterbuch der Philosophie, Basel, Bd. 7, Sp. 1307f.

MITTELSTRASS, J. (1995): Philosophie. - In: ders. (Hg.): Enzyklopädie Philosophie und Wissenschaftstheorie, Stuttgart/Weimar, Bd. 3, S. 131-139.

MOLDZIO, A. (2004): Schizophrenie – eine philosophische Erkrankung?. Würzburg.

NAJAVITS, L. M. & STRUPP, H. H. (1994): Differences in the effectiveness of psychodynamic therapists: A process-outcome study. - In: Psychotherapy, Vol. 31(1), p. 114-123.

NEUBAUER, P. (2000): Schicksal und Charakter. Lebensberatung in der 'Philosophischen Praxis', Hamburg.

NIETZSCHE, F. ([1872] 1999): Die Geburt der Tragödie. - In: Kritische Studienausgabe (KSA) hrsg. v. Giorgio Colli & Mazzino Montinari, München, Bd. 1, S. 9-156.

NIETZSCHE, F. ([1873] 1999): Ueber die Zukunft unserer Bildungsanstalten. - In: Kritische Studienausgabe (KSA) hrsg. v. Giorgio Colli & Mazzino Montinari, München, Bd. 1, S. 642-752.

NIETZSCHE, F. ([1874] 1999): Unzeitgemässe Betrachtungen, drittes Stück: Schopenhauer als Erzieher. - In: Kritische Studienausgabe (KSA) hrsg. v. Giorgio Colli 7 Mazzino Montinari, München, Bd. 1, S. 335-427.

NIETZSCHE, F. ([1878] 1999): Menschliches, Allzumenschliches. - In: Kritische Studienausgabe (KSA) hrsg. v. Giorgio Colli & Mazzino Montinari, München, Bd. 2.

NIETZSCHE, F. ([1886] 1999): Jenseits von Gut und Böse. - In: Kritische Studienausgabe (KSA) hrsg. v. Giorgio Colli & Mazzino Montinari, München, Bd. 5, S. 9-243.

NIETZSCHE, F. ([1887] 1999): Zur Genealogie der Moral. - In: Kritische Studienausgabe (KSA) hrsg. v. Giorgio Colli & Mazzino Montinari, München, Bd. 5, S. 245-412.

NIETZSCHE, F. ([1882] 1999): Die Fröhliche Wissenschaft. - In: Kritische Studienausgabe (KSA) hrsg. v. Giorgio Colli & Mazzino Montinari, München, Bd. 3, S. 343-651.

NORTHOFF, G. (2004): Warum muss unser Gehirn die Illusion eines Geistes Kreieren? - In: Information Philosophie (Internet-ausgabe, www.information-philosophie.de/philosophie/neurophilosophie3.html, abgerufen am 12.06.2005)

OEVERMANN, U. (2002): Klinische Soziologie auf der Basis der Methodologie der objektiven Hermeneutik – Manifest der objektiv hermeneutischen Sozialforschung, Ms., Frankfurt (http://www.ihsk.de/Manifest.PDF, abgerufen am 20.12.2005)

OGLES, B. M.; ANDERSON, T & LUNNEN, K. M. (2001): Der Beitrag von Medellen und Techniken: Widersprüchliches zwischen professionellen Trends und klinischer Forschung. - in: Hubble, M. A.; Duncan, B. L. & Miller, S. D. (Hg.): So wirkt Psychotherapie. Empirische Ergebnisse und praktische Folgerungen, Dortmund, S. 221-251.

ORLINSKY, D. E & HOWARD, K. I. (1987): A generic model of psychotherapy. - In: Integrative Eclectic Psychotherapy no. 6, p. 6-27.

PAULI, R. (1927): Einführung in die experimentelle Psychologie, Leipzig.

PETZOLD, H.G. & ORTH, I. (1999): Die Mythen der Psychotherapie. Ideologien, Machtstrukturen und Wege kritischer Praxis, Paderborn.

PETZOLD, H.G ([2]2003): Integrative Therapie: Modelle, Theorien und Methoden für eine schulenübergreifende Psychotherapie, Paderborn.

PFEIFER, W. ([4]1999): Etymologisches Wörterbuch des Deutschen, München.

PLATON (1991): Sämtliche Werke in zehn Bänden, griechisch und deutsch, nach der Übersetzung Friedrich Schleiermachers, ergänzt durch Übersetzungen von Franz Susemihl und anderen, hrsg. v. Karlheinz Hülser, Frankfurt a. M./Leipzig.

POPPER, K. R. ([1972] [4]1984): Objektive Erkenntnis. Ein evolutionärer Entwurf, Hamburg.

Psychotherapeutengesetz (PsychThG) - Gesetz über die Berufe des Psychologischen Psychotherapeuten und des Kinder - und Jugendlichenpsychotherapeuten vom 16. Juni 1998 (BGB1. I S. 1311), das zuletzt durch Artikel 6 des Gesetzes vom 2. Dezember 2007 (BGB1. I S. 2686) geändert worden ist.

RAABE, P. B. (2001): Philosophical Counselling. Theory and Practice, Westport.

REICHERTZ, J. (1988): Verstehende Soziologie ohne Subjekt? Die objektive Hermeneutik als Metaphysik der Strukturen. - In: Kölner Zeitschrift für Soziologie und Sozialpsychologie, Jg. 40, S. 207-222.

Richtlinie des Gemeinsamen Bundesausschusses über die Durchführung der

Psychotherapie (Psychotherapie-Richtlinie) in der Fassung vom 19. Februar 2009, veröffentlicht im Bundesanzeiger 2009, Nr. 58: S. 1399 in Kraft getreten am 18. April 2009.

RITTER, J. & GRÜNDER, K. (Hg.) (1971-2005): Historisches Wörterbuch der Philosophie, Basel.

ROGERS, C. (1983): Therapeut und Klient. Grundlagen der Gesprächspsychotherapie, Frankfurt a. M.

ROGERS, C. (1987): Eine Theorie der Psychotherapie, der Persönlichkeit und der wischenmenschlichen Beziehungen. Entwickelt im Rahmen des klientenzentrierten Ansatzes, Köln.

ROGERS, C. R. ([3]1991): Eine Theorie der Psychotherapie, der Persönlichkeit und der zwischenmenschlichen Beziehungen, Köln.

RUSCHMANN, E. (1999): Philosophische Beratung, Stuttgart.

SANDKÜHLER, H. J. (Hg.) (1999): Enzyklopädie Philosophie, Hamburg.

SCHARFETTER, C. ([5]2002): Allgemeine Psychopathologie. Eine Einführung, Stuttgart/New York.

SCHEERER, E. (1989): Psychologie. - In: Ritter, J. & Gründer, K. (Hg.): Historisches Wörterbuch der Philosophie, Basel, Bd. 7, S. 1599-1653.

SCHELLING, F. W. J. (1861): Erste Vorlesung in München am 26. November 1827 (Aus dem handschriftlichen Nachlaß). - Im: Schelling, K.F.A. (Hg.): Friedrich Wilhelm Joseph von Schellings sämmtliche Werke, Stuttgart und Augsburg, Abt. I, Bd. 9, S. 353-366.

SCHMID, W. (1998): Philosophie der Lebenskunst. Eine Grundlegung, Frankfurt a. M.

SCHMIDT, N. D. (1995): Philosophie und Psychologie. Trennungsgeschichte, Dogmen und Perspektiven, Hamburg.

SCHOPENHAUER, A. ([1851a] 1988): Aphorismen zur Lebensweisheit. - In: Arthur Schopensauers Werke in fünf Bänden nach den Ausgaben letzter Hand, hrsg. v. Ludgar Lütkehaus, Zürich, Bd. IV, S. 311-483.

SCHOPENHAUER, A. ([1851b] 1988): Ueber die Universitäts Philosophie. - In: Arthur Schopenhauers Werke in fünf Bänden nach den Ausgaben letzter Hand, hrsg. v. Ludgar Lütkehaus, Zürich, Bd. Ⅳ, S. 139-199

SCHOPENHAUER, A. ([1859] 1988): Die Welt als Wille und Vorstellung (2 Bde.) - In: Arthur Schopenhauers Werke in fünf Bänden nach den Ausgaben letzter Hand, hrsg. v. Ludgar Lütkehaus, Zürich, Bd. Ⅱ / Ⅲ.

SCHUMACHER, E. (2000): Die Ironie der Unverständlichkeit. Johann Georg Hamann, Friedrich Schlegel, Jacques Derrida, Paul de man, Frankfurt a. M.

SENF, W. & BRODA, M. (Hg.) (^{3}2005): Praxis der Psychotherapie. Ein integratives Lehrbuch, Stuttgart/New York.

SENNETT, R. (1998): Der flexible Mensch. Die Kultur des neuen Kapitalismus, Berlin.

SHAKESPEARE, W. (2001): Hamlet. Prinz von Dänemark, übertr. v. August W. v. Schlegel, hrsg. v. Dietrich Klose, Stuttgart.

SHAMDASANI, S. (2005): 'Psychotherapy': the invention of a word. - In: History of the Human Sciences Vol. 18. No. 1, London, pp. 1-22.

SHUSTER, S. C. (1999): Philosophy practice. An alternative to counselling and psychotherapy, Westport.

SLOTERDIJK, P. (1983): Kritik der zynischen Vernunft, Frankfurt a. M.

SLOTERDIJK, P. (1988): Zur Welt kommen – Zur Sprache kommen. Frankfurter Vorlesungen, Frankfurt a. M.

SLOTERDIJK, P. (1993): Weltfremdheit, Frankfurt a. M.

SÖLLE, D. (^{2}1973): Leiden, Stuttgart/Berlin.

SOLMS, M. & TURNBALL, O. (2004): Das Gehirn und die innere Welt – Neurowissenschaft und Psychoanalyse, Düsseldorf/Zürich.

SPAEMANN, R. ([1973] 1994): Natur. - In: Philosophische Essays, erw. Ausg., Stuttgart, S. 19-40.

SPAEMANN, R. (1977): Zur Kritik der politischen Utopie. Zehn Kapitel politischer Philosophie, Stuttgart.

SPAEMANN, R. ([1978] 1994): Philosophie als Lehre vom glücklichen Leben. - In: Philosophische Essays, erw. Ausg., Stuttgart, S. 80-103.

STEIN, H. (2006): Quantenphysik, Neurowissenschaften und die Zukunft der Psychoanalyse – Auf dem Weg zu einem neuen Menschenbild, Gießen.

STEINER, G. (2006): Warum Denken traurig macht. Zehn (mögliche) Gründe, Frankfurt.

STEPINA, C. K. (2006): Wozu historische Universitätsphilosophie? Eine Polemik zur rechten Zeit. - In: Aufklärung und Kritik 2/2006, Nürnberg, S. 199-205.

STRAUSS, B. (1992): Beginnlosigkeit. Reflexionen über Fleck und Linie, München/Wien.

STRAUSS, B. (2004): Der Untenstehende auf Zehenspitzen, München/Wien.

STROTZKA, H. (Hg.) ([2]1978): Psychotheraphie: Grundlagen – Verfahren – Indikationen, München.

TALLMAN, K. & BOHART, A. C. (2001): Gemeinsamer Faktor KlientIn: Selbst- HeilerIn. - In: Hubble, M. A.; Duncan, B.L. & Miller, S. D. (Hg.): So wirkt Psychotherapie. Empirische Ergebnisse und praktische Folgerungen, Dortmund, S. 85-136.

TAYLOR, J. S. (2002): The Central Value of Philosophical Counseling. - In: International Journal of Philosophical Practice, Vol. 1 No. 2. (http://www.aspcp.org/ijpp/Tylor.pdf, abgerufen am 30.11.2005)

TREISCHEL, O. (1991): "Notwendigkeit und Paradox Philosophischer Praxis". Zeitgemäße Betrachtungen über einen unzeitgemäßen Beruf. - In: Witzany, G. (Hg.): Zur Theorie der Philosophischen Praxis, Essen, S. 107-114.

TSCHEULIN, D. (1992): Wirkfaktoren psychotherapeutischer Intervention, Göttingen/Toronto/Zürich.

TUKE, D. H. (1872): Illustrations of the Influence of Mind upon the Body in Health and Disease designed to Elucidate the Action of the Imagination, London.

v. KUNES, N. (1996): Predigt LIV [Sermo LIV]. - In: Opera omnia, Bd. XV II , hrsg. v. Rudolf Haubst u. Hermann Schnarr, Hamburg.

v. WEIZSÄCKER, V. ([1926] 1987): Seelenbehandlung und Seelenführung. Nach ihren biologischen und metaphysischen Grundlagen betrachtet. - In: Der Arzt und der Kranke. Stücke einer medizinischen Anthropologie, Gesammelte Schriften Bd. 5, hrsg. v. Peter Achilles et al., Frankfurt a. M., S. 67-142.

v. WEIZSÄCKER, V. ([1927] 1987): Über medizinische Anthropologie. - In: Der Arzt und der Kranke. Stücke einer medizinischen Anthropologie, Gesammelte

Schriften Bd. 5, hrsg. v. Peter Achilles et al., Frankfurt a. M., S. 177-194.

v. WEIZSÄCKER, V. ([1929] 1987): Kranker und Arzt. Eine Wirklichkeit der Gemeinschaft. - In: Der Arzt und der Kranke. Stücke einer medizinischen Anthropologie, Gesammelte Schriften Bd. 5, hrsg. v. Peter Achilles et al., Frankfurt a. M., S. 221-244.

v. WEIZSÄCKER, V. ([1956] 2005): Pathosophie. - In: Gesammelte Schriften Bd. 10, hrsg. v. Peter Achilles et al., Frankfurt a. M.

v. WERDER, L. (2006): Heilsam. Philosophie als Psychotherapie, Berlin/Milow.

VATTIMO, G. ([1985] 1990): Das Ende der Moderne, Stuttgart.

VATTIMO, G. ([1985] ²2005): Jenseits vom Subjekt – Nietzsche, Heidegger und die Hermeneutik, Wien.

VÖLMICKE, E. (2005): Das Unbewußte im Deutschen Idealismus, Würzburg.

WEBER, M. (1919): Wissenschaft als Beruf. - In: Gesammelte Aufsätze zur Wissenschaftslehre, Potsdammer Internet-Ausgabe(http://www.uni-potsdam.de/u/paed/pia/index.htm, abgerufen am 15.02.2002) S. 582-613.

WINDELBAND, W. (⁹1924): Geschichtswissenschaft und Naturwissenschaft. - In: Präludien Ⅱ, Tübingen, S. 136-160.

WITTGENSTEIN, L. ([1922] 1984): Tractatus logico-philosophicus. - In: Werkausgabe Bd 1, Frankfurt a. M., S. 7-85.

WITTGENSTEIN, L. ([1953] 1984): Philosophische Untersuchungen. - In: Werkausgabe Bd 1, Frankfurt a. M., S. 228-580.

WITTGENSTEIN, L. ([1969] 1984): Über Gewsißheit. - In: Werkausgabe Bd 8, hrsg. v. G. E. M. Anscombe & G. H. v. Wright, Frankfurt a. M., S. 113-257.

WITTGENSTEIN, L. (1984): Tagebücher 1914-1916. - In: Werkausgabe Bd. 1, Frankfurt a. M., S. 87-226.

ZDRENKA, M. (1997): Konzeptionen und Probleme der Philosophischen Praxis, Köln.

인명 및 주요 낱말 찾기

지은이 **다니엘 브란트**(Daniel Brandt)

1972년에 태어나 예나에서 영양학을 전공하였고, 프라이부르크, 바젤, 취리히, 크렘스에서 철학과 심리학을 공부하였다. 게르트 B. 아헨바흐(Gerd B. Achenbach)로부터 철학실천 상담사를 위한 훈련을 받았고, 이어서 인격중심적 심리치료사 훈련을 받았다.

옮긴이 **김재철**

한국외국어대학교와 동 대학원에서 철학을 공부하였으며 독일 마인츠 요한네스 구텐베르크 대학교에서 하이데거와 딜타이에 관한 연구로 박사학위를 받았다. 현재 경북대학교 철학과 교수로 재직하며 현상학, 해석학, 실존철학, 형이상학 등에 대해 강의하고, 최근에는 심리치료 및 임상철학과 관련된 사업 과제를 수행하면서 철학상담에 대한 주제를 학생들과 연구하고 있다. 관련 주제의 논문과 저·역서로는 「정신의학과 하이데거의 대화」, 「L. 빈스방거의 현존재분석에 대한 비판적 고찰」, 「키에르케고르의 불안에 대한 임상적 해석」(공동), 「철학상담의 이론과 실천을 위한 현존재분석론의 적용」(공동), 『삶과 현존재』, 『치유 ― 심리치료로서 철학』(루츠 폰 베르너, 근간) 등이 있다.

철학실천 철학실천의 개념과 심리치료와의 관계

Philosophische Praxis Ihr Begriff und ihre Stellung zu den Psychotherapien

찍은 날 2016년 8월 3일 | **펴낸 날** 2016년 8월 9일

지은이 다니엘 브란트 | **옮긴이** 김재철 | **펴낸이** 손동철 | **펴낸 곳** 경북대학교출판부

출판등록 1973년 10월 10일 ㉿97호 | **주소** 대구광역시 북구 대학로 80 | **전화** 053-950-6741~3

팩스 053-953-4692 | **이메일** press@knu.ac.kr | **홈페이지** http://knupress.com

ISBN 978-89-7180-443-8 93110

정가는 뒤표지에 있습니다.

파본은 바꾸어 드립니다.